Memel
Wilna
Königreich
Weichsel
Warschau
Pripjet
Polen
Dnjepr
Lemberg
Wien
Königreich
Buda-Pest
Ungarn
Kronstadt
Odessa
Drau
Agram
Peterwardein
Belgrad
Donau
Schwarzes Meer
Osmanisches
Sophia
Konstantinopel
Adrianopel
Ragusa
Dardanellen
Reich
Mytilene
Chios
Smyrna
Athen
Messina
Kandia
sches Meer

Lady Mary Montagu

Briefe aus dem Orient

SOCIETÄTS-VERLAG

Bearbeitet von Dr. Irma Bühler nach der Ausgabe
von 1784 in der Übersetzung von Prof. Eckert

Herausgeber der
Bibliothek klassischer Reiseberichte
Dr. Georg A. Narciss

Societäts-Verlag · Frankfurter Societäts-Druckerei GmbH
Lizenzausgabe mit Genehmigung des
Wolfgang Krüger Verlages GmbH, Frankfurt am Main

Gesamtherstellung: Mohndruck Graphische Betriebe GmbH, Gütersloh
Umschlaggestaltung: Heinrich Müller
Bildnachweis: Caspare Fossati, Die Hagia Sophia
aus Die bibliophilen Taschenbücher 187
Printed in Germany 1982 · ISBN 3-7973-0388-2

INHALT

VORWORT

Mary Pierrepont wurde im Mai 1689 auf dem Landsitz Thoresby in Südengland (Nottingham) geboren und wuchs dort mit zwei Schwestern und einem Bruder auf. Als Mary acht Jahre alt war, starb ihre Mutter. Ihr Vater, durch den Tod von zwei erbenlosen Brüdern Herzog von Kingston geworden, war politisch sehr tätig, kümmerte sich nicht viel um seine Kinder und überließ die Erziehung einer alten Gouvernante und dem Hauslehrer des Sohnes. Von Natur klugen und regen Geistes, erwarb sich Mary im wahllosen Durchschmökern der väterlichen Bibliothek beachtliche Kenntnisse in der Literatur, der Geschichte, der französischen und lateinischen Sprache. Als ganz junges Mädchen begann sie einen Briefwechsel mit Ann Wortley Montagu, der Tochter einer befreundeten Familie auf einem Landsitz in etwa 60 km Entfernung von Thoresby. Immer mehr waren dann die Briefe für Anns älteren Bruder Edward bestimmt, und nach Anns Tode führte der zwischen Mary und Edward weitergeführte Briefwechsel dazu, daß Edward den Herzog von Kingston um die Hand seiner Tochter bat. Der Vater versagte indes seine Einwilligung, weil der junge Wortley auf die weitgehenden Forderungen zur Sicherstellung von Land und Geld für die zu erwartenden Kinder im Heiratsvertrag nicht einging. Als der Herzog eine andere Heirat für Mary in die Wege leitete, ließen sich Edward und Mary 1712 heimlich trauen, was ihnen der Vater nie ganz verziehen hat. Als Mitglied des Unterhauses war der junge Wortley viel in London. Nach der Geburt ihres Sohnes Edward zogen die Wortley Montagus ganz in die Stadt.

Hübsch, geistvoll, lebhaft und witzig, spielte Lady Mary am Hofe des neuen Königs Georg I., des Kurfürsten von Hannover, eine ihr sehr zusagende Rolle. Ihr Mann wurde 1716 zum Gesandten in Konstantinopel ernannt, wo er zur Vermeidung des wieder drohenden Krieges zwischen der Türkei und Österreich im Sinne der britischen Regierung vermitteln sollte. Daher wurde die Hinreise des neuen Gesandten über Wien angesetzt, von dort wurde er noch einmal zur Berichterstattung nach Hannover gerufen, wo Georg I. lieber war als in London. Dann ging es zurück nach Wien und von dort in die Türkei. Von dieser Reise, dem Aufenthalt in Konstantinopel und der Rückfahrt stammen Lady Marys berühmte Briefe. Sie kostete sehr bewußt alle Vorteile ihrer bevorzugten Stellung als Frau des englischen Gesandten aus. Die amtliche Tätigkeit ihres Mannes scheint in London nicht befriedigt zu haben, denn er wurde Ende 1717 schon abberufen. Im Februar 1718 kam in Konstantinopel noch die Tochter Mary zur Welt, Anfang Juni trat die Familie die Heimreise an.

Trotz Lady Marys Ehrgeiz für ihren Gatten erhielt er nach seiner Rückkehr keine staatliche Stellung mehr, nur einen Sitz im Unterhaus hatte er bis zu seinem Tode inne. Lady Mary, die sich von der Türkei einen kleinen Mohren als Diener und eine Menge Kuriositäten mitgebracht hatte, stand führend in einem gesellschaftlich hochstehenden und literarisch interessierten Kreis, von vielen gepriesen, von manchen angefeindet. Ihr Versuch, die türkische Art der Pockenimpfung in England einzuführen (S. 127), nahm den von ihr vorausgesehenen Verlauf. Sie gewann zwei

Ärzte dafür. Dr. Richard Mead schrieb sogar eine Broschüre darüber, die 1722 sieben Auflagen erlebte, zur Probe mußten sich sieben Verurteilte und sechs Waisenkinder (!) impfen lassen, und als dann nach vielen Erfolgen zwei Mitglieder der königlichen Familie geimpft wurden, setzte sich diese Art des Impfens in gewissen Kreisen durch. Lady Mary wurde sehr gefeiert, auch mit einem schwungvollen Gedicht 1724 in der moralischen Wochenschrift »The Plain Dealer«. Aber zu dem von ihr erwarteten Widerstand der Ärzteschaft kam die Verdammung durch die hohe Geistlichkeit, die gegen den »heidnischen Brauch«, der in die Pläne der göttlichen Vorsehung eingriffe, predigte. So verlief die Sache im Sande.

Das völlige Mißraten des einzigen Sohnes, der, obwohl klug und hübsch, sich zu einem unverbesserlichen Taugenichts, Schuldenmacher und Abenteurer auswuchs, war der große Kummer in Lady Marys Leben. Die Tochter Mary erfüllte die Hoffnungen ihrer Eltern, heiratete 1736 den Grafen Bute, der am Hofe des Thronfolgers gesellschaftlich und politisch eine angesehene Stellung einnahm und es später bis zum Premierminister brachte. Lady Montagu verließ 1738 England und lebte in Frankreich und Italien ihren geselligen und literarischen Neigungen. Ihr Mann blieb in England. Die Ehe war nicht unglücklich, aber die Gatten waren sich gleichgültig geworden. Ihre Briefe hatten meist die Sorgen um den Sohn zum Inhalt, während Lady Marys Briefe an ihre Tochter und ihre Freundinnen weitaus gehaltvoller und interessanter sind. Selber schon leidend, kehrte sie 1761 auf die Nachricht von der schweren Erkrankung ihres Mannes nach London zurück, fand ihn aber nicht mehr am Leben. Sie selber starb, freundlich umsorgt von ihrer Tochter, im August 1762.

Lady Montagu hat bei ihren Briefen wohl gleich an eine spätere Veröffentlichung gedacht. Im Juni 1726 schrieb sie an Gräfin Mar, ihre Schwester, nach der Lektüre der gerade als Buch herausgekommenen Briefe der Madame Marie de Sévigné an ihre Tochter, die Briefe seien »sehr hübsch, aber ich versichere Ihnen ohne die geringste Eitelkeit, daß in vierzig Jahren meine Briefe ebenso unterhaltsam sein werden. Ich rate Ihnen deshalb, keine fortzuwerfen.« Im Dezember 1761 übergab Lady Montagu kurz vor ihrer Rückkehr nach England zwei Bände ihres Tagebuches aus der Türkei, in dem sich auch die Abschriften ihrer Briefe befanden, dem anglikanischen Geistlichen in Rotterdam, Benjamin Snowden, mit der Bestimmung, er könne das Manuskript verwenden, wie er es für richtig halte. Eine Abschrift der Briefe von unbekannter Hand wurde wohl schon ziemlich bald nach Lady Montagus Rückkehr aus der Türkei im Freundeskreis herumgegeben, jedenfalls hat Mary Astell 1724 eine von uns auf S. 13 abgedruckte Vorrede dazu geschrieben. Gräfin Bute, die ihrer Mutter scharfe Zunge und Indiskretionen über noch Lebende fürchtete, kaufte nach ihrem Tod Manuskripte und Originalbriefe für 500 Pfund auf und vernichtete den größten Teil. Ohne ihr Wissen erschien aber schon 1763 eine dreibändige Ausgabe der Reisebriefe, herausgegeben von John Cleland, und bald darauf ein vierter Band von Sir Leslie Stephen. Die Briefe wurden noch oft ganz oder teilweise abgedruckt, so 1803 von James Dallaway eine erweiterte Ausgabe mit Lady Montagus Gedichten, 1837 von ihrem Urenkel Lord Wharncliffe mit einer Vorrede von Lady Louisa Stuart, einer Tochter der Gräfin Bute. 1861 erschien die noch heute maßgebliche Ausgabe von Moy Thomas. Eine gute, ganz moderne Übertragung mit

Anmerkungen gab 1931 Dr. Hans Heinrich Blumenthal in Wien heraus, »Der Lady Mary Pierrepont Wortley Montagu Reisebriefe 1716–1718 (Mr. Wortleys Gesandtschaft bei der Hohen Pforte)«. Um den Geist der Zeit, in der die Briefe entstanden sind, besser wiederzugeben, beruht unsere Ausgabe im wesentlichen auf einer alten deutschen Übersetzung:

›Briefe der Lady Marie Worthley Montague, geschrieben während ihrer Reisen in Europa, Asien und Afrika an Personen von Stande, Gelehrte etc. in verschiedenen Teilen von Europa; die unter anderen Merkwürdigkeiten Nachrichten von der Staatsverwaltung und den Sitten der Türken enthalten; aus Quellen geschöpft, die für andere Reisende unzugänglich gewesen. Aufs neue nebst derselben poetischen Schriften aus dem Englischen übersetzt von Professor Eckert. Mit Kaiserlichen und Kurpfälzischen Privilegien. Mannheim 1784. Im Verlage der Herausgeber der Werke ausländischer schöner Geister.‹

Wir haben nur die Orthographie, einige ungebräuchliche Worte, falsch wiedergegebene Namen und sonstige Kleinigkeiten geändert, sonst aber die Sprache des 18. Jahrhunderts möglichst unverändert beibehalten.

Erstaunlich ist, wie Lady Montagu den Inhalt ihrer Briefe nach dem Empfänger richtet, sie behandelt jeweils geschlossene Themen, für die sie bei dem Empfänger besonderes Interesse voraussetzt, daher finden sich auch wenig Wiederholungen, jeder Brief bringt etwas Neues. Echt weiblich sind ihre zahlreichen Superlative (das Schönste der Welt, das Beste, was ich je gesehen habe, usw.) und ihre ausführlichen Modebeschreibungen. Weit über dem Durchschnitt stehen ihre klugen Urteile über die staatlichen Verhältnisse in den fremden Ländern, über den

Krieg (S. 87), die Sklaverei (S. 192) und ähnliches. Ihre völlige Verständnislosigkeit gegenüber dem Katholizismus und ihre offenen und scharfen Urteile darüber, besonders in den Briefen an den guten Freund Abbé Conti, erklären sich aus dem Schicksal des Katholizismus in England seit der Reformation. Lady Montagus Kenntnisse in der zeitgenössischen Literatur, ihr Fleiß im Studium aller Berichte über die von ihr bereisten Länder, ihre Liebe zur Antike zeigen sich in den Briefen in hellem Licht. Im übrigen haben wir den lobenden Worten der Dame Mary Astell nichts hinzuzufügen. Die Briefe sprechen für sich selbst.

München-Solln, Mai 1962 *Dr. J. Bühler*

VORREDE DER DAME MARY ASTELL (1724)

Ich war im Begriff, nach der gewohnten Art der Herausgeber dem Leser die Schönheiten und Vorzüge dieses Werks anzupreisen, ihm zu sagen, daß der berühmten Verfasserin Gelegenheiten offenstanden, die andere Reisende, so hoch auch ihr Rang und ihre Wißbegierde gewesen sein mögen, nicht haben konnten, und daß ihr Genie fähig gewesen sei, den besten Gebrauch von jeder Gelegenheit zu machen. Wenn aber der Leser, nachdem er einen einzigen Brief durchgelesen, nicht Unterscheidungskraft genug hat, die natürliche Zierlichkeit, das Feine der Empfindung und Beobachtung, die leichte Grazie und liebenswürdige Einfalt zu bemerken, in der eigentlich das Vollkommene im Schreiben besteht und worinnen diese Briefe alles übertreffen, was in dieser oder beinah jeder anderen Art erschienen ist, nun, so mag er das Buch niederlegen und es denen überlassen, die diese Unterscheidungskraft haben.

Die edle Verfasserin hatte die Güte, mir die Urschrift zu leihen, um meine Neugier in Betreff etlicher Fragen, die ich über ihre Reise getan hatte, zu befriedigen. Da ich das Manuskript nun einmal in Händen hatte, wie war es möglich, es wieder wegzugeben? Ich war einst eitel genug, zu hoffen, ich dürfte dem Publikum ankündigen, daß es diesen kostbaren Schatz meinem Eifer zu verdanken hätte. Aber leider! die höchst geistreiche Verfasserin hat ihn, solange sie lebt, zur Dunkelheit verdammt, und Überzeugung sowohl als Ehrerbietung zwingen mich, ihren Gründen nachzugeben. Sollten aber diese Briefe künftig, wenn ich im Grabe bin, ans Licht treten, so begleite sie dieses Vorwort als ein Zeugnis, daß unter ihren Zeitgenossen wenigstens ein Frauenzimmer ihren Verdiensten Gerechtigkeit widerfahren ließ.

Es ist nichts so vortrefflich, daß nicht jemand etwas daran tadeln wird, und desto mehr, weil es vortrefflich ist. Solchen Hyperkritikern werde ich nicht sagen ...

Ich bin, ich bekenne es, boshaft genug, zu wünschen, daß die Welt sehen möge, wie die Damen weit besseren Nutzen aus ihren Reisen zu ziehen wissen als die Herren, daß, da die Welt mit Männerreisen bis zum Ekel überladen worden ist, die alle in dem nämlichen Ton geschrieben und mit denselben Kleinigkeiten angefüllt sind, eine Dame die Fähigkeit hat, sich eine neue Bahn zu eröffnen und einen abgenutzten Stoff mit einer Mannigfaltigkeit von neuen und zierlichen Bemerkungen zu verschönern. Denn außer dem Feuer und dem Geist, die jeden Teil beleben, außer jener unnachahmlichen Schönheit, die sich durch das Ganze verbreitet, und der Reinheit der Schreibweise, die der englischen Sprache mit Recht zum Muster dienen kann, findet der Leser getreuere und genauere Nachrichten von den Sitten und Gebräuchen der verschiedenen Völker, mit denen diese Dame Umgang hatte, als er in irgendeinem anderen Schriftsteller antreffen wird. Wie aber ihr durchdringender Geist die verborgensten Torheiten des Herzens entdeckt, so überging ihre edle Seele sie mit einem mehr mitleidigen als züchtigenden Blick und behandelte mit der Gesittung eines Fürstenhofes und der sanften Artigkeit eines Frauenzimmers, was ihr strenges Urteil verdammte ...

Wir wollen die Überlegenheit dieses erhabenen Genies freiwillig eingestehen, so wie ich es mit aufrichtiger Seele tue, erfreut, daß ein Frauenzimmer siegt, und stolz darauf, mich in ihr Gefolge zu mischen. Wir wollen ihr die Palmen anbieten, die ihr mit so vielem Rechte gebühren, und die Lorbeeren, auf die wir etwa Anspruch machen, willig zu ihren Füßen legen.

Den 18. Dezember 1724 *M. A.*

DIE HINFAHRT

An Gräfin Mar

Rotterdam, 3. August 1716

Die Nachricht, liebe Schwester, daß ich glücklich übers Meer gekommen bin, obschon wir einen Sturm auszuhalten hatten, wird Sie, wie ich mir schmeichle, erfreuen. Der Kapitän der Jacht überredete uns, während einer Windstille abzusegeln, weil er glaubte, es sei nichts leichter, als sich durch die Strömung treiben zu lassen; allein nach einer zweitägigen langsamen Fahrt erhob sich der Wind so stark, daß kein Matrose mehr auf den Füßen stehen konnte, und die ganze Nacht auf den Sonntag wurden wir ziemlich herumgeschüttelt. Nie sah ich einen Menschen so erschrocken als den Kapitän. Ich war dabei so glücklich, weder von der Furcht noch von der Seekrankheit angefochten zu werden; doch wünschte ich mit solcher Ungeduld, wieder auf festem Boden zu sein, daß ich nicht warten wollte, bis die Jacht zu Rotterdam anlangte; ich fuhr also mit dem großen Boot nach Helvoetsluys und weiter zu Lande nach Brill. Die Nettigkeit dieser kleinen Stadt gefiel mir über die Maßen wohl, doch gewährte mir meine Ankunft zu Rotterdam ein ganz neues Vergnügen. Alle Straßen sind mit breiten Steinen gepflastert, und vor vielen Türen der einfachsten Handwerker sieht man Sitze von vielfarbigem Marmor, alles so reinlich gehalten, daß ich gestern fast durch die ganze Stadt in Pantoffeln ging, ohne meine Füße im geringsten zu beschmutzen. Hier sieht man holländische Mädchen das Pflaster mit mehr Fleiße reinigen als die unsrigen unsere Schlafzimmer. Die Stadt scheint mir so volkreich, jedermann so geschäftig und alle in solcher Bewegung, daß ich immer geneigt bin, zu glauben, es sei gerade ein berühmter Jahrmarkt, allein, ich sehe alle Tage dasselbe. Gewiß kann keine Stadt eine vorteilhaftere Lage für den Handel haben. Hier sind sieben breite Kanäle, auf denen die Kauffahrteischiffe bis vor die Türen ihrer Eigentümer kommen. Läden und Warenlager sind von auffallender Reinlichkeit und Pracht, mit einer unglaublichen Menge schöner Waren angefüllt, die alle so viel wohlfeiler sind als bei uns, und es kostet mich Mühe zu glauben, daß ich England noch so nahe bin. Hier sieht man weder Kot noch Bettelei. Hier schleichen keine ekelhaften Krüppel, die in London so häufig sind, in den Straßen herum und erregen Ärgernis, man wird auch nicht von den ungestümen, müßigen Tagedieben und liederlichen Weibsbildern geplagt, deren ganze Absicht ist, schmutzig einherzugehen und müßig zu leben. Die einfachen Dienstboten und kleinen Ladenmädchen sind hier weit niedlicher und reinlicher gekleidet als die meisten unserer Damen, und die große Mannigfaltigkeit des reizenden Kopfputzes (jedes Mädchen folgt hierin seinem eigenen Geschmack) vermehrt das Vergnügen, wenn man durch die Stadt geht.

Bis hierher, liebe Schwester, führe ich, wie Sie sehen, keine Klage, und wenn mir das Reisen in der Folge so gut gefällt wie jetzt, so wird mich mein Plan nie gereuen. Ich werde um so zufriedener sein, wenn meine Reise mir Anlaß gibt, Sie zu unterhalten. Doch aus Holland dürfen Sie kein uneigennütziges Anerbieten erwarten. Ich bin im Rotterdamschen Stil schon genug bewandert, um Ihnen ohne alle Komplimente mit einem Worte zu sagen, daß ich von Ihnen Gegenberichte über alle Londoner Neuigkeiten erwarte. Sie sehen, daß ich schon gelernt habe, einen guten Kauf zu machen, so daß ich Ihnen auch nicht einmal umsonst sagen will, wie sehr ich bin

Ihre geneigte Schwester

An Mrs. Skerritt

Im Haag, 5. August 1716

Ich eile, liebe Madame, Ihnen zu sagen, daß ich trotz aller mir von Ihnen angedrohten Beschwerlichkeiten doch bis hierher mit meiner Reise ungemein zufrieden bin. Wir machen solch kurze Tagreisen, daß ich mehr auf einer Lustfahrt als auf der Landstraße zu sein glaube; und in der Tat kann man sich nichts Angenehmeres denken als eine Reise durch Holland. Die ganze Gegend gleicht einem großen Garten, die Landstraßen sind wohl gepflastert, auf beiden Seiten mit Reihen von Bäumen beschattet und von breiten Kanälen eingefaßt, auf denen man beständig Boote hin- und herfahren sieht. Alle zwanzig Schritt haben Sie eine neue Aussicht auf ein Landhaus, und alle vier Stunden kommen Sie in eine Stadt von so auffallendem Reiz, daß es Sie gewiß entzücken würde. Der Ort, wo ich jetzt bin, ist ohne Zweifel einer der schönsten in der Welt. Hier sind verschiedene herrlich gebaute, viereckige offene Plätze, und, was mir eine besondere Schönheit erscheint, alle mit hohen und dicht belaubten Bäumen besetzt. Voorhout ist zugleich der Hydepark und die Maille der Vornehmen, sie gehen und fahren da spazieren. Hier gibt es Buden mit Waffeln, Eisgetränken usw. Ich habe die berühmtesten Gärten gesehen, allein ich mag Ihnen mit einer Beschreibung nicht beschwerlich fallen. Schwören wollte ich, daß Ihnen mein Brief schon zu lang vorkommt, und doch kann ich ihn nicht schließen, ohne Sie um Verzeihung zu bitten, daß ich Ihren Befehlen nicht nachgekommen bin und die verlangten Spitzen gesandt habe. Ich finde sie wahrhaftig allenthalben teurer als in London. Brauchen Sie aber indische Waren, deren es hier von allen Arten gibt und die ihres Preises wert sind, so werde ich Ihre Befehle mit Vergnügen und Genauigkeit besorgen, indem ich bin, liebste Madame,

Ihre ...

AN MRS. SARA CHISWELL

Nimwegen, den 13. August 1716

Es tut mir sehr leid, meine liebe Sara, daß Ihre Besorgnis, Ihre Verwandten zu beleidigen, und deren Furcht für Ihre Gesundheit und Sicherheit mich des Glücks Ihrer Gesellschaft und Sie des Genusses einer sehr angenehmen Reise beraubt haben. Bei jedem schönem Neuem, bei jeder reizenden Aussicht fühle ich einen Schmerz, wenn ich daran denke, daß Sie unglücklicherweise all das Vergnügen entbehren müssen, das, wie ich weiß, Sie daraus geschöpft haben würden. Wären Sie hier bei mir in dieser Stadt, Sie würden immer Besuche von Ihren Nottinghamer Freunden erwarten. Nie waren zwei Orte einander ähnlicher. Man braucht die Maas nur Trent zu nennen, so verschwindet aller Unterschied im Aussehen. Die Häuser stehen hier wie in Nottingham eins über dem anderen inmitten von Bäumen und Gärten. Der Turm, den man hier Julius-Cäsar-Turm nennt, hat die gleiche Lage wie das Kastell zu Nottingham, und immer zeigt mir meine Phantasie von diesem Turm aus Trentfield, Adboulton, Orte, die uns so bekannt sind. Nur die Festungswerke machen einen beträchtlichen Unterschied. Alle Kenner der Kriegskunst rühmen sie außerordentlich. Ich, die ich nichts davon verstehe, will Ihnen auch nichts weiter davon sagen, als daß auf den Wällen ein schöner Spaziergang ist und ein Turm, den man mit Recht Belvedere nennt, wo man Tee, Kaffee usw. trinkt und dabei die schönste Aussicht von der Welt genießt. Die öffentlichen Spazierwege haben sonst keine andere bemerkenswerte Schönheit als den dichten Schatten der Bäume, der eine Art von feierlichem Vergnügen spendet. Doch ich darf nicht vergessen, Ihnen etwas von der Fähre zu sagen, die mich in Erstaunen setzte. Sie ist geräumig genug, auf einmal hundert Menschen mit Pferd und Wagen zu fassen. Man zahlt zwei Pence, wenn man darauf geht, und dann geht die Fähre und alles fort auf die andere Seite des Flusses, so langsam, daß die Bewegung kaum zu spüren ist.

Gestern war ich in der französischen Kirche und wunderte mich sehr über die Art ihres Gottesdienstes. Anfangs schlug der Pfarrer mit der Hand auf seinen breitrandigen Hut und sah dabei aus wie Hanswurst auf der Bartholomäusmesse, ahmte ihn auch getreu nach durch allerhand possierliche Gebärden und eine Predigt, die dem vollkommen glich, was jener zu seinen Puppen spricht; doch schien ihm die Gemeinde mit großer Andacht zuzuhören, und einige aus seiner Herde versicherten mir, daß er bei ihnen in großem Rufe stände. Jetzt werden Sie wohl meiner Erzählung von diesem Pfarrer ebenso überdrüssig sein, wie ich seiner Predigt war, doch Ihr Bruder wird eine Abschweifung zugunsten der englischen Kirche schon entschuldigen. Sie wissen, von den Kalvinisten verächtlich sprechen, heißt unserer Kirche in Ehren gedenken. Leben Sie wohl, liebe Sara, erinnern Sie sich meiner allezeit, ich werde Sie gewiß nie vergessen können.

An Lady Rich

Köln, den 16. August 1716

Könnte sich Mylady die geringste Vorstellung von den Beschwerlichkeiten machen, die ich seit zwei Tagen ausgestanden, Sie würden es gewiß als einen großen Beweis meiner Hochachtung ansehen, daß ich mich jetzt niedersetze, Ihnen zu schreiben. Wir mieteten Pferde von Nimwegen hierher, weil wir die Bequemlichkeit der Post nicht hatten, und wurden auf unserer ersten Station zu Rheinberg ziemlich schlecht bewirtet, doch es war nichts gegen das, was ich gestern ausstand. Wir hofften, Köln zu erreichen, unsere Pferde ermüdeten schon zu Stamel, drei Stunden zuvor. Ich war gezwungen, die Nacht in meinen Kleidern auf einer Kammer zuzubringen, die eigentlich nur einen Schuppen vorstellte. Ich führte zwar mein Bett bei mir, hatte aber keine Lust, mich an einem Orte zu entkleiden, wo der Wind durch tausend Öffnungen eindrang. Wir verließen mit Anbruch des Tages diese jämmerliche Herberge und langten ungefähr um 6 Uhr hier an, wo ich mich dann sogleich zu Bett legte. Ich schlief drei Stunden so wohl, daß ich mich beim Erwachen völlig wiederhergestellt und munter genug fühlte, alles Sehenswürdige in dieser Stadt zu besichtigen; ich meine die Kirchen, denn sonst ist hier nichts, was verdiente, gesehen zu werden. Köln ist groß, allein die meisten Häuser sind alte Gebäude. Ein hübscher junger Jesuit zeigte mir mit vieler Höflichkeit die schönste aller Kirchen, nämlich die der Jesuiten. Er wußte nicht, wer ich war, und deswegen nahm er sich in seinen Komplimenten und Scherzen Freiheiten heraus, die mich sehr belustigten. Ich hatte nie dergleichen Kirchen vorher gesehen, ich konnte daher die Pracht der Altäre, die reichen Bilder der Heiligen (alle von massivem Silber) und die Einfassung der Reliquien nicht genug bewundern, wiewohl ich zugleich im Herzen über die Verschwendung von Perlen, Diamanten und Rubinen murrte, die auf die Verzierung vermoderter Zähne und schmutziger Lumpen verwandt wurden. Ich war, ich gestehe es, gottlos genug, Sankt Ursulas Perlenhalsband zu begehren. Doch ist hierin vielleicht gar keine Gottlosigkeit, weil ein Bild gewiß nicht unser Nächster ist; allein ich ging noch weiter und wünschte das Mädchen selbst in ein Tafelservice verwandelt. Auch würde es mich freuen, einen großen Sankt Christoph umgegossen zu sehen: als silberne Schüssel würde er sich meines Bedünkens recht gut machen. Dies waren meine frommen Betrachtungen, doch gefiel es mir recht wohl, zur Ehre unserer Nation[1] die Schädel der elftausend Jungfrauen aufgetürmt zu sehen. Ich sah hier noch einige hundert Reliquien von nicht minderer Wichtigkeit, aber ich mag den gewöhnlichen Stil der Reisenden nicht so weit nachahmen, daß ich Ihnen ein Verzeichnis davon schicke, weil ich überzeugt bin, daß Sie nicht neugierig sind, die Namen und Titel zu wissen, die man Kinnbacken und Stückchen von wurmstichigem Holze beilegt.

Leben Sie wohl, ich gehe soeben zum Nachtessen, wo ich mit vortrefflichem Lothringer Wein auf Ihre Gesundheit trinken werde; er ist gewiß der nämliche, den Sie zu London Burgunder nennen.

An Gräfin Bristol

Nürnberg, den 22. August 1716

Nach fünftägigem Postreisen konnte ich mich wohl aus keinem anderem Anlaß zum Schreiben niedersetzen, als um Ihnen, meine liebe Lady, zu sagen, daß ich Ihren liebenswürdigen Befehl, Ihnen Nachricht von meinen Reisen zu geben, nicht vergessen habe. Schon habe ich einen großen Teil Deutschlands durchzogen und alle Merkwürdigkeiten in Köln, Frankfurt, Würzburg und hier gesehen. Es ist unmöglich, den auffallenden Unterschied zwischen den freien Städten und denen, die unter der Botmäßigkeit unumschränkter Fürsten stehen (und dies sind alle kleinen Souveräne von Deutschland), nicht zu bemerken. In den ersteren sieht man beim ersten Blick Handel und Überfluß. Die Straßen sind wohl angelegt, voller Menschen, alle nett und einfach gekleidet. Die Läden sind mit Waren angefüllt und das Volk reinlich und fröhlich. In den anderen sieht man eine Art lumpigen Flitterstaats, eine Menge bunter, schmutziger Vornehmer, enge, kotige Straßen, die allenthalben das Ausbessern brauchen, jämmerlich dünn an Einwohnern, und die einfachen Leute über die Hälfte Gassenbettler. Ich kann nicht umhin, mir die eine Art der Städte unter der Gestalt einer reichen holländischen Bürgersfrau und die andere wie eine armselige geschminkte Stadtmetze vorzustellen, die ihren Kopfputz mit bunten Bändern ausstaffiert, Schuhe mit verschossenen silbernen Spitzen und einen in Lumpen zerrissenen Unterrock trägt, ein jämmerliches Gemisch von Laster und Armut!

Hier haben die Einwohner Kleider- und andere Verordnungen, die der Ausschweifung Grenzen setzen, welche so viele andere Städte zugrunde richtet. Die Kleider bestimmen durchgehend den Rang und machen in der Tat in den Augen eines nicht Einheimischen einen besseren Eindruck als alle unsere Moden. Ich schäme mich gar nicht, den Wunsch zu äußern, diese Gesetze auch in anderen Weltgegenden eingeführt und gehandhabt zu sehen. Betrachtet man unparteiisch den Vorzug, den ein reiches Kleid an den meisten Orten gibt, die Ehrfurcht, das Lächeln der Großen, das es verschafft, um nichts von dem Neide und den Seufzern zu sagen, die es veranlaßt (was oft für den, der es trägt, der größte Reiz ist), so ist man gezwungen zu bekennen, daß ein ganz ungemeiner Verstand dazu erforderlich ist, der Versuchung zu widerstehen, seinen Freunden zu gefallen und seine Nebenbuhler zu kränken, und daß es jungen Leuten natürlich ist, in eine Torheit zu verfallen, die sie in großen Geldmangel stürzt, die Quelle von tausend Niederträchtigkeiten. Wie viele Menschen sind mit edlen Gesinnungen in die Welt getreten und wurden hernach das Werkzeug, Elend über ein ganzes Volk zu verbreiten, weil sie durch eitlen Aufwand in Schulden verfielen, die nachher nicht anders als mit dem Verlust ihrer Ehre zu tilgen waren, und die sie nie würden gemacht haben, wenn die Ehrfurcht, die der Pöbel den Kleidern zollt, durch Gesetze nur auf eine einzelne Farbe oder auf einen unterscheidenden Schnitt einfachen Zeuges beschränkt wäre. Diese Betrachtungen ziehen andere, gar zu traurige nach sich, ich eile, sie durch die Farce der Reliquien wieder zu verjagen, mit der man mich in allen römischen Kirchen unterhalten hat.

Ganz frei sind auch die Lutheraner von diesen Torheiten nicht. Man zeigte mir hier in der Hauptkirche ein Stück vom Kreuze, in Edelsteine gefaßt, und die Spitze einer Lanze, die, wie sie gar ernsthaft behaupteten, eben die nämliche sei, womit unser Heiland in die Seite gestochen wurde[2]. Doch das Lustigste begegnete mir in einer kleinen römisch-katholischen Kirche, die man hier duldet. Die Bekenner dieser Religion sind hier nicht eben reich, können also ihre Bilder nicht so kostbar aufputzen wie ihre Nachbarn. Um es aber doch nicht gänzlich an allen Verzierungen mangeln zu lassen, setzen sie auf das Haupt eines Standbildes unseres Heilandes über dem Altar eine blonde, buschige und wohlgepuderte Perücke. Mich deucht, ich sehe Euer Gnaden über dieses staunen und die Wahrheit bezweifeln, allein ich habe auf mein Wort noch nicht den geringsten Gebrauch von den Vorrechten der Reisenden gemacht. Meine ganzen Nachrichten sind mit der ungekünstelten Redlichkeit desselben Herzens geschrieben, mit welchem ich Sie versichere, daß ich bin ...

An Mrs. Thislethwayte

Regensburg, den 30. August 1716

Noch am Tag vor meiner Abreise aus London hatte ich das Vergnügen, Ihren Brief zu erhalten. Ich danke Ihnen tausendmal für Ihre guten Wünsche und verlasse mich so sehr auf ihre Wirksamkeit, daß ich gewiß glaube, ich habe Ihnen zum Teil das Glück zu verdanken, daß ich auf meiner langen Reise so weit ohne Unfall gekommen bin. Denn das rechne ich für keinen, daß mich eine Erkältung zwei Tage in dieser Stadt aufgehalten. Dies gab mir nicht allein Gelegenheit, alles Merkwürdige zu besehen, sondern auch einige Bekanntschaften mit den Damen zu machen, die alle mit großer Höflichkeit Besuch bei mir machten, besonders Madame ..., die Gemahlin des hannoverschen Gesandten unseres Königs. Sie hat mich in alle Gesellschaften geführt und in ihrem Hause, welches hier eines der schönsten ist, prächtig bewirtet. Sie wissen, daß der ganze Adel an diesem Orte die Gesandten verschiedener Staaten sind[3]. Ihre Anzahl ist groß, sie könnten auch ihre Zeit angenehm genug zubringen, wenn sie nicht gar zu genau wegen des Zeremoniells wären. Allein, statt sich alle in der Absicht zu vereinen, einander die Stadt so angenehm wie möglich zu machen und in ihren Gesellschaften einen ungezwungenen Ton einzuführen, haben sie keinen anderen Zeitvertreib als unaufhörliche Zänkereien, die sie mit Sorgfalt verewigen und ihren Nachfolgern hinterlassen. Mit den Einkünften seines Amtes erhält ein Gesandter zu Regensburg der Ordnung gemäß auch ein halbes Dutzend Zänkereien. Freilich lassen die Damen ihrerseits auch nichts ermangeln, diese wichtigen Streitigkeiten anzuspinnen und zu vermehren, wodurch die Stadt beinahe in so viel Parteien geteilt ist als Familien da sind. Ehe sie in einem einzigen Punkt von ihren Ansprüchen abgehen, dulden sie lieber die Kränkung, an ihren Empfangsabenden fast allein zu sitzen. Ich bin erst eine Woche hier, und doch hat mir fast eine jede von ihnen die ganze Geschichte ihrer erlittenen Unbill erzählt und schreckliche Klagen über die Ungerechtigkeiten ihrer Nachbarinnen geführt in der Hoffnung, mich zu ihrer Partei zu ziehen. Mir aber scheint das Klügste, neutral zu bleiben; müßte ich mich aber beständig bei ihnen aufhalten, so würde dies nicht lange möglich sein, weil sie ihre Zänkereien bis zur Unhöflichkeit gegen diejenigen treiben, die ihren Gegnern Besuche machen. Die Quelle dieser Streitigkeiten ist einzig der Rang, der Platz und der Titel Exzellenz, auf welchen sie alle Anspruch machen, den sie jedoch niemandem geben wollen, was sehr hart ist. Ich meinesteils konnte nicht umhin, ihnen ums gemeine Beste willen zu raten, diesen Titel einem jeden zu geben, wodurch sie folgerichtig ihn natürlich auch von einem jeden wieder erhalten würden. Allein schon die bloße Erwähnung eines so unrühmlichen Friedens wurde mit ebensoviel Unwillen aufgenommen, wie Mrs. Blackacre[4] die Berufung auf Schiedsrichter annahm. Ich fing in der Tat an, mich selbst für boshaft zu halten, weil ich die Damen an einem Ort, wo es so wenig Belustigungen gibt, eines so angenehmen Zeitvertreibs hatte berauben wollen. Ich weiß, daß meine friedfertige Gemütsart mir bereits ein unvorteilhaftes Ansehen gibt und daß man einander öffentlich ins Ohr flüstert, es sei ein unverschämter Hochmut von mir, daß ich bisher ungezogen höflich gegen jedermann gewesen sei, als wenn ich niemanden für gut genug hielte, Händel mit ihm anzufangen. Ich würde mein Betragen ändern müssen, wenn ich nicht willens wäre, meine Reise in wenig Tagen fortzusetzen.

Die Kirchen habe ich hier besehen, auch wurde mir erlaubt, die Reliquien anzurühren, was mir an keinem Ort, wo ich nicht bekannt war, vergönnt wurde. Diese Freiheit gab mir die Gelegenheit, eine Bemerkung zu machen, die ohne Zweifel auch in allen anderen Kirchen richtig wäre, nämlich, daß die Smaragde und Rubine, welche sie an ihren Reliquien und Bildern zeigen, meistens falsche Steine sind, obschon sie erzählen, daß viele Kreuze und Muttergottesbilder, die mit Steinen besetzt sind, Geschenke von Kaisern und anderen großen Fürsten gewesen wären. Ich zweifle gar nicht, daß es anfangs Edelsteine von Wert waren, allein die guten Väter fanden es für dienlich, sie zu anderem Gebrauch zu verwenden, und das Volk ist mit Stückchen Glas ebenso zufrieden. Unter diesen Reliquien zeigte man mir eine ungeheure in Gold gefaßte Klaue, die sie die Klaue eines Greifen nannten, und ich konnte nicht umhin, den ehrwürdigen Priester, der sie mir zeigte, zu fragen, ob der Greif auch ein Heiliger wäre. Er verlor über diese Frage beinahe seine ganze Ernsthaftigkeit, versetzte aber doch, sie verwahrten sie bloß als eine Seltenheit. Ein großes silbernes Bild von der Dreieinigkeit gab mir viel Ärgernis: der Vater hatte die Gestalt eines alten, abgelebten Mannes mit einem bis auf die Knie herabhängenden Bart, mit dem ans Kreuz gehefteten Sohn in seinen Armen und einer dreifachen Krone auf dem Haupte, über ihm schwebte der Heilige Geist in Gestalt einer Taube. Soeben kommt Madame ..., mich zu einer Gesellschaft zu führen, und zwingt mich, Ihnen ganz kurz zu sagen, daß ich allzeit bin ...

An Gräfin Mar

Wien, den 8. September 1716

Ich bin glücklich in Wien angekommen, liebe Schwester, und danke Gott, daß trotz allen Beschwerlichkeiten weder meine eigene noch, was mir teurer ist, meines Kindes Gesundheit im geringsten dabei gelitten haben. Von Regensburg fuhren wir in einem von den kleinen Schiffen, die man mit Recht hölzerne Häuser nennt [Ulmer Schachtel], die Donau hinunter, eine vollkommen angenehme Reise. In besagten Schiffen findet man alle Bequemlichkeiten eines Palastes, Öfen in den Räumen, Küchen usw. Jedes wird durch zwölf Mann gerudert, und das mit unglaublicher Geschwindigkeit. Man genießt an einem Tage das Vergnügen einer großen Mannigfaltigkeit von Aussichten, und in wenigen Stunden sieht man immer eine neue mit prächtigen Palästen gezierte Stadt nebst den romantischsten Einsiedeleien, die von allem Umgange mit Menschen entfernt zu sein scheinen. Auf den Ufern der Donau entdeckt man alle Augenblicke bezaubernde Abwechslung von Wäldern, Felsen, hohen Weinbergen, großen Städten und Trümmern von alten Schlössern. Ich sah die großen Städte Passau und Linz, die der Aufenthalt des kaiserlichen Hofes, als Wien [1683 von den Türken] belagert war, berühmt gemacht hat. Wien, welches die Ehre hat, der Sitz des Kaisers zu sein, entsprach gar nicht meiner Erwartung, denn ich fand es weit kleiner, als ich es mir vorgestellt hatte. Die Straßen sind sehr eng aneinander und so schmal, daß die schönen Vorderseiten der Häuser nicht gut zu sehen sind, obgleich manche wegen ihrer wahren Pracht wohl Aufmerksamkeit verdienten. Sie sind von schönen weißen Steinen gebaut und ungemein hoch; denn da die Stadt zu klein für die Menge Menschen ist, die darinnen wohnen will, so scheinen die Bauenden diesem Mangel dadurch abzuhelfen, daß sie eine Stadt auf die andere bauen; die meisten Häuser weisen nämlich fünf, einige sogar sechs Stockwerke auf. Sie können sich leicht vorstellen, daß wegen der engen Straßen die Zimmer überaus dunkel sind, und, was meines Erachtens eine weit unerträglichere Unbequemlichkeit ist, es gibt kein Haus, worinnen nicht fünf oder sechs Familien wohnen. Die Zimmer der vornehmsten Damen und sogar der Staatsminister sind bloß durch eine Scheidewand von denen eines Schneiders oder eines Schusters abgesondert, und ich kenne keine Familie, die mehr als zwei Stockwerke in einem Hause besitzt, das eine zu ihrem eigenen Gebrauch, das andere, höhere, für ihre Bedienten. Eigentümer von Häusern vermieten die übrigen Stockwerke an den ersten besten, der sie verlangt. Hierdurch werden die Hauptstiegen, alle von Stein, allen gemeinsam und so kotig wie die Gasse. Wahr ist's, wenn man die Stiegen einmal hinter sich hat, so kann nichts von erstaunlicherer Pracht sein als die Gemächer. Sie sind im allgemeinen eine Folge von acht oder zehn großen Zimmern, alle Fußböden ausgelegt, Türen und Fenster reich an Bildhauerarbeit und vergoldet, und eine Möbelausstattung, wie man sie selten in den Palästen regierender Fürsten antrifft. Die Zimmer sind mit den schönsten Brüsseler Wandteppichen behangen, mit ungeheuer großen Spiegeln in silbernen Rahmen, japanischen Tischen, Stühlen, Betten und Fenstervorhängen geziert, die von dem reichsten genuesischen Damast und beinahe ganz mit goldenen Borten bedeckt oder überstickt sind; alles wird durch Bilder, große Vasen von japanischem Porzellan und große Kronleuchter von Bergkristall noch mehr aufgeheitert.

Schon habe ich die Ehre gehabt, von verschiedenen Persönlichkeiten von erstem Range zur Mittagsmahlzeit geladen zu werden; und ich muß ihnen Gerechtigkeit widerfahren lassen und bekennen, daß der gute Geschmack und die Pracht ihrer Tafel vollkommen mit der übereinstimmt, die in ihrem Gerät herrscht. Ich bin mehr als einmal mit fünfzig Gerichten bewirtet worden, die alle in Silber aufgetragen wurden und wohl zubereitet waren, dann folgte ein Nachtisch auf dem schönsten chinesischen Porzellan, der dem Vorhergehenden völlig entsprach. Doch die Verschiedenheit und Kostbarkeit ihrer Weine erregt das größte Erstaunen. Es ist hier der Brauch, ein Verzeichnis derselben zugleich mit der Serviette auf die Teller der Gäste zu legen, und ich habe öfter bis zu achtzehn verschiedene Sorten gezählt, die alle in ihrer Art auserlesen waren. Gestern war ich in des Vizekanzlers Grafen Schönborn Garten, wohin ich zu Mittag gebeten war, und ich muß gestehen, ich habe nie etwas so vollkommen Angenehmes und Reizendes gesehen wie die Wiener Vorstadt. Sie ist sehr groß und besteht fast gänzlich aus schönen Palästen, die wegen ihrer Lage und Bauart zum Entzücken sind. Fände es der Kaiser dienlich, die Stadttore abzuschaffen und Wien mit der Vorstadt zu vereinigen, so würde er eine der größten und am besten gebauten Städte Europas haben. Graf Schönborns Landsitz ist einer der prächtigsten. Die Ausstattung ganz von reichem Brokat, mit so vielem Geschmack angebracht und ausgeziert, daß man sich nichts Lebhafteres und Glänzenderes vorstellen kann; ich schweige von der Galerie, die voller Seltenheiten in Korallen und Perlmutter ist, auch von den in allen Teilen des Hauses angebrachten Vergoldungen, Bildhauerarbeiten, schönen Malereien, dem besten Porzellan, alabasternen und elfenbeinernen Bildsäulen und großen Orangen- und Zitronenbäumen in vergoldeten Töpfen. Die Mahlzeit war vollkommen gut ausgesucht, wohl angeordnet und durch die aufgeweckte Laune des Grafen noch angenehmer gemacht. Ich bin noch nicht bei Hofe gewesen, weil ich gezwungen bin, auf mein Staatskleid zu warten, ohne welches man der Kaiserin seine Aufwartung nicht machen darf. Inzwischen sehne ich mich sehr, ihre Schönheit zu sehen, die so viele Nationen bewundert haben. Sobald ich diese Ehre gehabt habe, werde ich nicht ermangeln, meiner lieben Schwester meine wahren Gedanken von allem zu sagen, weil ich ein besonderes Vergnügen daran finde, sie ihr mitzuteilen.

An Mr. Pope

Wien, den 14. September 1716

Vielleicht lachen Sie darüber, daß ich Ihnen sehr ernsthaft für alle liebenswürdigen Besorgnisse danke, die Sie über meine Person äußern. Gewiß kann ich, wenn ich will, alle die schönen Sachen, die Sie mir sagen, für Witz und Scherz nehmen, und wer weiß, ob ich nicht recht hätte. Allein ich war in meinem Leben nie halb so sehr aufgelegt, sie im Ernst zu verstehen, als jetzt, und eben die Entfernung, welche die Fortdauer Ihrer Freundschaft unwahrscheinlich macht, hat meinen Glauben an sie recht sehr verstärkt. Ich finde, daß ich ebenso gut (wie mein ganzes Geschlecht) einen starken Hang habe, an Wunderwerke zu glauben, so sehr ich ihn auch zu verbergen suche. Denken Sie indessen nicht, ich wäre von der Luft dieser papistischen Länder angesteckt. Ich bin freilich so weit von der englischen Kirchenzucht abgewichen, daß ich vergangenen Sonntag in der Oper[5] war, die im Garten der Favoritin aufgeführt wurde und die mir so wohl gefallen hat, daß ich es noch nicht bereut habe. Nichts von dieser Art sah man je prächtiger, und ich glaube es sehr wohl, wenn man mir sagt, daß die Ausstattung und die Kleider den Kaiser dreißigtausend Pfund Sterling kosten. Die Bühne war über einen großen Kanal gebaut. Beim Anfang des zweiten Aktes teilte sie sich in zwei Teile und ließ das Wasser sehen, auf welchem gleich von beiden Seiten her zwei Flotten von kleinen, vergoldeten Schiffen erschienen, die ein Seetreffen darboten. Es ist nicht leicht, sich die Schönheit dieses Auftritts in Gedanken vorzustellen, der meine ganze Aufmerksamkeit auf sich zog; doch alles übrige war ebenfalls vollkommen schön in seiner Art. Die Handlung der Oper ist die Bezauberung der Alcina und gibt vielen Anlaß zur Anwendung von mancherlei Maschinen und zur Veränderung der Szenerie, die mit erstaunlicher Geschwindigkeit gewechselt wird. Die Bühne ist so groß, daß es dem Auge schwerfällt, das Ende davon zu erkennen, und die Kleider sind von der höchsten Pracht, hundertacht an der Zahl. Es wäre kein Haus groß genug, alle diese weitläufigen Dekorationen zu fassen, allein die Damen sitzen in freier Luft und sind dadurch großen Unbequemlichkeiten ausgesetzt. Es ist nur ein einziger Baldachin für die kaiserliche Familie, und als am ersten Abend ein Platzregen fiel, wurde die Oper unterbrochen, und die Zuschauer liefen in solcher Verwirrung davon, daß ich fast zu Tode gedrückt wurde.

Doch so reizend ihre Opern sind, in ebenso hohem Grade sind ihre Lustspiele lächerlich. Sie haben nur eine Schaubühne. Aus Neugier, eine deutsche Komödie zu sehen, ging ich dahin und freute mich, daß es die Geschichte Amphitryons war. Da diese bereits von einem lateinischen, einem französischen und einem englischen Dichter[6] behandelt worden ist, so erweckte es meine Neugier, zu sehen, was ein österreichischer Schriftsteller daraus machen würde. Ich bin dieser Sprache mächtig genug, um den größten Teil zu verstehen, außerdem hatte ich eine Dame mitgenommen, welche die Güte hatte, mir jedes Wort zu erklären. Man nimmt gewöhnlich eine Loge, die Platz für vier Personen enthält. Der festgesetzte Preis ist ein Dukaten. Mir schien das Gebäude sehr niedrig und dunkel, doch die Komödie, ich gestehe es, glich diesen Fehler ganz bewundernswürdig aus. In meinem Leben habe ich nicht so viel gelacht. Sie fing damit an, daß Jupiter aus einem Guckloch, das in den Wolken angebracht war, sich in die Alkmena verliebte, und endete mit der Geburt des Herkules. Doch das Lustigste war der Gebrauch, den Jupiter von seiner Verwandlung machte, denn sobald er unter Amphitryons Gestalt erscheint, schickt er, anstatt mit den entzückten Worten, die ihm Dryden in den Mund legt, zu Alkmenen zu eilen, zu Amphitryons Schneider, betrügt ihn um ein verziertes Kleidungsstück, seinen Wechsler um einen Beutel Geld, einen Juden um einen diamantenen Ring und bestellt ein großes Nachtessen in seinem Namen. Der meiste übrige Teil des Spiels besteht in der Verlegenheit des armen Amphitryons, da ihn seine Gläubiger wegen der gemachten Schulden quälen. Merkur behandelt den Sosia auf gleiche Art. Übrigens fällt es mir schwer, dem Dichter die Freiheit zu verzeihen, sein Stück nicht allein mit groben Ausdrücken, sondern auch mit so unanständigen Worten auszuspicken, wie sie unser Pöbel keinem Marktschreier zugute halten würde. Noch dazu ließen die beiden Sosias ihre Hosen ohne Umstände gerade den Logen gegenüber herunter, die voller Leute von erstem Range waren, und diese schienen mit der ganzen Unterhaltung so wohl zufrieden, daß sie mir versicherten, es wäre ein berühmtes Stück.

Ich schließe meinen Brief mit dieser merkwürdigen Erzählung, die wohl eine ernsthafte Erwägung des Herrn Collier[7] verdiente. Mit Abschiedskomplimenten mag ich Sie nicht plagen, mir scheinen sie ebenso unverschämt wie das viele Bücken und Neigen am Ende eines Besuches, der schon viel zu lange gedauert hat.

An Gräfin Mar

Wien, den 14. September 1716

Obschon ich Sie, meine teure Schwester, erst kürzlich mit einem langen Brief beschwert habe, so will ich dennoch mein Versprechen halten und Ihnen Nachricht von meinem ersten Erscheinen bei Hofe geben. Am Tage dieser Zeremonie preßte man mich in eine Robe, zierte mich mit einem Halstuche und mit allen den Kleinigkeiten, die dazu gehören, eine sehr unbequeme Kleidung, die aber Hals und Leibesgestalt mit großem Vorteile zeigt. Ich muß Sie doch mit den hiesigen Moden einigermaßen bekannt machen. Sie sind ungeheuer und allem gesunden Menschenverstande mehr zuwider, als Sie es sich möglicherweise vorstellen können. Sie bauen gewisse Gebäude von Gaze auf den Kopf, ungefähr eine Brabanter Elle hoch, die drei bis vier Stockwerk haben und mit unzähligen Ellen schwerer Bänder befestigt werden. Das Fundament dieses Gerüstes ist ein Ding, das man Bourle nennt, genau von der Gestalt und der Art der Ringe, die unsere weisen Milchmädchen auf den Kopf legen, um ihre Milcheimer darauf zu stellen, nur viermal so groß. Diese Maschine überdecken sie mit ihren eigenen Haaren, unter die sehr viele falsche gemengt sind, weil man es hier für eine besondere Schönheit hält, einen so großen und dicken Kopfputz zu tragen, daß er in keine mäßige Tonne geht. Nun wird eine ungeheure Menge Puder darauf geworfen, um die Vermischung der Haare zu verbergen, und das Ganze mit drei oder vier Reihen ungeheuer großer Nadeln besetzt, die zwei oder drei Zoll aus den Haaren herausstehen und aus Diamanten, Perlen, roten, grünen und gelben Steinen bestehen, so daß gewiß ebensoviel Kunst und Übung dazu gehört, diese Last aufrecht zu tragen, als am Maientag mit dem Kranze zu tanzen. Ihre Reifröcke haben im Umfang einige Ellen mehr als die unsrigen und bedecken einige Morgen Landes. Sie können sich leicht vorstellen, wie sehr diese wunderliche Kleidung die natürliche Häßlichkeit ins Licht setzt und vermehrt, mit der es Gott dem Allmächtigen gefallen hat, die Wienerinnen im allgemeinen zu begaben. Die liebenswürdige Kaiserin[8] selbst ist gezwungen, diese ungereimte Mode, die sie um aller Welt willen nicht fahren lassen würde, mitzumachen. Ich hatte nach dem Zeremoniell eine Privataudienz von einer halben Stunde, alsdann wurde es allen anderen Damen erlaubt, hereinzutreten und ihre Aufwartung zu machen.

Ich war von dem Anblick der Kaiserin bezaubert, doch kann ich nicht sagen, daß ihre Züge regelmäßig sind. Ihre Augen sind nicht groß, haben aber einen lebhaften und dabei höchst sanften Blick, ihre Gesichtsfarbe ist die schönste, die ich je gesehen habe, Nase und Stirne sind wohlgebildet, aber ihr Mund hat zehntausend Reize, welche die Seele rühren. Wenn sie lächelt, so geschieht es mit einer Schönheit und Anmut, die zur Verehrung zwingt. Sie hat eine Menge der feinsten blonden Haare, und ihre ganze Person – man muß dichterisch reden, um ihr bloß Gerechtigkeit widerfahren zu lassen. Alles, was Dichter von der Miene der Juno, von dem sanften, reizenden Wesen der Venus gesagt haben, bleibt hinter der Wahrheit zurück. Die Grazien bewegen sich mit ihr, die berühmte mediceische Venus ward mit keinem feinerem Ebenmaße gebildet. Die Schönheit ihres Halses und ihrer Hände kann nicht gesteigert werden. Bevor ich sie sah, glaubte ich nicht, daß es ein so vollkommenes Wesen in der Natur gäbe, und fast schmerzte es mich, daß mein

Rang hier mir nicht erlaubte, ihre Hände zu küssen; doch sie werden genug geküßt, denn jeder, der seine Aufwartung macht, zollt diese Huldigung beim Eintritt und Abschied. Nach dem Eintritt der Damen setzte sie sich zum Quinze nieder. Ich konnte ein Spiel nicht mitmachen, das ich nie zuvor gesehen hatte; sie ließ mich zu ihrer Rechten sitzen und hatte die Güte, mit aller ihrer natürlichen Anmut vieles mit mir zu reden. Ich erwartete jeden Augenblick, daß die Männer hereintreten und ihre Aufwartung machen würden, allein die Etikette im Empfangsgemach der Kaiserin ist von der in England sehr verschieden. Nur der Oberhofmeister kommt herein, um der Kaiserin Nachricht von der Annäherung des Kaisers zu bringen. Seine Kaiserliche Majestät erzeigte mir die Ehre, mich auf eine sehr verbindliche Art zu unterhalten. Allein er spricht nie mit den anderen Damen, und alles geschieht mit Ernst und zeremoniösem Wesen, das etwas sehr Förmliches in sich hat. Die Kaiserin Amalie[9], Witwe des Kaisers Josef, kam an diesem Abend, der regierenden Kaiserin ihre Aufwartung zu machen. Ihre beiden Töchter, die Erzherzoginnen, zwei junge anmutige Prinzessinnen, begleiteten sie. Beide kaiserlichen Majestäten erhoben sich und gingen ihr bis an die Tür des Gemachs entgegen, worauf sie in einen Lehnstuhl nächst der Kaiserin gesetzt ward.

Ebenso verhielt es sich beim Abendessen, da auch den Mannspersonen erlaubt war, ihre Aufwartung zu machen. Die Erzherzoginnen saßen auf Stühlen, die zwar Rücken, aber keine Armlehnen hatten. Die Hofdamen der Kaiserin, zwölf junge Damen von erstem Range, bedienten die ganze Tafel und trugen jede Schüssel auf. Die Hofdamen haben keine Besoldung, haben nichts als freie

Wohnung bei Hofe, wo sie unter gewisser Einschränkung leben, denn es ist ihnen nicht erlaubt, Gesellschaften oder öffentliche Orte in der Stadt zu besuchen, es sei denn, einer Mitschwester zu ihrer Hochzeit Glück zu wünschen, welcher die Kaiserin allemal ihr mit Diamanten besetztes Bild schenkt. Die drei ersten von ihnen nennt man Damen vom Schlüssel. Sie tragen goldene Schlüssel an der Seite. Was mir aber am drolligsten vorkommt, ist die Gewohnheit, welche sie verpflichtet, der Kaiserin, nachdem sie ihre Dienste verlassen, alle Jahre an ihrem Namenstage ein Geschenk zu machen. Ihre Majestät werden von keiner verheirateten Dame außer der Oberhofmeisterin bedient, die gemeiniglich von erstem Range, Witwe, allemal sehr alt und zugleich Großmeisterin der Garderobe und Oberaufseherin der Hofdamen ist. Die Anziehjungfern haben gar nicht das Ansehen, das sie bei uns beanspruchen, denn man sieht sie für weiter nichts denn Kammermädchen an.

Ich hatte am folgenden Tag bei der Kaiserinmutter[10] Audienz, einer Fürstin von großer Tugend und Herzensgüte, die aber auf ihre gewaltsame Frömmigkeit allzu stolz ist. Sie martert sich beständig mit außerordentlichen Bußübungen, ohne jemals etwas getan zu haben, daß sie das verdiente. Sie hat die nämliche Anzahl Ehrenfräulein, denen sie vergönnt, bunte Kleider zu tragen, sie selbst aber legt nie ihre Trauer ab. In der Tat kann nichts finsterer und trauriger sein als die Trauer hierzulande, wäre es auch nur für einen Bruder. Man sieht nicht das geringste Stückchen von weißer Leinewand, statt dessen alles von schwarzem Krepp. Hals, Ohren und Wangen sind mit gefalteten Stücken vom nämlichen Zeuge bedeckt, und das Gesicht, das aus der Mitte dieses Packs herausguckt, sieht aus, als wenn es am Pranger stünde. Die Witwen tragen über all dieses noch einen hängenden Stirnschleier vom nämlichen Krepp und besuchen ohne Bedenken in diesem feierlichen Trauerkleide alle öffentlichen Ergötzlichkeiten.

Am folgenden Tage machte ich der Kaiserin Amalie meine Aufwartung, die jetzt auf ihrem einsamen Schlosse [Schönbrunn] eine halbe Stunde von der Stadt entfernt wohnt. Dort hatte ich das Vergnügen, einer Belustigung zuzusehen, die für mich ganz neu war, die aber der gewöhnliche Zeitvertreib hier am Hofe ist. Die Kaiserin selbst saß auf einem kleinen Throne am Ende der schönen Allee des Gartens, ihr zu beiden Seiten standen zwei Reihen junger Fräulein von Stande, an deren Spitze sich die jungen Erzherzoginnen befanden, alle wohlfrisiert, voller Kleinodien, mit schönen, leichten Flinten in der Hand. In gehöriger Entfernung sind drei Ovalgemälde als Ziele aufgestellt, nach denen sie schießen sollen. Das erste war ein Kupido, der einen Römer mit Burgunder füllt mit dem Motto: »hier ist's leicht, tapfer zu sein«. Das zweite die Glücksgöttin, die einen Blumenkranz in der Hand hält und das Motto hat: »für die, welche das Glück begünstigt«. Das dritte ein Schwert mit einem Lorbeerkranz auf der Spitze mit dem Motto: »hier ist es keine Schande, überwunden zu werden«. Neben der Kaiserin stand ein vergoldetes Siegeszeichen, mit Blumen umwunden, es bestand aus kleinen Schäferstäben, die mit reichen türkischen Taschentüchern, Halskragen, Bändern, Spitzen usw., den geringeren Preisen, behangen waren. Den ersten Preis teilte die Kaiserin mit eigener Hand aus: es war ein schöner Rubinring, mit Diamanten besetzt, in einer goldenen Dose. Der zweite, ein kleiner mit Brillanten besetzter Kupido, und außerdem ein Teeservice von feinem Porzellan mit vergoldeten Rändern, japanische Kästchen, Fächer und andere Galanterien dieser Art. Alle Leute von Stande aus Wien waren dabei Zuschauer. Nur den Damen allein war erlaubt zu schießen, und die Erzherzogin Amalie erhielt den ersten Preis. Mir gefiel diese Lustbarkeit überaus wohl, und ich glaube, daß die Schilderung sich ebensogut wie das Wettschießen in der Äneis machen würde, wenn ich so gut wie Virgil schreiben könnte. Dies ist eine Lieblingsbelustigung des Kaisers, und selten geht eine Woche vorbei, ohne daß ein Fest von dieser Art abgehalten wird, wodurch die jungen Damen geschickt genug werden, eine Schanze zu verteidigen. Sie lachten herzlich über meine Furchtsamkeit, mit einem Feuerrohr umzugehen. Sie werden mir, meine liebe Schwester, leicht vergeben, wenn ich hier so plötzlich abbreche, da Sie ohnehin vielleicht schon anfangen zu denken, daß ich nie schließen werde.

An Lady Rich

Wien, den 20. September 1716

Ich bin gar nicht bestürzt, aber wohl höchst vergnügt über den langen, erfreulichen und schönen Brief, den Sie die Güte hatten, mir zu schreiben. Ich weiß, daß Sie selbst mitten unter dem Lärm des Hofes an eine abwesende Freundin denken können, daß Sie gerne da liebenswürdig sind, wo Sie keine Gegendienste erwarten können, und ich erhoffe von Ihnen, daß Sie mich lieben und an mich denken, wenn Sie mich auch nicht sehen.

Ich bemitleide unsere kleine, alte Freundin wegen der Kränkungen, die ihr, wie Sie mir sagen, widerfahren sind, und ich bedaure sie noch mehr, weil ich weiß, daß diese bloß den barbarischen Gewohnheiten unseres Landes zuzuschreiben sind. Bei meiner Ehre, wäre sie hier, sie würde keinen anderen Fehler haben, als daß sie für die Mode etwas zu jung wäre, sie braucht sich also nur heut über sieben Jahre hierher zu versetzen und wird gewiß wieder eine junge, blühende Schönheit vorstellen. Ich versichere Sie, daß Runzeln, etwas gebogene Schultern, ja selbst graue Haare noch gar keine Hindernisse sind, neue Eroberungen zu machen. Freilich werden Sie sich nicht denken können, daß ein Jüngling von fünfundzwanzig mit der Lady Suffolk feurig liebäugelt oder sich durch die Menge drängt, um die Gräfin Oxford aus der Oper zu führen. Allein dergleichen Auftritte habe ich alle Tage und sehe niemanden, der sich außer mir darüber wundert. Bis ins fünfunddreißigste sieht man hier ein Frauenzimmer bloß als ein unreifes Mädchen an, das unmöglich vor dem vierzigsten Aufsehen in der Welt machen kann. Ich weiß nicht, wie Euer Gnaden hiervon denken mögen, mir aber ist es ein beträchtlicher Trost, zu wissen, daß es auf Erden ein solches Paradies für alte Weiber gibt. Einstweilen bin ich zufrieden, ganz unbedeutend zu sein, in der Hoffnung, hier zu glänzen, wenn ich mich sonst nirgends mehr sehen lassen darf. Bei dieser Gelegenheit kann ich nicht umhin, die große Masse englischer Damen zu bemitleiden, die schon lange ihre Zuflucht zu Sprödigkeit und zum Ratafia [Likör] genommen haben, da sie doch, hätte sie ein glückliches Schicksal hierhergeführt, noch in der ersten Reihe der Schönheiten glänzen könnten. Außerdem hat das schwer zu erklärende Wort »guter Ruf« hier eine ganz andere Bedeutung als in London, und wer einen Liebhaber findet, verliert seinen guten Ruf nicht, im Gegenteil, man kann nur gewinnen; denn die Damen werden hier nach dem Rang ihrer Liebhaber eingeschätzt, nicht nach dem ihrer Männer.

Am drolligsten muß Ihnen vorkommen, daß die zwei Sekten, die unsere ganze Nation von Unterröcken einteilt, hier gänzlich unbekannt sind. Hier gibt es weder Gefallsüchtige noch Spröde. Kein Frauenzimmer darf so verbuhlt scheinen, zwei Liebhabern zugleich Gehör zu geben. Auch sah ich keine Spröden, die auf eheliche Treue Anspruch machen. Ihre Männer sind ohne Zweifel die gutsinnigsten Leute der Welt, sie sehen die Buhler ihrer Weiber mit ebenso günstigen Augen an, als wären es ihre Abgeordneten, die ihnen die mühseligsten aller ihrer Pflichten abnehmen. Sie haben aber deswegen nicht weniger zu verrichten, weil sie gemeinhin auch Abgeordnete an anderen Orten sind. Kurz, es ist für jede Dame eine eingeführte Gewohnheit, zwei Männer zu haben, einen, der den Namen führt, und einen anderen, der dessen Pflichten verrichtet. Diese Verbindungen sind so bekannt, daß es geradezu eine Beschimpfung sein und öffentlich geahndet würde, wenn man ein Frauenzimmer von Stand zum Mittagmahl einlüde, ohne zugleich ihre zwei Gefährten, den Liebhaber und den Ehemann, mitzubitten, zwischen denen sie im Prunke mit großer Ernsthaftigkeit sitzt. Diese Nebenheiraten dauern gewöhnlich zwanzig Jahre, und oft verschwendet die Dame die Güter ihres armen Liebhabers zum Schaden seiner Familie. Diese Verbindungen entstehen in der Tat ebenso selten aus wirklicher Neigung wie andere Heiraten, denn ein Mann macht eine schlechte Figur, wenn er keinen Umgang dieser Art hat. Und ein Frauenzimmer sieht sich, sobald sie verheiratet ist, nach einem Liebhaber um wie nach einem Teil ihrer Aussteuer, ohne den sie keine Lebensart haben würde. Der erste Artikel des Vertrags ist die Festsetzung eines jährlichen Gehaltes, das der Dame bleibt, im Fall der Buhler ihr untreu wird. Dieser lästige Ehrenpunkt scheint der Grund von so vielen wunderbaren Beispielen von Beständigkeit zu sein. Ich kenne wirklich einige Damen von erstem Range, deren Gehalt ebenso bekannt ist wie ihre jährlichen Einkünfte, und niemand schätzt sie deswegen weniger, im Gegenteil, man würde ihre Klugheit bezweifeln, wenn sie sich den Verdacht zuzögen, daß sie umsonst Buhlerinnen wären. Ihr ganzer Wetteifer besteht in dem Versuch, am meisten von allen zu gewinnen, und gar keine Intrige zu haben, ist, ich versichere Sie, schon eine wirkliche Schande. Erst gestern sagte mir eine Dame, die meine Freundin ist, wie sehr ich ihr verpflichtet wäre, daß sie mein Benehmen in einer Gesellschaft, in der über mich geredet worden war, gerechtfertigt hätte. Man hatte öffentlich behauptet, daß ich unmöglich gesunde Vernunft haben könne, weil ich schon über vierzehn Tage in der Stadt wäre, ohne einen Schritt getan zu haben, einen Liebeshandel anzufangen. Meine Freundin sagte zu meiner Verteidigung, mein Aufenthalt wäre ungewiß, und sie glaubte, das allein wäre der Grund meiner anscheinenden Dummheit; mehr wußte sie zu meiner Rechtfertigung nicht zu sagen. Allein die lustigste Begebenheit meines ganzen Lebens hatte ich gestern Abend: sie wird Ihnen einen richtigen Begriff beibringen, mit welcher feinen Delikatesse die zärtlichen Leidenschaften hierzulande betrieben werden. Ich war auf dem Empfang der Gräfin . . ., und der junge Graf . . . fragte mich, indem er mich die Stiege hinabführte, wie lange ich mich noch in Wien aufzuhalten gedächte. Ich antwortete, ich könne es nicht bestimmen, weil mein Aufenthalt von dem Willen des Kaisers abhinge. »Gut, Madame«, versetzte er, »die Zeit sei nun kurz oder lang, so sollten Sie sie doch vergnügt zubringen und sich deshalb in eine kleine Angelegenheit des Herzens einlassen.« »Mein Herz«, antwortete ich ziemlich ernsthaft, »läßt sich nicht so leicht ein, und ich bin nicht willens, es von mir zu lassen.« »Ich sehe wohl, Madame», sagte er seufzend, »aus dieser unbarmherzigen Antwort, daß ich mir keine Hoffnung darauf machen darf, und das kränkt mich sehr, weil ich von Ihren Reizen eingenommen bin. Doch stehe ich immer zu Ihren Diensten, und da ich selbst nicht würdig bin, Sie zu unterhalten, so erzeigen Sie mir nur die Ehre und lassen mich wissen, wer Ihnen unter uns am meisten gefällt, und ich mache mich anheischig, die Sache zu Ihrer vollen Zufriedenheit zu behandeln.« Urteilen Sie, wie ich dieses Kompliment in meinem Vaterlande würde aufgenommen haben! Allein mir waren die hiesigen Sitten schon zu bekannt, um nicht einzusehen, daß er wirklich dachte, mir einen Dienst zu erzeigen. Ich dankte mit einer sehr ernsthaften Verneigung für seinen Eifer, mir zu dienen, und versicherte ihm, daß ich keinen Gebrauch davon zu machen wüßte. Hieraus sehen Sie, meine Teure, daß Galanterie und gute Lebensart unter verschiedenen Himmelsstrichen ebenso verschieden sind wie Moralität und Religion. Wer von beiden die richtigsten Begriffe hat, wird uns erst am Gerichtstage kund werden, nur gestehe ich, daß auf diesen großen Tag gar nicht ungeduldig wartet Ihre ...

AN MRS. THISTLETHWAYTE

Wien, den 26. September 1716

Nie ward ich auf eine angenehmere Art überrascht als durch Ihren liebenswürdigen Brief. Es ist ein besonderes Zeichen meiner Hochachtung, daß ich Ihnen dies sage, und ich kann Ihnen versichern, daß, liebte ich Sie nur um ein Haar weniger, es mich schmerzen würde, diesen Brief so schön und unterhaltend zu finden. Meine unüberwindliche Abneigung gegen das Schreiben macht, daß ich bei dem Gedanken an einen neuen Briefwechsel zittere, und ich glaube, ich habe nicht weniger als ein Dutzend meiner Londoner Bekannten beleidigt, weil ich mir ihre Briefe verbat, obwohl ich wirklich glaube, daß sie gesonnen waren, mir recht unterhaltende zu senden. Allein ich will lieber das Vergnügen verlieren, viele witzige Einfälle zu lesen, als mich genötigt sehen, ebensoviel dummes Zeug wieder zurückzuschreiben. Doch trotz all dieser Betrachtungen rührt mich dieser Beweis Ihrer Freundschaft, und ich bitte um die Fortsetzung dieser Güte, obschon ich befürchte, daß die Dummheit dieses Briefes Sie gleich bewegen wird, zu bereuen, daß Sie mir den Ihrigen geschrieben haben.

Aus Österreich kann man keine feurigen Briefe schreiben, ich bin schon von dem Phlegma dieses Landes angesteckt. Selbst ihre Liebeshändel und Zänkereien tragen sie mit erstaunlicher Mäßigung aus; sie werden nur dann lebhaft, wenn es um das Zeremoniell geht. Da zeigen sie in der Tat ihre ganze Hitze. Erst kürzlich begegneten sich zwei Kutschen bei einbrechender Nacht in einer engen Gasse. Die Damen, die darin saßen, konnten sich über das Zeremoniell, welche von beiden Kutschen zurückfahren sollte, nicht einigen, und nun saßen sie mit gleichem

Heldenmute da, bis zwei Uhr morgens, fest entschlossen, eher auf der Stelle zu sterben, als in einer Sache von dieser Wichtigkeit nachzugeben. Auf diese Weise wäre die Gasse vor ihrem Tod nie wieder freigeworden, hätte nicht der Kaiser seine Garde geschickt. Auch da wollten sie nicht heraus, bis man den Mittelweg fand, beide pünktlich in dem nämlichen Augenblick herauszuheben und in Sänften zu setzen. Nun hatte der Streit zwischen den Damen ein Ende, allein es gab neue Schwierigkeiten mit den Kutschern, die nun um den Vortritt stritten; denn sie wachen über ihren Rang ebenso hartnäckig wie ihre Herrschaft. Diese Leidenschaft ist so allmächtig in den Herzen der Weiber, daß selten ein Ehemann stirbt, ohne daß es seiner Frau das Herz bricht, weil diese unglückliche Stunde ihrem Rang ein Ende macht, denn in Wien hat keine Witwe einen Rang. Die Männer sind von diesem Ehrenpunkt nicht weniger eingenommen, sie halten es nicht nur für niedrig, ein Frauenzimmer aus einem minder großen Hause als das ihrige zu heiraten, sondern sogar einen Liebeshandel mit ihr zu haben, und ein Stammbaum wird von ihnen weit schärfer untersucht als selbst die Gesichtsfarbe oder die Züge ihrer Geliebten. Glücklich sind die Frauenzimmer, welche unter ihren Vorfahren Reichsgrafen zählen können, diese brauchen weder Schönheit, Geld, noch gutes Betragen, um Ehemänner zu erlangen. Indessen ist es wahr, daß das Geld selten dem Ehemann, den sie heiraten, etwas nützt. Die österreichischen Gesetze schränken die Mitgift einer Frau auf zweitausend Gulden ein, was sie über dies hinaus mitbringt, bleibt in ihrem eigenen Besitz und Verwalten. Folglich gibt es hier viele Damen, die ihre Männer an Reichtum weit übertreffen, und doch sind diese gehalten, ihnen ein ihrem Stande gemäßes Nadelgeld auszusetzen, und diesem beträchtlichen Vorrecht messe ich auch die Freiheiten zu, die sie sich bei anderen Gelegenheiten anmaßen.

Ich bin sicher, Sie, die meine Faulheit und äußerste Gleichgültigkeit in dieser Sache kennen, werden mich bemitleiden, daß ich in alle diese Zeremonien, die für mich eine Bürde sind, verwickelt bin, obwohl mich die ganze Stadt beneidet, weil ich ihren Gewohnheiten nach den Vortritt vor allen habe. Sie rächen sich aber an den armen diplomatischen Agenten so sehr für das Übermaß an Ehrerbietung, das sie den Botschaftern schenken müssen, daß ich es trotz aller meiner Gleichgültigkeit nicht gelassen dulden würde. An Zeremonientagen haben sie keinen Zutritt bei Hofe, und an anderen Tagen müssen sie zufrieden sein, hinter jedem anderen zu gehen und am wenigsten bemerkt zu werden. Doch ich müßte einen Band schreiben, wenn ich Sie mit allen diesen Zeremonien bekanntmachen wollte, schon habe ich von einer albernen Sache zuviel gesagt, die hier gleichwohl ein ganzes Volk beschäftigt. Im übrigen habe ich nicht nötig, Ihnen zu sagen, wie angenehm mir die Zeit entschlüpft. Sie kennen so gut wie ich den Geschmack Ihrer ...

An Lady ...

Wien, den 1. Oktober 1716

Sie verlangen, Madame, einige Nachrichten über die hiesigen Gewohnheiten und zugleich eine Beschreibung von Wien. Ich bin allezeit bereit, Ihren Befehlen zu gehorchen, nur dieses Mal müssen Sie den Willen für die Tat nehmen. Würde ich es unternehmen, Ihnen alles besondere zu melden, in welchem sich die hiesigen Sitten von den unsrigen unterscheiden, so müßte ich ein ganzes Buch mit dem jämmerlichsten Zeuge anfüllen, das je gelesen oder gedruckt ward, ohne gelesen zu werden. Die Kleidung stimmt mit der französischen und englischen in keinem anderen Punkte überein, als daß die Weiber auch hier Röcke tragen. Sie haben viele Moden, die ihnen besonders eigen sind. Sie halten es bei einer Witwe für unanständig, sich je grün oder rosenfarbig zu kleiden, sonst darf sie sich die muntersten Farben nach ihrem Geschmack wählen. Ihre Empfangsabende sind die einzigen regelmäßigen Belustigungen, die Opern sind immer bei Hofe und gewöhnlich nur bei besonderen Anlässen. Madame Rabutin[11] hält jeden Abend Empfang in ihrem Hause, die anderen Damen, wenn sie Lust haben, die Pracht ihrer Gemächer sehen zu lassen oder einem Freund oder einer Freundin an ihrem Namenstage eine Ehre zu erweisen. Dann lassen sie wissen, daß an einem bestimmten Tag der Empfang zur Ehre eines Grafen oder einer Gräfin ... in ihrem Hause gehalten werden soll. Diese Tage nennen sie Galatage, und alle Freunde und Verwandten der Dame, deren Namenstag gefeiert wird, sind verpflichtet, in ihren besten Kleidern und mit all ihren Kleinodien geschmückt zu erscheinen. Die Frau des Hauses redet mit keinem insbesondere, erwidert auch nicht den Besuch. Wer will, mag hingehen, ohne formell vorgestellt zu werden. Winters und sommers wird der Gesellschaft Eis in verschiedenen Gestalten gereicht, alsdann zerstreut sie sich zum Ombre, Piquette oder zur Unterhaltung, weil alle Hazardspiele verboten sind.

Ich sah letzthin den Galatag für den Grafen Althann, den Günstling des Kaisers. Nie in meinem Leben sah ich so viele teure und nie geschmacklosere Kleider. Sie besticken hier noch die reichsten Goldstoffe, und wenn sie ihre Kleider nur kostbar genug machen können, dann bedarf es weiter keines Geschmacks. An anderen Tagen ist die allgemeine Kleidung ein Mantel und darunter, was man will.

Doch, da ich jetzt von Wien rede, erwarten Sie gewiß auch, daß ich etwas von den Klöstern berichte. Wir haben sie von aller Art und Größe. Sankt Laurenzius aber gefällt mir am besten, der Überfluß und die Reinlichkeit, die dort herrschen, scheinen mir weit erbaulicher als jene strengen Orden, in denen ewige Kasteiungen und Schmutz nur Mißvergnügen und Jammer ausbrüten müssen. Alle Nonnen sind von Stande, ich glaube, ungefähr fünfzig an der Zahl. Jede hat eine kleine, vollkommen reinliche Zelle, deren Wände mit mehr oder weniger schönen Gemälden behangen sind. Die Zellen liegen an einer Galerie aus weißem Stein, die mit den Bildnissen vorbildlicher Schwestern geziert ist. Die Kapelle ist außerordentlich schön und reich ausgeschmückt. Allein, ich konnte mich des Lachens nicht enthalten, als sie mir ein hölzernes Haupt unseres Heilands zeigten, von dem sie versicherten, daß es während der Belagerung Wiens redete, und zum Beweise mich auf den Mund aufmerksam machten, der seit der Zeit immer offen geblieben wäre. Nichts ist kleidsamer als die Tracht dieser Nonnen. Ein weißes Gewand, dessen Ärmelaufschläge mit feinem weißem Kaliko versteift sind, genauso wie ihre Kopfbedeckung, von der nach hinten ein kleiner Schleier aus schwarzem Flor zurückfällt. Sie haben eine niedrigere Gattung von dienenden Nonnen, von denen sie wie von Kammermägden bedient werden. Sie nehmen alle Frauenzimmerbesuche an und spielen mit der sehr leicht zu erhaltenden Erlaubnis der Äbtissin in ihren Zimmern Ombre. Ich sah nie eine alte, so gut gesinnte Frau wie die Äbtissin, sie ist ungefähr achtzig, zeigt wenig Abnahme an Kräften und ist immer munter und lebhaft. Sie liebkoste mich, als wäre ich ihre Tochter, gab mir allerhand schöne, von ihr selbst gearbeitete Sachen und Zuckerbrot im Überfluß. Das Gitter [der Klausur] gehört nicht zu den strengsten, man kann leicht den Kopf durchstecken, und ich zweifle nicht daran, daß sich ein überschlanker Mann durchzwängen könnte. Der junge Graf Solms kam ans Gitter, als ich da war, und die Äbtissin reichte ihm ihre Hand zum Kuß. Was mich in Verwunderung setzte, war, hier das einzige junge, schöne Frauenzimmer zu finden, das ich in Wien gesehen habe. Sie besitzt nicht nur Schönheit, sondern auch Artigkeit, Lebensart, Witz und Anmut, sie stammt dabei aus großem Hause und war vormals die Bewunderung der Stadt. Ich konnte meine Bestürzung beim Anblick einer solchen Nonne nicht verbergen. Sie sagte mir tausend verbindliche Sachen und bat mich, oft wiederzukommen. »Mir wird das unendliches Vergnügen machen«, sagte sie seufzend, »allein ich vermeide mit der größten Sorgfalt alle meine früheren Bekannten, und wenn sie in unser Kloster kommen, dann schließe ich mich in meiner Zelle ein.« Ich bemerkte, daß ihr Tränen ins Auge traten, was mich äußerst rührte, und ich fing an, mit ihr in dem Ton des zärtlichen Mitleids zu sprechen, das sie mir einflößte; sie wollte jedoch nicht gestehen, daß sie nicht vollkommen glücklich wäre. Ich habe mich später vergeblich bemüht, die wirkliche Ursache zu erfahren, warum sie die Welt verlassen hat, aber ich konnte nur entdecken, daß die Welt sich darüber wunderte und niemand den Beweggrund mutmaßte. Ich habe sie nachher noch oft besucht, und es machte mich jedesmal melancholisch, ein so junges und anmutiges Geschöpf lebendig begraben zu sehen. Es wundert mich gar nicht, daß Nonnen so oft gewaltsame Leidenschaften eingeflößt haben; das Mitleid, das man so natürlich für sie fühlt, wenn sie eines besseren Schicksals würdig scheinen, bahnt leicht noch weit zärtlicheren Empfindungen den Weg. Nie in meinem Leben empfand ich weniger Sympathie für die römisch-katholische Religion als jetzt, wo ich den Jammer sehe, den sie veranlaßt. So viele arme, unglückselige Mädchen! Und dann der grobe Aberglaube des Pöbels; Tag und Nacht brennen Votivkerzen vor den hölzernen Bildern, die fast an jeder Straße aufgestellt sind. Oft sehe ich Prozessionen; es ist ein Schaugepränge zum Lachen, so beleidigend und dem gesunden Menschenverstand ebensosehr zuwider wie die chinesischen Pagoden. Gott weiß, ob der weibliche Geist des Widerspruchs in mir wirkt, aber in meinem Leben habe ich nicht solchen Eifer wider das Papsttum in meinem Herzen verspürt.

An Mr. Pope

Wien, den 10. Oktober 1716

Ich verdiene alle die Vorwürfe nicht, die Sie mir machen. Habe ich einige Zeit aufgeschoben, Ihren Brief zu beantworten, so war das nicht, weil ich nicht fühlte, wie viel Dank Ihnen dafür von mir gebührte, oder weil ich aller Empfindung so weit beraubt gewesen sein sollte, andern Zeitvertreib dem Vergnügen vorzuziehen, von Ihnen Briefe zu empfangen, allein nach den Hochachtungsversicherungen, die Sie mir auf eine so verbindliche Weise gegeben haben, konnte ich nichts anderes tun, als die Antwort so lange wie möglich aufzuschieben, um Ihnen zu zeigen, daß Sie sich in mir getäuscht haben. Meinen Sie es wirklich aufrichtig, wenn Sie sagen, daß Sie sich eine höchst angenehme Unterhaltung von meinen Briefen versprechen, dann muß es mich kränken, wenn Ihre Hoffnung gleich beim ersten Brief fehlschlägt, obschon ich mir alle Mühe gegeben habe, etwas auszufinden, das verdiente, Ihnen geschrieben zu werden.

Ich habe hier alles mit der emsigsten Neugierde gesehen, was zu sehen war. Hier gibt es einige schöne Landhäuser, besonders das des verstorbenen Fürsten Liechtenstein, allein die Bildsäulen sind alle modern und die Gemälde nicht von den besten Händen. Es ist wahr, der Kaiser hat einige von großem Werte. Gestern besah ich das Repositorium, das man die Schatzkammer nennt, wo mehr Fleiß für die Anhäufung einer Menge von Sachen aufgewendet wurde als für die Wahl derselben. Ich brachte dort über fünf Stunden zu, und doch waren nur wenige Stücke, die meine Aufmerksamkeit lange fesseln konnten. Aber ihre Menge ist ungeheuer: beide Seiten einer sehr langen Galerie und fünf Gemächer sind damit angefüllt. Auch sieht man hier eine außerordentliche Menge Gemälde, unter welchen viele schöne Miniaturen sind, etliche von Correggio, die von Tizian befinden sich in der Favorite.

Das Juwelenkabinett erschien mir nicht so reich, wie ich es erwartet hatte. Man wies mir hier eine Schale, ungefähr von der Größe einer Teeschale, aus einem einzigen Smaragd, vor der man so besondere Ehrfurcht bezeigt, daß nur der Kaiser die Freiheit hat, sie zu berühren. Hier ist auch ein Kabinett mit seltenen Uhrwerken, aber ich hielt nur eines meiner Aufmerksamkeit für wert: dies war ein Krebs, dessen Bewegungen alle so natürlich waren, daß man ihn kaum von einem lebendigen unterscheiden konnte.

Das folgende Kabinett enthält eine große Menge von Achaten, deren einige von äußerster Schönheit und ungemeiner Größe sind, nebst verschiedenen Vasen aus Lapislazuli. Ich erstaunte, das Münzkabinett so armselig zu finden. Ich sah keine Münze von einigem Wert, und was da ist, liegt in der lächerlichsten Unordnung. Unter den Antiken verdienen nur sehr wenige diesen Namen. Ich sagte, sie wären modern, und konnte mich des Lachens nicht enthalten, als der tiefsinnige Antiquar mir zur Antwort gab, sie wären alt genug, denn seines Wissens lägen sie schon seit vierzig Jahren hier. Doch das nächstfolgende Kabinett belustigte mich noch mehr, denn es enthielt nichts anderes als einen Haufen Wachspuppen und Spielzeug aus Elfenbein, vollkommen wert, Kinder von fünf Jahren damit zu beschenken. Zwei Gemächer sind ganz mit dergleichen Kindereien ausgefüllt, die noch dazu mit Juwelen besetzt sind. Unter anderem zeigten sie mir ein Kruzifix und baten, es recht aufmerksam zu betrachten, weil es, wie sie versicherten, recht verständlich mit dem Kaiser Leopold geredet hätte. Ich will Sie nicht mit einer Liste der übrigen Läppereien plagen, doch darf ich nicht vergessen, einen kleinen Magnet zu erwähnen, welcher einen stählernen Anker hielt, den aufzuheben mir zu schwer war.

Dies ist, was mir in der Schatzkammer am merkwürdigsten schien. Es wären noch einige Köpfe von alten Bildsäulen zu erwähnen, die aber meistens durch neue Zusätze entstellt sind. Ich sehe voraus, daß Sie mit diesem Brief wenig zufrieden sein werden, und getraue mich kaum, Sie zu bitten, so gutherzig zu sein, die Leerheit der Dürre meines Gegenstandes zuzuschreiben und den Unverstand zu übersehen Ihrer ...

An Gräfin Mar

Prag, den 17. November 1716

Ich hoffe, meine liebe Schwester braucht keinen neuen Beweis meiner aufrichtigen Zuneigung, und wäre dies der Fall, dann könnte ich Ihnen gewiß keinen stärkeren geben, als daß ich mich jetzt hinsetze, um Ihnen zu schreiben, nachdem ich drei Tage und Nächte mit der Post gereist bin. Das Königreich Böhmen ist das ödeste, was ich in Deutschland gesehen habe. Die Dörfer sind so arm und die Posthäuser so elend, daß sauberes Stroh und reines Wasser Glückseligkeiten sind, die man nicht allemal erhoffen darf. Ich führe mein eigenes Bett mit mir und konnte oft keinen Platz finden, es aufzustellen. Lieber war es mir, so kalt es auch ist, mich in meinen Pelz einzuwickeln und die ganze Nacht durchzufahren, als in den gewöhnlichen Stuben zu bleiben, die mit allen Arten schlimmer Gerüche erfüllt sind.

Prag war einst der Sitz der böhmischen Könige und ist noch die Hauptstadt des Königreichs. Noch sind einige Überbleibsel ihres vormaligen Glanzes vorhanden, denn Prag ist eine der größten Städte Deutschlands, obgleich alt gebaut und schlecht bewohnt, was die Häuser sehr wohlfeil macht. Alle Vornehmen, denen der Aufwand in Wien zu schwer fällt, begeben sich hierher, wo sie Gesellschaften, Musik und alle anderen Belustigungen (diejenigen eines Hofes ausgenommen) zu sehr mäßigen Preisen haben, weil es hier alles in großem Überfluß gibt, besonders das beste wilde Geflügel, das ich je gekostet habe. Schon haben mich die ansehnlichsten Damen besucht, deren Verwandte ich zu Wien kannte. Sie folgen hier den Moden der Wienerinnen, wie die zu Exeter die Londonerinnen nachahmen; das heißt, ihre Mode ist ungeheuerlicher als das Original. Es ist nicht leicht zu beschreiben, was für absonderliche Gestalten dabei herauskommen. Die Person verliert sich so sehr zwischen Kopfputz und Röcken, daß man zur Unterrichtung der Reisenden auf ihren Rücken schreiben sollte: »Dies ist eine Weibsperson«, wie jener Schildermaler, der neben seine Figur schrieb »Dies ist ein Bär«. Aus Dresden und Leipzig werden Sie mehr von mir hören, weil ich weit mehr besorgt bin, Ihre Neugier zu befriedigen als meiner eigenen Ruhe zu pflegen. Ich bin ...

An Gräfin Mar

Leipzig, den 21. November 1716

Ich glaube, liebe Schwester, Sie werden es mir leicht verzeihen, daß ich trotz meines Versprechens Ihnen nicht von Dresden aus geschrieben habe, wenn ich Ihnen sage, daß ich von Prag bis hierher nicht ein einziges Mal aus meinem Wagen gekommen bin. Sie können sich leicht vorstellen, wie sehr mich eine schnelle Postreise von vierundzwanzig Stunden ermüdet, während der ich weder Schlaf noch Erfrischung genossen habe, denn ich kann durchaus in keiner Kutsche schlafen, so ermattet ich auch immer sein mag. Wir kamen bei Mondlicht durch die fürchterlichen Gebirge mit ihren Abgründen, die Böhmen von Sachsen trennen und an deren Füßen die Elbe fließt. Allein ich kann nicht sagen, daß ich Ursache hatte, mich vor dem Ertrinken zu fürchten, weil ich vollkommen überzeugt bin, daß es im Fall eines Sturzes ganz unmöglich ist, lebendig auf den Boden zu kommen. An vielen Orten ist der Weg so schmal, daß ich keinen Zoll Zwischenraum von den Rädern bis zu dem Sturz in den Abgrund bemerken konnte. Doch war ich ein so gutes Weib, Herrn Wortley, der fest an meiner Seite schlief, nicht aufzuwecken, um ihn Teil an meiner Furcht nehmen zu lassen, weil die Gefahr ja doch unvermeidlich war, bis ich bei hellem Mondschein unsere Postillons auf den Pferden einnicken sah, gerade als sie in vollem Galopp waren. Da fand ich es wirklich nötig, ihnen zuzurufen, achtzugeben, wohin wir fuhren. Mein Rufen weckte Herrn Wortley, er war über die Lage, in der wir uns befanden, weit bestürzter als ich. Er versicherte, daß er fünfmal auf verschiedenen Wegen über die Alpen gereist wäre, ohne je eine so gefährliche Straße gefunden zu haben. Man hat mir hernach erzählt, es wäre ganz gewöhnlich, Körper der Reisenden in der Elbe zu finden, doch, Gott sei Dank, dies war nicht unser Schicksal. Wir kamen ohne Unglück nach Dresden, aber so von Schrekken und Beschwerden ermattet, daß ich zum Schreiben nicht Kräfte genug sammeln konnte.

Nach der Fahrt über diese fürchterlichen Felsen erschien mir Dresden wundervoll anmutig in einer schönen großen Ebene an den Ufern der Elbe. Hier hielt ich mit Freuden einen Ruhetag. Dies ist die zierlichste Stadt, die ich in Deutschland gesehen habe: die meisten Häuser sind neu gebaut, der kurfürstliche Palast sehr schön, sein Kabinett voller Seltenheiten verschiedener Art, mit einer Münzensammlung, die sehr hochgeschätzt wird. Sir ..., unseres Königs Gesandter, und Frau von L., die ich in

London kannte, als ihr Gemahl Gesandter des Königs [von Polen] an unserem Hofe war, besuchten mich hier. Letztere bot mir alles, was sie vermochte, zu meiner Unterhaltung an und stellte mir einige Damen vor. Die sächsischen Damen gleichen den österreichischen ebensowenig wie die chinesischen den Londonerinnen. Sie kleiden sich mit viel Geschmack nach englischer und französischer Mode und sind überhaupt schön von Angesicht, dabei aber doch die größten Zierpuppen. Ungezwungen und natürlich zu reden oder sich zu bewegen, hielten sie für eine Todsünde wider die feine Lebensart. Sie trugen alle ein kleines, sanftes Lispeln zur Schau und einen zierlichen hüpfenden Schritt. Diese weiblichen Schwachheiten sollte man ihnen gerne zugute halten in Anbetracht ihrer Höflichkeit und guten Gesinnung gegen Fremde, die ich große Ursache zu rühmen habe.

Die Gräfin Cosel[12] sitzt in einem melancholischen Schloß [Stolpen], einige Stunden von hier, gefangen. Ich kann nicht umhin, Ihnen zu erzählen, was ich gehört habe, weil es mir so außerordentlich vorkommt, obschon ich voraussehe, daß mein Brief dadurch zu der Größe eines Pakets anschwellen wird. Sie war Mätresse des Königs [Augusts des Starken] von Polen (Kurfürsten von Sachsen) und beherrschte diesen Herrn so unumschränkt, daß nie eine andere Dame so viel Macht an diesem Hofe hatte. Man erzählt eine lustige Geschichte von Seiner Majestät erster Liebeserklärung, die er ihr bei einem Besuche machte. Er brachte in der einen Hand einen Beutel mit hunderttausend Kronen und in der anderen ein Hufeisen, das er vor ihren Augen auseinanderbrach, damit sie die Folgerungen aus diesen merkwürdigen Proben seiner Stärke und Freigebigkeit ziehe. Ich weiß nicht, welches von beiden am meisten Reiz für sie hatte, indessen willigte sie ein, ihren Gemahl zu verlassen und sich dem König gänzlich zu ergeben. Sie ward öffentlich geschieden, so daß es nach ihren Gesetzen beiden Parteien freisteht, wieder zu heiraten. Gott weiß, ob es gerade zu dieser Zeit oder bei einem anderen verliebten Anfall war, daß der König die Schwachheit hatte, einen förmlichen Heiratsvertrag mit ihr zu schließen, der ihr, obwohl er, solange die Königin lebte, von keiner Bedeutung sein konnte, doch so wohl gefiel, daß sie nicht ruhen konnte, bis sie es allen ihren Bekannten erzählt und sich die Miene einer Königin gegeben hatte. Männer ertragen alles, solange sie verliebt sind. Als aber die Hitze der Leidenschaft durch langen Besitz abgekühlt war, dachte der König an die üblen Folgen, die so eine Schrift in ihren Händen haben konnte, und forderte sie zurück. Allein sie wollte lieber die gewaltsamsten Ausbrüche seines Zornes ertragen, als das Papier ausliefern. Obschon sie eine der reichsten und geizigsten Damen dieses Landes war, schlug sie doch die Fortzahlung einer großen Pension und die Sicherstellung einer ungeheuren Summe, die sie zusammengerafft hatte, aus, und brachte endlich den König so sehr auf, daß er sie in ein Schloß sperren ließ, wo sie alle Schrecknisse einer engen Gefangenschaft aussteht und bei Drohungen und Versprechungen unerschütterlich bleibt. Ihre heftigen Leidenschaften haben sie schon in Anfälle gestürzt, die, wie man vermutet, ihrem Leben bald ein Ende machen werden. Ich muß eine Frau bemitleiden, die einer, obgleich sehr mißverstandenen Ehrensache wegen leidet, besonders in einem Lande, wo die Damen nicht eben ängstlich darauf halten. Ich hätte wünschen mögen, daß Herrn Wortleys Geschäfte ihm einen längeren Aufenthalt in Dresden erlaubt hätten. Vielleicht bin ich parteiisch für eine Stadt, wo man die protestantische Religion bekennt. Alles kam mir hier feiner und höflicher vor, als ich es an anderen Orten gefunden habe. Leipzig, wo ich jetzt bin, ist eine ihres Handels wegen sehr beträchtliche Stadt. Ich benutze die Gelegenheit und kaufe Livreen für meine Edelknaben, Goldstoffe für mich selbst usw. Alle diese Dinge kosten in Wien wenigstens doppelt so viel, teils wegen des ungeheuren Zolls, teils aus Mangel an Genie und Fleiß unter dem Volke, das so wenig selbst herstellt, daß die Damen auch ihre Schuhe aus Sachsen kommen lassen müssen. Die Messe hier ist eine der größten in Deutschland und der Sammelplatz aller Leute von Stande und der Kaufmannschaft. Die Stadt ist auch befestigt, allein ich vermeide immer gerne, die Festungswerke zu erwähnen, weil ich überzeugt bin, daß ich nicht weiß, wie man davon reden soll. Ich bin um so ruhiger über meine Unwissenheit, wenn ich bedenke, wie herzlich gerne Sie mir diese Unterlassung vergeben werden, denn wenn ich Ihnen alle Bastionen und Raveline, die ich auf meinen Reisen gesehen, aufs genaueste beschriebe, so würden Sie mich am Ende noch immer fragen, was ist eine Bastion, was ist ein Ravelin? Leben Sie wohl, liebe Schwester.

An Gräfin Mar

Braunschweig, den 23. November 1716

Soeben komme ich in Braunschweig an, einer sehr alten Stadt, die aber den Vorteil hat, daß sie die Hauptstadt im Gebiet des Herzogs von Wolfenbüttel ist, einer Familie, die (ohne ihrer alten Würde zu gedenken) schon durchlauchtig ist, weil ihr jüngerer Zweig den Thron Englands besitzt und weil sie Deutschland zwei Kaiserinnen gegeben hat[13]. Ich habe nicht vergessen, hier auf Ihre Gesundheit Mumme [Bier] zu trinken, die meiner Meinung nach wohl den guten Ruf verdient, daß sie die beste in der Welt ist. Dies ist der dritte Brief, den ich Ihnen während meiner Reise geschrieben habe, und ich erkläre Ihnen ohne Umstände, daß wenn Sie mir nicht gleich nach Empfang dieses Schreibens eine vollständige und getreue Nachricht von allen Veränderungen und Zufällen unserer Londoner Bekannten schicken, ich Ihnen gar nichts von Hannover sagen werde, wo ich hoffe diesen Abend anzukommen, wiewohl ich weiß, daß Sie neugieriger sind, von dieser Stadt zu hören als von irgendeiner anderen.

An Gräfin Bristol

Hannover, den 25. November 1716

Erst den Tag vor meiner Abreise aus Wien empfing ich Euer Gnaden Schreiben, wiewohl es nach dem Datum weit eher hätte ankommen sollen, aber nichts war je schlechter eingerichtet als die Post in dem größten Teile Deutschlands. Ich kann Sie versichern, zu Prag wurde das Felleisen hinten auf meine Kutsche gebunden und auf diese Weise nach Dresden gesandt, so daß die Geheimnisse des halben Landes mir aufgedeckt lagen, wenn ich neugierig darauf gewesen wäre, sie zu erfahren. Ich wollte es nicht länger aufschieben, Ihnen für Ihr Schreiben zu danken, obschon die Menge meiner hiesigen Bekanntschaften und meine Pflicht, bei Hofe zu erscheinen, wenig Zeit zur eigenen Verfügung läßt. Es ist mir eine außerordentliche

Freude, daß ich Ihnen ohne Schmeichelei oder Parteilichkeit sagen kann, daß unser junger Prinz[14] alle Trefflichkeiten besitzt, die man möglicher Weise in seinem Alter haben kann, mit so vieler Lebhaftigkeit und gesundem Verstande und etwas so Einnehmendem und Ungezwungenem in seinem Betragen, daß er den Vorzug seines hohen Standes nicht nötig hat, um reizend zu erscheinen. Gestern Abend, ehe der König ins Gemach trat, hatte ich die Ehre, mich lange mit ihm zu unterhalten. Sein Hofmeister verließ uns mit Absicht, wie er mir nachher sagte, damit ich gewissermaßen über sein Genie urteilen könnte, indem ich ihn ohne Zwang reden hörte. Ich erstaunte über die Fertigkeit und gute Lebensart, die sich in allem zeigte, was er sprach, hierzu kam noch seine vollkommen angenehme Persönlichkeit und das feine blonde Haar der Prinzessin.

Hannover ist weder groß noch schön, allein das Schloß könnte einen weit zahlreicheren Hof fassen als das zu St. James. Der König [Georg I.] hat die Güte gehabt, uns eine Wohnung in einem Teil des Schlosses anweisen zu lassen, sonst würden wir hier sehr übel versorgt gewesen sein, denn die Menge der Engländer macht die Stadt so volkreich, daß es ein Glück ist, wenn man eine elende Kammer in einem jämmerlichen Wirtshaus erhält. Heute speiste ich bei dem portugiesischen Gesandten, der sich recht glücklich schätzt, weil er zwei elende Gemächer in einem Wirtshaus hat. Ich habe jetzt Deutschland durchreist und muß notwendig die Anmerkung machen, daß zwischen dem Reisen hier und in England ein beträchtlicher Unterschied ist. Hier sieht man keine von den schönen Edelsitzen, die bei uns so allgemein sind, auch nichts, was einem Landedelmannshause ähnlich wäre, obwohl sie viele vollkommen schöne Gegenden haben. Allein das ganze Volk steht entweder unter unumschränkten Herrschaften, wo alle Reichtümer und Pracht nur an den Höfen sind, oder unter Kaufmannsgesellschaften, wie in Nürnberg und Frankfurt, wo man zur Bequemlichkeit des Handels immer in der Stadt wohnt. Die königlich französischen Schauspieler spielen jeden Abend. Sie sind wohlgekleidet und einige unter ihnen keine üblen Schauspieler. Der König hält beständig Mittag und Abend öffentliche Tafel. Der Hof ist zahlreich, und des Königs Leutseligkeit und Güte macht ihn zum angenehmsten Aufenthalt der Welt.

An Lady Rich

Hannover, den 1. Dezember 1716

Ich bin sehr froh, meine liebe Lady Rich, daß die Nachricht von meiner Rückkehr nach England Ihnen so wohl gefallen hat, wie Sie mir freundlicherweise sagen, obgleich diese, wie ich Ihnen versichern kann, gleich anderen Vergnügungen keinen wirklichen Grund hat. Ich hoffe, Sie kennen mich genug, um in dem, was mich anbelangt, meinem Worte mehr als jeder anderen Nachricht zu glauben. Was die Entfernung des Ortes angeht, bin ich freilich jetzt London näher als vor einigen Wochen, was aber den Gedanken einer Rückkehr betrifft, so bin ich in meinem Leben nicht weiter davon entfernt gewesen. Ich bekenne, mit Freuden könnte ich der angenehmen Hoffnung nachhängen, Sie und noch sehr wenige andere, die meine Achtung haben, zu sehen. Allein so lange Herr Wortley entschlossen bleibt, seine Pläne auszuführen, bleibe ich auch entschlossen, ihm zu folgen. Da schwätze ich die ganze Zeit von mir selbst, und wenn es so fort geht, werde ich recht albernes Zeug schreiben, wie die meisten Leute zu tun pflegen, wenn sie von sich selbst reden.

Ich eile, die unangenehme Materie zu verändern, indem ich Ihnen sage, daß ich jetzt im Reiche der Schönheit angelangt bin. Alle Frauen hier (buchstäblich wahr!) haben Rosenwangen, schneeweiße Stirnen und Busen, pechschwarze Augenbrauen und scharlachrote Lippen, wozu gemeiniglich noch kohlschwarzes Haar kommt. Diese Trefflichkeiten, die bei Licht von schöner Wirkung sind, behalten sie bis ins Grab, doch ich wünschte, daß sie mit mehr Mannigfaltigkeit schön wären. Sie sind eineinander so ähnlich wie Frau Salmons großbritannischer Hof in Wachs[15], und in ebenso großer Gefahr, zu nahe am Feuer zu schmelzen, welches sie aus dieser Ursache sorgfältig vermeiden, ungeachtet, daß das Wetter jetzt so außerordentlich kalt ist, daß ich glaube, diese Selbstverleugnung müsse sie teuer zu stehen kommen. Der Schnee liegt schon sehr hoch, und man fängt an, in Schlitten zu fahren. Dies ist in ganz Deutschland eine Lieblingsbelustigung. Es sind kleine, auf Kufen befestigte Wagen, in denen eine Dame und ein Herr Platz haben, sie werden von einem Pferd gezogen. Der Herr hat die Ehre zu fahren, die Bewegung ist zum Erstaunen schnell. Dame, Pferd und Schlitten sind so schön, wie sie nur sein können, und wenn ihrer viele hintereinanderfahren, dann sieht es recht prächtig aus. In Wien, wo jede Art von Pracht bis zur Ausschweifung getrieben wird, gibt es bisweilen Schlitten, die vier- bis fünfhundert Pfund Sterling gekostet haben. Der Herzog von Wolfenbüttel befindet sich jetzt am hiesigen Hofe, er ist, wie Sie wissen, ein naher

Bild zu Seite 36: Konstantinopel. Die Einfahrt in den Hafen

Verwandter unseres Königs und Oheim der jetzt regierenden Kaiserin, die meiner Meinung nach die schönste Prinzessin auf dem Erdboden ist. Sie befindet sich in gesegneten Umständen, und dies ist der einzige Trost des Hofes bei dem Verlust des Erzherzogs. Am Tag vor meiner Abreise aus Wien hatte ich meine Abschiedsaudienz bei ihr, und sie sprach mit so viel Betrübnis und Zärtlichkeit von dem Tod dieses jungen Prinzen, daß ich alle Mühe anwenden mußte, meine Tränen zurückzuhalten. Sie wissen, daß ich gar nicht des Titels wegen für gewisse Leute eingenommen bin, allein ich bekenne, ich liebe diese reizende Fürstin (wenn ich mich eines so vertraulichen Ausdrucks bedienen darf), und wenn ich das nicht täte, müßte mich doch das traurige Ende eines einzigen Sohnes auf innigste gerührt haben, der nach so langen Wünschen geboren ward und aus Mangel an guter Behandlung zugrunde ging, indem man ihn im Anfang des Winters entwöhnte.

Adieu, liebe Lady Rich, fahren Sie fort, mir zu schreiben, und glauben Sie, daß nichts von Ihrer Güte verloren ist bei Ihrer ...

An Gräfin Mar

Blankenburg, den 17. Oktober 1716

Gerade am Tag meiner Abreise von Hannover empfing ich Ihr Schreiben, liebste Schwester. Sie können sich leicht denken, daß ich damals zu sehr in Eile war, um es zu beantworten; doch, wie Sie sehen, ergreife ich die erste Gelegenheit, mir selbst dieses Vergnügen zu machen. Ich kam den 15. spät in der Nacht hier an. Ich hatte die schlechtesten Wege und das schlimmste Wetter gehabt,

Bild zu Seite 68: Die Landmauern von Konstantinopel in der Nähe des Kanonentors. Ihr Bau wurde unter Kaiser Theodosius I. (379–395) begonnen, um die Stadt gegen das westliche Festland abzuschirmen

unter denen je ein armer Reisender gelitten haben mag. Ich übernahm diese kleine Beschwerlichkeit bloß der regierenden Kaiserin zu Gefallen, um eine Botschaft von Ihrer kaiserlichen Majestät an die Herzogin von Blankenburg [-Wolfenbüttel], ihre Mutter, zu überbringen, die eine Fürstin von großen Fähigkeiten und feiner Lebensart ist und noch immer eine schöne Frau genannt werden kann. Es war so spät, als ich hier ankam, daß ich es für unschicklich hielt, den Herzog und die Herzogin mit der Nachricht meiner Ankunft zu beunruhigen, deswegen zog ich in ein elendes Wirtshaus. Allein sobald ich den Hoheiten meine Komplimente hatte machen lassen, sandten sie mir augenblicklich ihre eigene Kutsche mit sechs Pferden, die doch noch genug zu tun hatten, uns den hohen Hügel hinanzuschleppen, auf welchem das Schloß liegt. Die Herzogin ist äußerst freundlich zu mir, und dieser kleine Hof ist nicht ohne seine Lustbarkeiten. Der Herzog hält alle Abend Bank im Basset, und der Herzogin gefällt, wie sie mir sagt, meine Gesellschaft so wohl, daß sie weniger als sonst spielt. Schwerlich würde ich mir genug Zeit stehlen können, Ihnen zu schreiben, wenn sie nicht eben jetzt in der Kirche wäre, wohin ich sie nicht begleiten kann, weil ich die Sprache nicht genug verstehe, um meine Andacht dort halten zu können.

Sie würden es mir nicht verzeihen, wenn ich Ihnen nicht etwas von Hannover sagte. Die Stadt ist weder groß noch prächtig. Das Opernhaus, das der hochselige Kurfürst [Ernst August] gebaut hat, ist weit schöner als das zu Wien. Es war mir sehr leid, daß das schlimme Wetter mir nicht erlaubte, Herrenhausen in seiner ganzen Schönheit zu sehen, doch trotz des Schnees schienen mir die Gärten sehr schön. Besonders mußte ich mich über die große Menge Orangenbäume wundern, die weit größer sind als alle, die ich in England gesehen habe, obwohl der Himmelsstrich hier gewiß kälter ist. Allein ich hatte am selben Abend an der Tafel des Königs noch viel mehr Ursache, mich über ein Geschenk von einem Herrn aus diesem Lande zu wundern. Es bestand aus zwei großen Körben voll reifer Orangen und Zitronen verschiedener Arten, unter denen mir einige ganz neu waren, und, was mir wenigstens so viel wert war wie alles übrige: zwei reife Ananas, nach meinem Geschmack, eine vollkommen köstliche Frucht. Sie wissen, daß sie eigentlich aus Brasilien stammt, und ich konnte nicht begreifen, wie sie anders als durch Zauberei hierher käme. Auf Befragen hörte ich, sie hätten ihre Treibhäuser zu einer solchen Vollkommenheit gebracht, daß sie ihren Sommer nach Belieben verlängern und jeder Pflanze den Grad Hitze geben können, den sie in ihrem Vaterlande von der Sonne erhalten würde. Die Wirkung ist beinahe dieselbe. Mich wundert, daß man in England eine so nützliche Erfindung vernachlässigt. Diese Beobachtung führt mich zur Betrachtung unseres Eigensinns, lieber zittern wir fünf Monate vor Kälte, als uns der Öfen zu bedienen, die gewiß eine der größten Bequemlichkeiten des Lebens ausmachen. Überdies entstellen sie nicht das Gemach, sondern vermehren noch dessen Pracht, wenn sie bemalt oder vergoldet sind wie zu Wien oder zu Dresden, wo man ihnen oft die Gestalt porzellanener Vasen, Bildsäulen oder schöner Schränke so natürlich zu geben weiß, daß sie nicht zu unterscheiden sind. Komme ich je zurück, so sollen Sie der Mode zum Trotz einen Ofen sehen im Zimmer Ihrer ...

Ich werde Ihnen oft schreiben, weil Sie es verlangen,

allein ich muß Sie bitten, in Ihren Briefen etwas ausführlicher zu sein. Sie denken mich vierzig Meilen von Ihnen entfernt und vergessen, daß ich nach so langer Abwesenheit keine Winke mehr verstehe.

An Lady ...

Wien, den 1. Januar 1717

Soeben erhalte ich von Hannover Euer Gnaden Komplimente über meine Rückkunft nach England. Sie sehen, Madame, daß nicht alles, was mit Zuversicht behauptet wird, auch deswegen schlechterdings wahr ist, und daß Sie gar keinen Grund haben, sich über mich zu beschweren, weil ich Ihnen aus meiner beschlossenen Rückreise ein Geheimnis mache, von der, wie Sie sagen, die ganze Welt unterrichtet ist. Sie können der ganzen Welt in meinem Namen sagen, daß sie nie so gut über meine Angelegenheiten unterrichtet ist wie ich selbst, und daß ich ganz genau weiß, daß ich jetzt zu Wien bin, wo der Karneval angefangen hat und alle Arten von Lustbarkeiten auf den höchsten Gipfel getrieben sind, ausgenommen die Maskerade, welche während eines Türkenkriegs nie erlaubt wird. Die Bälle werden an öffentlichen Orten abgehalten, wo die Männer beim Eintritt einen Dukaten, die Damen aber nichts bezahlen. Man sagt mir, diese Häuser nehmen bisweilen an einem Abend tausend Dukaten ein. Sie sind prächtig ausgestattet, und die Musik ist gut, nur daß sie die abscheuliche Gewohnheit haben, Waldhörner darunter zu mischen, womit sie die Gesellschaft beinahe taub blasen. Hier aber empfindet man dieses Getöse als so angenehm, daß man ohne die Waldhörner kein Konzert abhält. Der Ball wird immer mit englischen Kontretänzen beschlossen, welche dreißig oder vierzig Paare auf einmal tanzen, aber so schlecht, daß es wenig Vergnügen gewährt. Sie kennen nur ein halb Dutzend dieser Tänze, und diese tanzen sie seit fünfzig Jahren immer wieder. Ich hätte sie gerne einige neue lehren mögen, allein ich fand, es würde mir einige Monate Mühe kosten, sie ihnen begreiflich zu machen.

Gestern war ein italienisches Lustspiel bei Hofe. Die Szenerie war schön, aber das Stück selbst eine so unerträglich niedrige Farce ohne Witz oder Scherz, daß es mich sehr wunderte, wie der ganze Hof vier Stunden nacheinander aufmerksam dasitzen konnte. Kein Frauenzimmer darf auf die Bühne treten, und die wie Frauen gekleideten Mannspersonen machen eine so tölpische Figur, daß das Stück selbst noch weit lächerlicher dadurch ward. Was die Lust aufs höchste brachte, war eine so außerordentliche Kälte, daß ich dort umzukommen glaubte. Jetzt ist hier der Höhepunkt des Winters, die Donau ist völlig zugefroren und die Witterung ohne Öfen und Pelze nicht auszuhalten. Bei alledem ist die Luft so rein, daß sich fast jedermann wohlbefindet und die Schnupfen nicht halb so häufig sind wie in England. Ich glaube sicherlich, es kann keine reinere und gesündere Luft geben als in Wien. Der Überfluß und die Vortrefflichkeit aller Arten von Lebensmittel ist hier größer als an irgendeinem anderen Orte, wo ich je war, und eine köstliche Tafel ist nicht eben sehr teuer. Es ist wirklich ein Vergnügen, über die Märkte zu gehen und Überfluß von dem zu sehen, was wir für Seltenheiten halten würden, wildes Geflügel und Wildbret nämlich, das täglich aus Ungarn und Böhmen hierher gebracht wird. Es geht ihnen nichts weiter ab als Schaltiere; Austern essen sie so gerne, daß sie sie von

Venedig kommen lassen und begierig essen, sie mögen stinken oder nicht.

Durch diese Beschreibung von Wien, Madame, befolge ich Ihre Befehle, obschon ich weiß, daß Sie damit nicht zufrieden sein werden. Sie schelten auf meine Faulheit, daß ich Ihnen nicht tausend angenehme und erstaunliche Dinge erzähle, die ich, wie Sie fest glauben, gesehen oder gehört habe. Auf mein Wort, Madame, meiner Achtung für die Wahrheit und nicht meiner Faulheit ist es beizumessen, daß ich Sie nicht mit ebensoviel Wundern unterhalte, wie sie andere Reisebeschreiber erfinden, ihre Leser damit zu belustigen. Ich könnte dergleichen in jeder Stadt aufsammeln, durch die ich reise, oder Ihnen eine lange Reihe papistischer Wunderwerke erzählen, allein ich kann mir nicht denken, daß Sie etwas Neues darin finden werden, wenn ich Ihnen sage, daß in der ganzen Welt der Priester lügt und der Pöbel glaubt. Ferner, was jene Neuigkeiten anbetrifft, nach denen Sie so ängstlich fragen, wie kann es Sie unterhalten, da Sie die Leute nicht kennen, daß der Prinz ... die Gräfin ... verlassen hat oder daß die und die Prinzessin mit dem und dem Grafen ein Verhältnis hat? Sollte ich Ihnen Märchen wie die Gräfin d'Aunois[16] schreiben und ist's nicht besser, Ihnen die unverkünstelte Wahrheit zu sagen, daß ich bin ...

An Abbé Conti

Wien, den 2. Januar 1717

Fast bin ich der Wiener Lebensart müde. Ich bin zwar keine Feindin von Zerstreuungen und Gewimmel, noch weniger von Zeitvertreib und Vergnügungen, allein selbst das kann ich nicht lange ertragen, wenn es von Formalitäten gefesselt ist und das Ansehen eines Systems annimmt. Es ist wahr, ich habe hier einige sehr angenehme Verbindungen, und, was Sie vielleicht in Verwunderung setzen wird, ich finde besonderes Vergnügen an meinen spanischen Bekannten, dem Grafen Oropesa und General Puebla. Diese beiden Edelleute stehen beim Kaiser in großen Gnaden, und doch scheinen sie Unheil anzuspinnen. Der Madrider Hof kann nicht ohne Schmerz an die Länder denken, die durch den Utrechter Frieden [1713] von der spanischen Monarchie abgerissen wurden, und scheint sehnlich nach einer Gelegenheit Ausschau zu halten, sie wiederzubekommen. Das ist etwas, um das ich mich wenig kümmere, der Hof mag Recht oder Unrecht haben, die beiden Grafen, seine Gesandten, gefallen mir überaus wohl. Vor einigen Tagen speiste ich mit beiden bei dem Grafen Wurmbrand, einem Hofrat und gelehrten Manne, der hier durchgängig hoch geschätzt wird. Allein der erste Mann an diesem Hofe, was Wissenschaften und Fähigkeiten betrifft, ist gewiß Graf Schlick, Großkanzler von Böhmen, dessen unermeßliche Belesenheit mit feinem Geschmack und richtiger Urteilskraft verbunden ist. Er ist ein öffentlicher Feind des Prinzen Eugen, dem ehrlichen und hitzigen Marschall Starhemberg aber ein warmer Freund. Einer der vollkommensten Kavaliere, die ich zu Wien gesehen habe, ist der junge Graf Tarouca, der den liebenswürdigen Prinzen von Portugal begleitet. Beinahe bin ich in beide verliebt, und wundere mich, so feine Lebensart und freie und edle Denkweise bei zwei jungen Kavalieren zu finden, die bisher noch nichts als ihr Vaterland gesehen haben. Der Graf ist gerade so römisch-katholisch wie Sie; bei andächtigen Schönen ist er hier sehr glücklich. Seine ersten Liebeserklärungen werden unter dem süßen Gesang einer geistlichen Liebe verborgen, so wie ehemals der auf eine erhabene Art wollüstige Fénelon und die zärtliche Madame Guyon[17] sie anstimmten, die das Feuer fleischlicher Liebe auf göttliche Gegenstände richteten. Auf solche Art fängt der Graf mit dem Geiste an und endigt gemeiniglich mit dem Fleische, wenn er um heilige Jungfrauen buhlt.

Gestern machte ich die Bekanntschaft des berühmten Dichters Rousseau[18], der sich hier unter dem besonderen Schutze des Prinzen Eugen aufhält, und von dessen Freigebigkeit er lebt. Er gilt hier für einen Freigeist und, was meiner Meinung nach ärger ist, für einen Mann, dessen Herz die Lobsprüche nicht fühlt, die er in seinen Gedichten der Ehre und Tugend zollt. Seine Oden gefallen mir überaus wohl, sie stehen weit über den lyrischen Gedichten unserer englischen Dichter, von denen wenige in dieser Gattung sich ausgezeichnet haben. Ich finde nicht eben viel Gelehrte hier, aber eine ungeheure Anzahl von Alchimisten gibt es hier in Wien. Der Stein der Weisen ist der große Gegenstand des Eifers und der Wissenschaft, und die, welche mehr gelesen haben und mehr Fähigkeiten besitzen als der Pöbel, haben ihren Aberglauben (wie soll ich es nennen?) oder ihre Schwärmerei von der Religion auf die Goldmacherkunst gerichtet und glauben an eine neue Art von Verwandlung, welche die Weltlichen ebenso reich machen soll wie die andere die Priesterschaft gemacht hat. Diese ansteckende Leidenschaft hat schon viele große Häuser zugrunde gerichtet. Kaum findet man einen reichen oder angesehenen Mann, der nicht einen Goldmacher in seinen Diensten hätte, und selbst der Kaiser soll, wie man sagt, kein Feind dieser Torheit sein, obwohl er sich öffentlich anders stellt.

Prinz Eugen war gestern so höflich, mir seine Büchersammlung zu zeigen. Rousseau und des Prinzen Liebling, Graf Bonneval[19], waren bei ihm. Letzterer hat viel Witz und wird hier für kühn und unternehmend gehalten. Die Bibliothek ist nicht eben groß, aber sehr wohl gewählt. Da aber der Prinz keine anderen Ausgaben zulassen will, als die schön und dem Auge angenehm sind, und es doch viele vortreffliche Bücher gibt, die nur mittelmäßig gut gedruckt sind, verursacht dieser tändelhafte, gezierte Geschmack viele unangenehme Lücken in dieser Sammlung. Die Bücher sind prächtig in türkisches Leder gebunden, und zwei der berühmtesten Buchbinder von Paris wurden dazu gerufen. Bonneval sagte mir auf eine lustige Art, verschiedene Quartbände wären in Spahis- und Janitscharenhäute gebunden, und dieser Scherz, der in der Tat schön war, erregte ein gefälliges Lächeln auf dem ernsthaften Gesicht des berühmten Kriegers. Der Prinz, als Kenner der schönen Künste, zeigte mir mit besonderem Vergnügen die berühmte Bildnissammlung, die vormals Fouquet[20] gehörte und die er um einen überaus hohen Preis angekauft hatte. Er hat sie mit sehr vielen neuen Bildern vermehrt, so daß er jetzt eine Sammlung besitzt, wie man sie kaum in zehn Kabinetten Europas finden wird. Sollte ich Ihnen die Zahl nennen, Sie würden sagen, daß ich einen sehr unbescheidenen Gebrauch von der Erlaubnis zu lügen machte, welche die Nachsicht der Aufrichtigen den Reisenden mehr oder weniger zugesteht.

Eben tritt Graf Tarouca ein. Er allein ist von dem allgemeinen Befehl ausgenommen, den ich diesen Morgen gab, keinen Besuch hereinzulassen. Mich deucht, ich sehe Sie lächeln, allein es ist noch nicht soweit gekommen, daß ich einer Absolution bedürfte. Doch, da das menschliche Herz betrügerisch, und der Graf ein sehr angenehmer Mann ist, könnten Sie sich wohl denken, daß ich, wenn ich auch keiner Absolution bedürfte, doch froh sein würde, wenn Sie Nachsicht mit mir hätten. Nichts dergleichen. Ich bin eine Ketzerin und Sie kein Beichtvater, ich will mich also über dieses Kapitel nicht weiter auslassen. Der Zweck von des Grafen Besuch ist ein Ball, noch immer mehr Vergnügungen, ich werde noch einen Ekel daran bekommen. Adieu.

An Gräfin Mar

Wien, den 16. Januar 1717

Jetzt, meine liebe Schwester, muß ich auf lange Zeit von Ihnen und von Wien auf ewig Abschied nehmen, denn ich gedenke, morgen meine Reise durch Ungarn anzutreten, trotz der außerordentlichen Kälte und des tiefen Schnees, die beide wohl einen stärkeren Mut, als ich besitze, dämpfen könnten. Allein mein Grundsatz vom leidenden Gehorsam führt mich durch alles hindurch.

Ich habe meine Abschiedsaudienz bei der Kaiserin gehabt. Seine kaiserliche Majestät geruhten anwesend zu sein, als ich der regierenden Kaiserin meine Aufwartung machte, und nach einer sehr verbindlichen Unterredung luden mich beide Majestäten ein, meinen Rückweg über Wien zu nehmen. Allein es kommt mir nicht in den Sinn, eine so große Beschwerde noch einmal auszustehen. Ich übergab einen Brief von der Herzogin von Blankenburg, an deren Hof ich mich nur wenige Tage aufgehalten hatte, obschon die Hoheiten sehr in mich drangen, länger zu bleiben, und mir beim Abschied das Versprechen, an sie zu schreiben, abnötigten. Von Blankenburg aus schrieb ich

Ihnen einen langen Brief, den Sie hoffentlich empfangen haben, obschon Sie nichts davon erwähnen. Damals vergaß ich, wie ich glaube, Ihnen von der Merkwürdigkeit an allen deutschen Höfen etwas zu sagen, die ich jetzt nicht unvermerkt lassen kann. Alle Fürsten halten sich Lieblingszwerge. Der Kaiser und die Kaiserin haben zwei von diesen kleinen Ungeheuern, häßlich wie Teufel, besonders das Weibchen, alle aber sind über und über mit Diamanten besteckt und stehen an allen öffentlichen Orten am Ellbogen ihrer Majestäten. Der Herzog von Wolfenbüttel hat einen und die Herzogin auch, der hatte unter allen, die ich sah, noch das meiste Ebenmaß. Man sagt mir, der König von Dänemark [Friedrich IV.] habe diese Mode so weit verbessert, daß sein Zwerg sein erster Minister ist. Ich weiß keinen Grund anzugeben, warum alle regierenden Fürsten so sehr in diese ungestalten Geschöpfe verliebt sind, es sei denn, daß sie es für ihre Person für erniedrigend halten, mit den übrigen Menschen umzugehen, und daß sie sich so gezwungen sehen, um nicht ganz allein zu sein, ihre Gesellschafter aus diesem Auswurf der menschlichen Natur zu wählen, denn an den Höfen haben nur diese Geschöpfe das ausschließliche Recht, frei mit ihnen zu reden.

Jetzt nötigt mich Halsweh, das Zimmer zu hüten, und ich bin wahrlich froh, daß mir dies zur Entschuldigung dient, Leute nicht zu sehen, die ich nicht genug liebe, als daß mich der Gedanke kränken würde, mich bald auf ewig von ihnen zu trennen. Es ist wahr, die Österreicher sind gemeiniglich nicht die höflichsten Leute der Welt, auch nicht die angenehmsten, aber Wien wird von allen Nationen bewohnt, und ich hatte für mich eine kleine Gesellschaft gebildet, welche aus lauter Menschen ganz nach meinem Geschmack bestand. Es waren ihrer zwar nicht viel, allein an jedem anderen Orte hätte ich nie so viele vernünftige, angenehme Leute zusammenbringen können. Wir waren fast beständig beisammen und, wie Sie wissen, ist es immer meine Meinung gewesen, daß eine auserlesene Gesellschaft von wenigen, die man hochschätzt, die größte Glückseligkeit des Lebens ausmacht. Es gibt hier einige Spanier beiderlei Geschlechts, die alle Lebhaftigkeit und großmütige Denkungsart besitzen, die man von alters her ihrer Nation zuschreibt, und könnte ich glauben, daß das ganze Königreich ihnen gliche, dann würde ich nichts mehr wünschen, als meine Tage dort zu beschließen.

Die Damen meiner Bekanntschaft sind mir gegenüber so gütig, daß sie immer weinen, wenn sie mich sehen, seitdem ich mich zu dieser Reise entschlossen habe. Und in der Tat bin ich nicht eben ganz ruhig, wenn ich bedenke, was ich auszustehen haben werde. Fast jeder, den ich sehe, schreckt mich mit einer neuen Schwierigkeit. Prinz Eugen war so gütig, mir alles zu sagen, um mich zu überreden, das Auftauen der Donau abzuwarten, um bequem zu Wasser zu reisen. Er versicherte mir, daß die Häuser in Ungarn nicht einmal gegen das Wetter schützten und daß ich von Ofen bis Esseg ohne ein Haus anzutreffen drei oder vier Tage durch wüste, mit Schnee bedeckte Ebenen würde reisen müssen, wo die Kälte so heftig ist, daß sie viele getötet hat. Ich bekenne, daß diese Schrecknisse tiefen Eindruck auf mein Gemüt gemacht haben, weil ich glaube, daß er mir die Sachen getreu erzählt, wie sie sind, und niemand besser davon unterrichtet sein kann.

Jetzt, da ich diesen großen Mann genannt habe, erwarten Sie gewiß auch etwas Besonderes von ihm zu hören, weil ich den Vorteil habe, ihn recht oft zu sehen. Allein ich bin ebenso abgeneigt, in Wien von ihm zu reden, wie ich von Herkules am Hof der Omphale reden würde, wenn ich ihn dort gesehen hätte. Ich weiß nicht, welchen Trost andere in der Betrachtung der Schwachheit großer Männer finden (vielleicht weil sie dadurch etwas weiter zu ihnen heruntergesetzt werden), mir ist es allemal eine Kränkung, wenn ich bemerke, daß nichts Vollkommenes in der menschlichen Natur ist. Der junge Prinz von Portugal ist die Bewunderung des ganzen Hofes, er ist schön, gesittet und überaus lebhaft. Alle Offiziere erzählen Wunder von seiner Tapferkeit im letzten Feldzuge. Er hat seine Wohnung bei Hofe und genießt alle seinem Range gebührenden Ehrenbezeugungen.

Adieu, liebste Schwester, dies ist die letzte Nachricht, die Sie aus Wien von mir erhalten. Überlebe ich meine Reise, dann sollen Sie auch ferner von mir hören. Ich kann mit großer Wahrheit mit Moneses[21] sagen: Ich habe längst gelernt, mich selbst für nichts zu achten, aber wenn ich an die Beschwerlichkeiten denke, die mein armes Kind auszustehen hat, so steigt die ganze Mutterliebe in meine Augen, und ich fühle ihre ganze Zärtlichkeit in meinem Herzen.

PS: Ich habe an Lady ... geschrieben, und vermutlich wird ihr mein Brief nicht gefallen. Bei kälterer Überlegung glaube ich selbst, ich hätte besser getan, wenn ich es unterlassen hätte. Allein ich ward schlechterdings verdrießlich über ihre Fragen und über ihre lächerliche Einbildung, daß ich gewiß eine Menge Wunder gesehen habe, die ich bloß aus Bosheit für mich allein behalte und sie keinem anderen mitteile. Sie ist sehr ungehalten, daß ich nicht wie andere Reisende lügen will. Ich glaube fest, sie erwartet von mir Erzählungen von Menschenfressern, von

Menschen, denen der Kopf unter den Schultern wächst; inzwischen sagen Sie ihr doch etwas, um sie zufriedenzustellen.

An Mr. Pope

Wien, den 16. Januar 1717

Ich habe nicht die Zeit, Ihren Brief zu beantworten, weil ich in aller Unruhe meiner Reisevorbereitungen bin, doch achte ich mich verpflichtet, von meinen Freunden ebenso feierlich Abschied zu nehmen, wie wenn ich in diesem Augenblick in die Bresche springen sollte; wenigstens, wenn ich den Leuten hier glaube, die mir alles Schreckliche verkünden. In der Tat ist das Wetter so, daß wenige auf die Reise gehen werden. Man droht mir zu gleicher Zeit mit Erfrieren und im Schnee begraben werden oder mit den Tartaren, die den Teil von Ungarn, durch den ich reisen muß, verwüsten. Doch werden wir eine ansehnliche Bedeckung haben, so daß ich möglicherweise noch einen ganz neuen Auftritt erleben und mich mitten in einer Schlacht befinden werde. Ich überlasse das Ende meiner Abenteuer der Vorsehung, ist es komisch, so sollen Sie davon hören. Sagen Sie doch Mr. Congreve[22], daß ich seinen Brief empfangen habe, nehmen Sie in meinem Namen von ihm Abschied. Lebe ich, so will ich ihm antworten; das nämliche für Mylady Rich.

An Gräfin Mar

Peterwardein, den 30. Januar 1717

Endlich, liebste Schwester, bin ich mit meiner ganzen Familie gesund und glücklich in Peterwardein angekommen. Wir litten so wenig unter der Strenge der Jahreszeit, wider welche wir uns mit Pelzen bewaffnet hatten, und fanden allenthalben so leidliche Bequemlichkeit, weil wir immer Leute vorausschickten, daß ich mich kaum des Lachens enthalten kann, wenn ich an die fürchterlichen Schilderungen denke, die man uns von dieser Reise machte. Alles dies muß ich der zärtlichen Freundschaft meiner Bekannten in Wien und ihrem Wunsch beimessen, mich diesen Winter über bei sich zu behalten. Vielleicht wird Ihnen ein kurzes Tagebuch meiner Reise nicht unangenehm sein, weil es durch ein Land geht, das Ihnen gänzlich unbekannt ist und das von den Ungarn selbst wenig durchreist wird, die sich immer der Bequemlichkeit bedienen, die Donau hinunterzufahren.

Der Himmel sandte uns besseres Wetter, als es gemeiniglich zu dieser Jahreszeit zu sein pflegt, doch war der Schnee so tief, daß wir unsere Kutschen auf Kufen stellen mußten, die so leicht und dabei so schnell gleiten, daß diese Art Post zu reisen gewiß die allerangenehmste ist. Den zweiten Tag nach unserer Abreise von Wien, nämlich den 17., kamen wir nach Raab, wo, nachdem Herr Wortley den Statthalter unsere Ankunft hatte wissen lassen, uns das beste Haus der Stadt angewiesen, die Besatzung unter Gewehr gestellt, eine Schildwache vor unsere Tür gesetzt und uns alle andere Ehre erzeigt ward. Der Gouverneur und alle Offiziere kamen gleich darauf zu Herrn Wortley, um zu vernehmen, ob etwas zu seinen Diensten getan werden könne. Der Bischof von Temesvar machte uns mit vieler Höflichkeit einen Besuch und nötigte uns sehr dringend, am andern Tag mit ihm zu Mittag zu speisen, allein wir schlugen es ab, weil wir entschlossen waren, unsere Reise fortzusetzen. Er sandte uns hierauf verschiedene Körbe mit Winterfrüchten und eine Menge ungarischen Weins aller Art nebst einem eben getöteten jungen Reh. Dieser Prälat hat im Lande großes Ansehen, stammt aus der alten Familie der Nadasdy, die seit manchen Jahrhunderten in diesem Lande von beträchtlichem Einfluß ist, ein sehr höflicher, angenehmer, munterer Greis in ungarischer Kleidung mit einem ehrwürdigen weißen Bart bis auf den Gürtel herunter, Raab ist eine starke Stadt, hat große Besatzung, ist wohlbefestigt und war lange die Grenzstadt zwischen dem türkischen und dem deutschen Reiche. Sie hat ihren Namen von dem Flusse Raab, an dessen Ufer sie liegt, gerade wo dieser mit der Donau zusammenfließt, in einer offenen, ländlichen Gegend. Die Türken nahmen sie das erste Mal 1594 unter Anführung von Sinan Pascha, als Murad III. regierte. Der Gouverneur, der, wie es hieß, die Stadt verraten, ward hernach auf Befehl des Kaisers enthauptet. Die Grafen Schwarzenberg und Palffy eroberten sie wieder durch Überrumpelung anno 1598; seit der Zeit ist sie in den Händen der Deutschen geblieben, obschon die Türken 1642 noch einmal versuchten, sie durch Kriegslist wieder zu bekommen. Die Kathedralkirche ist groß und gut gebaut, und das ist auch alles, was ich an diesem Ort Merkwürdiges gesehen habe.

Wir ließen Komorn auf der anderen Seite des Flusses und kamen nach Nosmühl, einem kleinen Dorf, wo wir mit Mühe leidliche Bequemlichkeiten erhielten. Zwischen diesem Ort und Ofen reisten wir noch zwei Tage durch die schönsten Ebenen der Welt, so eben, als wenn sie gepflastert wären, und dabei außerordentlich fruchtbar, doch meistenteils öde und unbebaut, weil das Land durch die langen Kriege zwischen dem Türken und dem Kaiser und noch mehr durch den noch grausameren Bürgerkrieg, den

Bild zu Seite 88: Paß im Balkan

die barbarische Verfolgung der protestantischen Religion unter Kaiser Leopold veranlaßte, verheert worden ist.[23] Dieser Fürst hinterließ den Ruf einer außerordentlichen Frömmigkeit und war seiner Natur nach wirklich von milder, mitleidiger Gemütsart, allein er überließ sein Gewissen den Händen eines Jesuiten und handelte grausamer und verräterischer gegen seine armen ungarischen Untertanen als der Türke jemals gegen die Christen. Er brach ohne Bedenken seinen Krönungseid und seine in so vielen öffentlichen Verträgen feierlich gegebene Zusage. Nichts kann in der Tat trauriger sein, als wenn man auf einer Reise durch Ungarn an den vormaligen blühenden Zustand dieses Königreichs denkt und einen so schönen, reichen Strich Landes fast entvölkert sieht. Mit Ofen, wo wir den 22. früh anlangten, hat es die gleiche Bewandtnis: hier war der königliche Sitz der ungarischen Regenten, deren Palast für eines der schönsten Gebäude des damaligen Jahrhunderts gehalten wurde, jetzt aber ist er gänzlich zerstört. Kein Teil der Stadt wurde seit der letzten Belagerung [1686] wieder aufgebaut, die Festungswerke und das Schloß ausgenommen, welches jetzt der Wohnort des Gouverneurs Regal, eines Offiziers von großen Verdiensten, ist. Er kam ungesäumt zu uns und führte uns in seiner Kutsche nach Hause, wo ich von seiner Gemahlin mit aller Höflichkeit empfangen und prächtig bewirtet ward. Ofen liegt auf einem kleinen Hügel an der Westseite der Donau. Das Schloß liegt weit höher als die Stadt und hat eine vortreffliche Aussicht. Außerhalb der Mauern liegt eine Menge kleiner Häuser oder vielmehr Hütten, die man die Raizenstadt nennt, weil sie alle von diesem Volke bewohnt werden.[24] Der Gouverneur versicherte mir, sie könnten zwölftausend streitbare Männer

Bild zu Seite 96: Ein türkisches Bad

stellen. Diese Städte sehen wunderlich aus: ihre Häuser stehen reihenweise viele tausend so dicht nebeneinander, daß sie in einer kleinen Entfernung wie ebensoviele altmodische, mit Stroh bedeckte Zelte aussehen. Sie bestehen durchweg aus zwei Räumen, einer über, einer unter dem Erdboden, das sind ihre Sommer- und Wintergemächer. Im Jahr 1526 nahm Suleiman der Prächtige Ofen zum erstenmal ein, im folgenden Jahr verlor er es wieder an Ferdinand I., König von Böhmen. Suleiman gewann es wieder durch Verrat der Besatzung und gab es aus freiem Willen an König Johann [Zapolya] von Ungarn zurück. Nach dessen Tode, während der Minderjährigkeit seines Sohnes, wurde es durch Ferdinand belagert, das zwang die Königinmutter, Suleiman zu Hilfe zu rufen. Dieser machte zwar der Belagerung ein Ende, legte aber eine türkische Besatzung in die Stadt und gebot der Königin, sich mit ihrem Hofe wegzubegeben, was sie auch 1541 tun mußte. Nachher widerstand die Stadt den Belagerungen des Markgrafen von Brandenburg 1542, des Grafen Schwarzenberg 1598, des Generals Rosworm 1602 und des Herzogs von Lothringen, Befehlshaber der kaiserlichen Völker 1684, dem es endlich nach hartnäckiger Gegenwehr 1686 übergeben wurde, nachdem der Gouverneur Abdurhaman Pascha, der in der Bresche mit römischer Tapferkeit focht, getötet ward. Der Verlust dieser Stadt war so wichtig und den Türken so schmerzlich, daß Mohammed IV. im folgenden Jahr deswegen seinen Thron verlor.

Bis zum 23. setzten wir unsere Reise nicht weiter fort. Dann kamen wir durch Adam und Todovar, beides beträchtliche Städte, als sie noch in den Händen der Türken waren, jetzt aber sind sie gänzlich zugrunde gerichtet. Doch zeigen die Überbleibsel einiger türkischer Baulichkeiten etwas von dem, was sie gewesen sind. Dieser Teil des Landes ist ganz mit Wald überwachsen und wird wenig besucht. Es ist unglaublich, was für eine Menge wilder Vögel wir hier sahen, die oft ein schönes hohes Alter erreichen und »vom Pulver ungestört« in Ruhe leben.

Wir kamen am 25. nach Mohacs; hier zeigte man uns das nahegelegene Feld, wo Ludwig, der junge König von Ungarn (1526), Heer und Leben verlor und auf der Flucht vor Balibeg, dem General Suleimans des Prächtigen, in einen Graben fiel und ertrank. Diese Schlacht öffnete den Türken zuerst den Weg in das Herz Ungarns. Ich nenne Ihnen keine kleinen Dörfer, von denen ich nichts Merkwürdiges zu sagen weiß. Glauben Sie mir, daß ich allenthalben eine warme Stube, Überfluß an Lebensmitteln, besonders Wildschweinen, Rehen und allen Arten von wildem Geflügel gefunden habe. Die wenigen Einwohner von Ungarn leben ziemlich gemächlich, sie haben kein Geld, aber Wälder und Felder geben ihnen Lebensmittel im Überfluß. Sie hatten Befehl, uns alles Nötige, sogar Pferde, soviel wir begehren würden, umsonst zu geben, allein Herr Wortley wollte das arme Landvolk nicht durch Ausnützung dieses Befehls drücken und zahlte ihnen immer den vollen Wert von allem, was wir genossen. Sie waren über diese unerwartete und ihnen so ungewohnte Großmut so bestürzt, daß sie uns allemal beim Abschied ein Dutzend fette Fasanen oder etwas der Art als Geschenk aufdrangen. Ihre Kleidung steht der ursprünglichen nahe, eine Schafshaut, Mütze und Stiefel von nämlichem Zeug. Sie können sich wohl denken, daß diese Kleidung ihnen viele Winter hindurch hält und sie folglich sehr wenig Geld brauchen.

Am 26. kamen wir mit all unserem Gepäck und Wagen über die gefrorene Donau. Auf der anderen Seite des Flusses kam uns General Veterani entgegen und bat uns sehr höflich, die Nacht auf seinem kleinen Schlosse zuzubringen, das nur wenige Meilen entfernt war. Er versicherte uns, daß wir eine sehr harte Tagesreise haben würden, um Esseg zu erreichen. Dies fanden wir nur zu wahr, denn die Wälder sind sehr gefährlich und wegen der vielen Wölfe, die in Rudeln darinnen herumstreifen, kaum zu durchreisen. Doch langten wir glücklich, obschon spät, in Esseg an. Hier blieben wir einen Tag, um einen Eilboten mit Briefen an den Pascha von Belgrad zu senden. Ich benutzte diese Gelegenheit, um die Stadt zu besehen, die nicht eben sehr groß, aber schön gebaut und gut befestigt ist. Als sie noch unter den Türken stand, trieb sie großen Handel, war reich und stark bevölkert. Sie liegt an der Drau, die sich in die Donau ergießt. Die Brücke wurde für eine der außerordentlichsten in der Welt gehalten, weil sie achttausend Schritt lang und ganz aus Holz gebaut war. Im Jahr 1685 verbrannte sie Graf Leslie mitsamt der Stadt; sie ward aber wiederhergestellt und von den Türken befestigt, die sie 1687 verließen. Hierauf nahm General Dünnewald im Namen des Kaisers Besitz davon, in dessen Händen sie bisher immer geblieben ist und für ein Bollwerk Ungarns gehalten wird.

Am 28. kamen wir zu Bocovar, einer großen, von Raizen bewohnten Stadt an, ganz auf die Art gebaut, wie ich sie Ihnen schon beschrieben habe. Hier trafen wir Oberst ..., der uns durchaus in seiner Wohnung beherbergen wollte. Dort war seine Gemahlin, eine sehr angenehme ungarische Dame, nebst seiner Nichte und Tochter, zwei netten jungen Frauen, die miteinander in drei oder vier

Raizenhäusern zusammengedrängt lebten, aus denen man eins gemacht hatte, das so nett und bequem eingerichtet war als ein solcher Platz es gestattet. Die ungarischen Damen sind weit schöner als die österreichischen. Alle Schönheiten in Wien sind aus diesem Lande. Sie haben gewöhnlich blonde Haare und sind sehr wohl gewachsen, auch steht ihnen ihre Kleidung meiner Meinung nach ungemein gut. Diese Dame trug einen Rock von scharlachrotem Samt, mit Zobel gefüttert und verbrämt, der ihr dicht am Leibe saß und bis auf die Füße herabfiel. Die Ärmel schlossen eng am Arme, und die Schnürbrust wird gewöhnlich vorne mit zwei Reihen kleiner Gold-, Perlen- oder Diamantknöpfe zugeknöpft. Auf dem Kopf hatte sie eine mit Zobel oder anderem kostbaren Rauchwerk gefütterte Haube, von der ein goldener Quast auf einer Seite tief herunterhing. Sie gab uns eine gute Mahlzeit, und die Unterhaltung kam mir sehr höflich und angenehm vor. Sie wollten uns einen Teil unseres Weges begleiten.

Am 29. kamen wir hier an. Der kommandierende Offizier empfing uns an der Spitze aller Offiziere der Besatzung. In des Gouverneurs Haus haben wir die besten Zimmer und werden auf des Kaisers Befehl prächtig bewirtet. Wir warten hier, bis alle Punkte, die unseren Empfang an der türkischen Grenze betreffen, in Richtigkeit gebracht sind. Herrn Wortleys Eilbote ist diesen Morgen zurückgekommen mit des Paschas Antwort in einem Beutel aus scharlachrotem Atlas, die der Dolmetscher hier übersetzte und welche die Versicherung einer ehrenvollen Aufnahme enthält. Ich ersuchte ihn, den Ort zu bestimmen, wo uns die türkische Bedeckung entgegenkommen sollte. Den Eilboten hat Herr Wortley wieder zurückgesandt und Betsko, ein Dorf in der Mitte zwischen

Peterwardein und Belgrad, benannt. Hier bleiben wir, bis wir Antwort erhalten.

Also, liebste Schwester, habe ich Ihnen eine sehr umständliche (und ich fürchte, sie werden denken) sehr langweilige Nachricht von diesem Teil meiner Reise gegeben. Es war gewiß kein ängstliches Bestreben, meine Belesenheit zu zeigen, als ich Ihnen Brocken aus der Geschichte der Städte anführte, durch die ich gekommen bin. Ich vermied es allemal bei Orten, deren Geschichte Ihnen, wie ich glaube, so gut wie mir bekannt war. Aber Ungarn ist ein Teil der Welt, der Ihnen meines Bedünkens ganz neu sein muß, und so glaubte ich, würden Sie mit einigem Vergnügen eine Beschreibung davon lesen, die ich sehr sorgfältig aus den besten Schriftstellern gesammelt habe. Gefällt sie Ihnen nicht, nun, so brauchen Sie sie auch nicht zu lesen. Ich bin, liebe Schwester ... Man hat mir versprochen, diesen Brief sorgfältig nach Wien zu senden.

An Mr. Pope

Belgrad, den 12. Februar 1717

Es war gewiß meine Absicht, Ihnen von Peterwardein einen langen Brief zu schreiben. Ich glaubte, drei oder vier Tage dort zu bleiben, aber dem Pascha hier eilte es so sehr, uns zu sehen, daß er den Eilboten, welchen Herr Wortley gesandt hatte, um die Zeit zu wissen, zu welcher uns seine Bedeckung treffen sollte, wieder zurückschickte, ohne ihm zu erlauben, seine Stiefel auszuziehen. Meine Briefe glaubte man nicht wichtig genug, um unsere Reise aufzuhalten, und wir verließen Peterwardein am folgenden Tag, begleitet von den vornehmsten Offizieren der Besatzung und einer ansehnlichen Bedeckung von Deutschen und Raizen. Der Kaiser hat verschiedene Regimenter dieser Leute, sie sind aber, die Wahrheit zu sagen, mehr Plünderer als Soldaten. Sie haben keine Besoldung, sind gezwungen, sich Waffen und Pferde selber anzuschaffen, und gleichen mehr herumstreichenden Zigeunern oder starknervigen Bettlern als regulären Truppen.

Ich kann nicht umhin, ein Wort über diese Menschenart zu sagen, die in ganz Ungarn so häufig ist. Sie haben ihren eigenen Patriarchen zu Groß-Kairo und sind wirklich der griechischen Kirche zugetan. Allein ihre äußerste Unwissenheit gibt ihren Pfaffen Anlaß, ihnen manche neue Glaubenslehre aufzubürden. Diese Kerle lassen Haar und Bart ungehindert wachsen und sehen dadurch genau aus wie die indischen Brahmanen. Sie sind gewöhnlich die einzigen Erben alles baren Geldes der Laien, und als Dank geben sie ihnen förmliche Pässe, unterzeichnet und besiegelt, in den Himmel. Weiber und Kinder erben nichts als Haus und Vieh. In den meisten anderen Punkten folgen sie der griechischen Kirche.

Diese kleine Abschweifung hat mich verhindert, Ihnen zu sagen, daß wir über die Felder von Carlowitz fuhren, wo Prinz Eugen [1716] den letzten großen Sieg über die Türken errang. Die Merkmale dieses glorreichen, blutigen Tages sind noch frisch, das Feld ist noch mit Schädeln, Gerippen unbegrabener Menschen, Pferde und Kamele überstreut. Ohne Schauder konnte ich eine solche Menge zerstümmelter menschlicher Körper nicht ansehen und dachte dabei an die Ungerechtigkeit des Krieges, der das Morden nicht allein notwendig, sondern auch verdienstlich macht. Nichts scheint mir ein deutlicherer Beweis für die Unvernunft der Menschen zu sein (so schöne Ansprüche wir auch auf die Vernunft machen), als die Wut, mit welcher wir um einen kleinen Flecken Landes streiten, da doch so große Teile fruchtbaren Landes noch unbewohnt liegen. Freilich hat die Gewohnheit den Krieg jetzt unvermeidlich gemacht, allein kann es denn einen stärkeren Beweis von Mangel an Vernunft geben, als die Festsetzung einer Gewohnheit, die dem Vorteil der Menschen so offenbar zuwider ist. Ich habe große Neigung, dem Herrn Hobbes[25] zu glauben, daß der Stand der Natur ein Stand des Krieges sei, aber eben daher schließe ich, daß die menschliche Natur nicht vernünftig ist, wenn, wie ich vermute, Vernunft gesunden Verstand bedeutet. Ich habe viele vortreffliche Gründe, diese Anmerkung zu stützen, ich will Ihnen aber nicht damit beschwerlich fallen, sondern im einfachen Stil wieder zur Geschichte meiner Reise zurückkehren.

In Betsko, einem Dorf in der Mitte zwischen Belgrad und Peterwardein, fanden wir einen Janitscharen Aga mit einem Korps Türken, hundert Mann stärker als unsere deutsche Bedeckung, obschon der Pascha versprochen hatte, die nämliche Zahl zu senden. Sie können hieraus auf ihre Furcht schließen. Ich bin wirklich überzeugt, sie glaubten den Überschuß von hundert Mann kaum hinreichend, um den Deutschen die Spitze bieten zu können. Inzwischen war mir gar nicht wohl zu Mute, bis sie weg waren, denn ich fürchtete immer, es könnte doch trotz des gegebenen Wortes Händel zwischen ihnen geben. Wir kamen spät in Belgrad an, weil der tiefe Schnee das Bergaufwärtsfahren sehr beschwerlich machte. Es scheint eine starke Festung zu sein, auf der Nordseite schützt sie die Donau, auf der Westseite die Save, vormals war es die Schutzgrenze von Ungarn. Zuerst wurde es [1521] von Suleiman dem Prächtigen und nachher [1688] von den kaiserlichen Truppen unter der Führung des Kurfürsten [Max Emanuel] von Bayern eingenommen. Der Kaiser hatte es zwei Jahre, als es der Großwesir wieder eroberte. Jetzt ist es mit der äußersten Sorgfalt und Kunst, deren die Türken fähig sind, befestigt und durch eine sehr starke Besatzung der tapfersten Janitscharen verstärkt, die unter einem Seraskier Pascha (General) stehen, wiewohl dieser Ausdruck nicht ganz richtig ist, denn in der Tat steht der Seraskier unter den Janitscharen. Diese Truppen haben hier ein unumschränktes Ansehen, und ihr Betragen hat mehr die Gestalt eines Aufruhrs als einer unterordnenden Kriegszucht. Sie können dies nach folgendem Vorfall beurteilen, der Ihnen zu gleicher Zeit einen Begriff von den herrlichen Nachrichten, die der Gouverneur von Peterwardein hier einzieht, geben wird, ungeachtet dieser Ort nur so wenige Stunden entfernt ist.

Man erzählte uns zu Peterwardein, daß die Besatzung und die Einwohner von Belgrad des Krieges so müde wären, daß sie ihren Pascha vor ungefähr zwei Monaten getötet hätten, weil er sich mit fünf Beuteln (fünfhundert Pfund Sterling) bestechen ließ, den Tataren zu erlauben, die deutsche Grenze zu verheeren. Dergleichen friedfertige Gesinnungen gefielen uns damals sehr wohl, allein bei unserer Ankunft fanden wir, daß der Gouverneur unrichtig erzählt und der wahre Vorgang der Sache dieser war: Der verstorbene Pascha verlor die Gunst seiner Soldaten aus keiner anderen Ursache, als weil er sie von ihren Streifereien gegen die Deutschen abhielt. Sie ließen es sich einfallen, diese Milde sei im Grunde nichts anderes als ein Einverständnis mit dem Feind, und schickten diese Nachricht an den Großherrn zu Adrianopel. Da sie aber von dorther nicht schnell genug Sühne erhielten, rotteten sie sich zusammen, schleppten ihren Pascha mit Gewalt vor den Kadi und Mufti und begehrten mit aufrührerischem Geschrei Recht. Der eine schrie, warum er die Ungläubigen beschütze, ein anderer, warum er Geld von ihnen erpresse. Der Pascha, der ihre Absicht leicht erriet, versetzte ganz ruhig, sie stellten ihm zu viele Fragen und er habe nur ein Leben, das für alles einstehen müsse. Sogleich fielen sie mit ihren Säbeln über ihn her, ohne das Urteil der Häupter ihres Gesetzes abzuwarten, und hieben ihn in wenigen Minuten in Stücke. Der gegenwärtige Pascha hat sich nicht getraut, die Mordtat zu bestrafen, im Gegenteil, er zwang sich dazu, die Täter als brave Kerle, die sich selbst Recht zu schaffen wüßten, zu rühmen. Er ergreift jede Gelegenheit, Geld unter die Besatzung zu werfen, und erlaubt ihnen kleine Streifereien in Ungarn, wo sie einige armselige raizische Häuser verbrennen.

Sie können sich wohl vorstellen, daß ich nicht eben recht ruhig in einer Stadt sein kann, die in Wirklichkeit unter der Regierung einer frechen Soldatenbande steht. Wir glaubten, nach einem Nachtlager sogleich entlassen zu werden, allein der Pascha behält uns hier, bis er Befehle von Adrianopel empfängt, die möglicherweise noch einen Monat ausbleiben können. Unterdessen wohnen wir in einem der besten Häuser, das einem hier sehr angesehenen Manne gehört, und haben ein ganzes Zimmer voll Janitscharen, uns zu bewachen. Mein einziges Vergnügen ist meine Unterhaltung mit unserem Wirte Achmed Bei, ein Titel, der ungefähr soviel bedeutet wie Graf in Deutschland. Sein Vater war ein großer Pascha, er selbst ward in der besten orientalischen Gelehrsamkeit unterrichtet, versteht vollkommen die arabische und die persische Sprache und ist ein außerordentlich großer Gesetzeskundiger oder sogenannter Efendi. Diese Dinge bahnen den Weg zu den höchsten Ehrenstellen, allein er hatte soviel gesunden Menschenverstand, ein gemächliches, ruhiges und stilles Leben allen gefährlichen Ehren bei der Pforte vorzuziehen. Er speist alle Abend mit uns und trinkt ziemlich viel Wein. Sie können sich nicht vorstellen, wie sehr ihm die Freiheit gefällt, sich mit mir unterhalten zu dürfen. Er hat mir manches Stück der arabischen Dichtkunst erklärt, die, wie ich bemerke, im Silbenmaße der unsrigen ziemlich ähnlich ist, ein um den anderen Vers abwechselt und sehr musikalisch klingt. Ihre Liebesausdrücke sind voll Feuer und Leben. Mir gefallen sie so sehr, daß ich glaube, ich würde wahrhaftig arabisch lesen lernen, wenn ich hier noch einige Monate bleiben sollte. Unser Wirt hat eine sehr gute Sammlung von allen Arten ihrer Bücher, und bringt, wie er mir sagt, den größten Teil seines Lebens damit zu. Ich stehe bei ihm im Ansehen einer großen Gelehrten, weil ich ihm einige persische Märchen erzähle, die, wie ich merke, wirklich persisch sind. Anfangs glaubte er, ich verstände diese Sprache. Ich habe oft Streit mit ihm über den Unterschied unserer Sitten, besonders die Einschließung der Weiber. Er versichert mir, daß das gar nichts zu bedeuten habe, nur, sagt, er, haben sie den Vorteil, daß wenn ihre Weiber sie betrügen, es niemand weiß. Er hat Witz und ist höflicher und gesitteter als mancher vornehme Christ. Er unterhält mich sehr gut. Aus Neugierde ließ er sich von einem unserer Bedienten ein Alphabet vorschreiben und schreibt jetzt schon eine gute lateinische Handschrift. Allein all dieser Zeitvertreib hindert nicht, daß ich mich recht herzlich von diesem Ort wegwünsche, obschon das Wetter kälter ist als ich glaube, daß es jemals irgendwo war, Grönland ausgenommen. Wir haben einen großen Ofen, der beständig geheizt wird, und doch sind die Fenster inwendig im Zimmer gefroren. Gott weiß, wann ich Gelegenheit haben werde, diesen Brief abzusenden; allein ich habe ihn geschrieben, mein eigenes Gewissen zu erleichtern, und Sie können mir nun nicht mehr vorwerfen, daß ein Brief der Ihrigen zehn von den meinigen ausmacht. Leben Sie wohl.

IN ADRIANOPEL

An Ihre königliche Hoheit,
die Prinzessin von Wales[26]

Adrianopel, den 1. April 1717

Ich habe nun, Madame, eine Reise beendet, die seit der Zeit der griechischen Kaiser kein Christ unternommen hat, und ich werde alle meine ausgestandenen Beschwerlichkeiten nicht bereuen, wenn sie mir Gelegenheit verschaffen, Eure Königliche Hoheit angenehm mit Nachrichten von Orten zu unterhalten, die unter uns gänzlich unbekannt sind, weil die kaiserlichen Gesandten und die wenigen Engländer, die hierhergekommen sind, immer die Donau bis Nicopolis herunterfuhren. Allein dieser Fluß war jetzt zugefroren, und Herr Wortley hatte so viel Eifer für den Dienst Seiner Majestät, daß er diese Bequemlichkeit nicht abwarten und dadurch seine Reise verzögern wollte. Wir reisten quer durch die Einöden von Serbien, die fast ganz mit Wäldern bewachsen sind, obschon das Land von Natur fruchtbar ist. Die Einwohner sind arbeitsam, allein die Unterdrückung der Bauern ist so groß, daß sie gezwungen sind, Haus und Pflug zu verlassen, weil ihre ganze Habe den Janitscharen zur Beute wird, sobald es diesen gefällt, sie wegzunehmen. Wir hatten eine Wache von fünfhundert von ihnen, und fast jeden Tag kostete es mich Tränen, ihrem Mutwillen in den armseligen Dörfern, durch welche wir kamen, zuzusehen. Nach einer Reise von sieben Tagen durch dichte Wälder kamen wir nach Nisch, vormals die Hauptstadt von Serbien, die in einer schönen Ebene an der Nissava liegt. Die Luft ist hier gesund und der Boden so fruchtbar, daß der Überfluß kaum glaublich ist. Man versicherte mir, die letzte Weinlese sei so reich gewesen, daß die Bauern aus Mangel an Gefäßen gezwungen gewesen sind, Löcher in die Erde zu graben, um den Wein aufzuheben. Doch das unterdrückte Volk schmeckt das Glück dieses Überflusses nicht. Hier sah ich neue Gegenstände meines Mitleids. Die Unglücklichen, die uns zwanzig Wagen geliehen hatten, um für ein bestimmtes Geld unser Gepäck von Belgrad hierherzufahren, wurden alle ohne Bezahlung zurückgeschickt. Einige ihrer Pferde waren lahm, andere getötet, ohne daß ihnen der Schaden im geringsten vergütet worden wäre. Die armen Leute umringten das Haus, weinten und rauften sich Haare und Bart, daß es zum Erbarmen war, ohne von den frechen Soldaten etwas anderes als Schläge und Stöße zu erhalten. Ich kann Eurer Königlichen Hoheit nicht sagen, wie sehr mir dieser Auftritt ans Herz ging. Ich hätte ihnen sehr gern das Geld aus meinem eigenen Beutel bezahlt, allein das wäre so gut gewesen, als wenn ich es dem Aga gegeben hätte, denn er würde es den Leuten ohne Gewissensbisse wieder abgenommen haben.

Nach einer Reise von vier Tagen von hier über die Berge kamen wir nach Sophia, das in einer großen, schönen Ebene am Flusse Iska liegt, von entfernten Bergen umgeben. Schwerlich kann man eine angenehmere Landschaft sehen. Die Stadt selbst ist sehr groß und äußerst volkreich, hier gibt es heiße Bäder, die wegen ihrer Heilkraft sehr berühmt sind. Vier Tagereisen von hier aus über die Kette von Hügeln zwischen den Gebirgen Haemus und Rhodope, die allezeit mit Schnee bedeckt sind, kamen wir nach Philippopel. Diese Stadt liegt auf einer Anhöhe nahe dem Flusse Hebrus und ist beinahe ganz von Griechen bewohnt. Hier findet man noch einige alte christliche Kirchen. Sie haben einen Bischof, auch halten sich hier einige der reichsten Griechen auf, die aber gezwungen sind, ihren Reichtum sorgfältig zu verbergen, weil sie dem Anschein der Armut (einschließlich einem Teil seiner Unbequemlichkeiten) ganz allein zu verdanken haben, daß sie die Armut nicht im Ernst fühlen brauchen.

Von hier nach Adrianopel findet man die schönste Gegend der Welt. Der Weinstock wächst wild auf allen Hügeln, und der ewige Frühling hier gibt allem Leben und Blüte. Allein dieser Himmelsstrich, so glücklich er auch scheint, wird doch nie den Vorzug von England mit allem seinem Frost und Schnee verdienen, solange wir mit einer milden Regierung unter einem König beseligt sind, der seine eigene Glückseligkeit in der Freiheit seines Volkes findet und lieber als sein Vater denn als sein Gebieter angesehen sein will. Dieser Gegenstand würde mich sehr weit führen, und ich besorge bereits, Euer Hoheit Geduld ermüdet zu haben. Doch mein Brief ist in Ihren Händen, und Sie können ihn so kurz machen, wie Ihnen beliebt, indem Sie ihn ins Feuer werfen, wenn Sie müde vom Lesen sind.

Ich bin, Madame, mit der größten Ehrfurcht ...

An Lady Rich

Adrianopel, den 1. April 1717

Ich bin jetzt in eine neue Welt getreten, wo alles, was ich sehe, mir wie eine Veränderung des Schauplatzes vorkommt. Und jetzt schreibe ich Ihnen mit einem gewissen Grade von Zufriedenheit, weil ich zum wenigsten hoffe, daß Sie den Reiz der Neuheit in meinen Briefen finden und mir nicht mehr vorwerfen werden, daß ich Ihnen nichts Außerordentliches erzähle. Ich will Ihnen nicht mit der Beschreibung unserer mühseligen und langweiligen Reise beschwerlich fallen, aber das darf ich nicht übergehen, was ich Merkwürdiges zu Sophia, einer der schönsten Städte des türkischen Reiches sah, das wegen seiner heißen Bäder, die sowohl zur Belustigung als zur Gesundheit besucht werden, berühmt ist. Ich hielt mich hier einen Tag auf, bloß in der Absicht, diese Bäder zu sehen, und weil ich inkognito hingehen wollte, mietete ich eine türkische Kutsche. Dieses Fuhrwerk hat nicht die geringste Ähnlichkeit mit den unsrigen, ist aber für dieses Land viel bequemer, weil die große Hitze die Glasscheiben sehr beschwerlich machen würde. Die Kutschen sind meistenteils wie die holländischen Postwagen gebaut, haben hölzerne, bemalte und vergoldete Gitter. Das Innere ist gleichfalls mit Blumenkörben und Sträußen bemalt, unter die gewöhnlich kleine poetische Mottos eingestreut sind. Sie sind ganz mit Scharlachtuch bedeckt, das mit Seide gefüttert und oft reich bestickt und mit Fransen behangen ist. Diese Decke verbirgt die darin sitzenden Personen ganz, kann aber nach Gefallen zurückgeschlagen werden, so daß das Frauenzimmer die Freiheit hat, durch das Gitter zu gucken. Vier Personen können darin bequem auf Kissen sitzen, aber nicht stehen.

In einem von diesen bedeckten Wagen fuhr ich um 10 Uhr ins Bad; es war schon voller Frauenzimmer. Es ist aus Stein, nach Art eines Doms, ohne Fenster, außer einem an der Decke, das Licht genug gibt. Fünf dieser

Bild zu Seite 106: Paß im Balkan

Kuppelbauten sind aneinandergefügt, der äußerste ist der kleinste und dient nur als Halle, wo die Pförtnerinnen vor der Tür stehen. Vornehme geben gewöhnlich dieser Frau eine Krone oder zehn Schillinge, welches Zeremoniell ich auch nicht vergaß. Der nächste Raum ist sehr groß, mit Marmor gepflastert und hat rund herum an der Mauer zwei erhöhte marmorne Sofas, eins über dem anderen. In diesem Raum waren vier Brunnen mit kaltem Wasser, das zuerst in marmorne Becken fiel und dann auf den Boden in kleine, dafür gemachte Rinnen floß, die den Strom in den nächsten Raum führten. Dieser war kleiner, hatte dieselbe Art Sofa, war aber so heiß von den Schwefeldämpfen, die aus den anstoßenden Bädern steigen, daß man es unmöglich in Kleidern darin aushalten konnte. Die zwei anderen Kuppelbauten sind die heißen Bäder; in eines davon läuft kaltes Wasser, womit die Badenden durch Öffnen eines Hahns die Wärme nach Belieben mäßigen können.

Ich war in meinem Reisekleid, welches ein Reitkleid ist und den Frauen gewiß höchst wunderlich vorkam. Doch war nicht eine einzige da, die die geringste Verwunderung oder unverschämte Neugierde blicken ließ, sondern jede empfing mich mit der verbindlichsten Höflichkeit. Ich kenne keinen europäischen Hof, wo die Damen sich gegen eine solche Fremde so höflich und gesittet betragen haben würden. Ich glaube, es waren in allem zweihundert Frauenzimmer, und doch sah ich nichts von jenem höhnischen Lächeln und durchhechelnden Geflüster, das in unseren Gesellschaften nie ausbleibt, wenn jemand erscheint, der nicht genau nach der Mode gekleidet ist. Sie wiederholten ein über das andere Mal mir gegenüber: guzél, pek guzél, das nichts heißt als: reizend, sehr reizend. Die

Bild zu Seite 109: Das Innere der Moschee Achmed I.

niedrigen Sofas waren mit Kissen und reichen Teppichen bedeckt, auf welchen die Damen saßen. Die erhöhten Sofas hinter ihnen sind für ihre Sklavinnen, doch alle ohne Unterschied des Ranges in ihrer Kleidung, alle waren im Stande der Natur, das heißt in klaren Worten mutternackend, keine Schönheit, keine Ungestalt verdeckt. Und doch sah ich nicht das geringste üppige Lächeln oder eine ungesittete Stellung. Sie bewegten sich, sie wandelten mit eben der majestätischen Anmut, die Milton[27] unser aller Stammutter beilegt. Viele waren mit solchem Ebenmaß gebaut, wie je eine Göttin durch den Pinsel eines Guido [Reni] oder Tizian gemalt worden ist. Die meisten mit blendend weißer Haut, von nichts als ihren schönen Haaren geziert, die in viele Zöpfe zerteilt über ihre Schultern herunterhingen und entweder mit Perlen oder mit Bändern durchflochten waren, vollkommene Bilder der Grazien.

Hier ward ich von der Wahrheit einer Beobachtung überzeugt, die ich oft gemacht habe: daß, wenn es Mode wäre, nackend zu gehen, man schwerlich auf das Gesicht achten würde. Ich bemerkte, daß die Damen mit der zartesten Haut und schönsten Leibesgestalt auch den größten Anteil an meiner Bewunderung hatten, obschon ihre Gesichter bisweilen weniger schön waren als die ihrer Gesellschafterinnen. Um Ihnen die Wahrheit zu gestehen, war ich boshaft genug, im geheimen zu wünschen, daß Mr. Jervas[28] hier unsichtbar zugegen sein könnte. Es würde, bilde ich mir ein, seiner Kunst sehr förderlich gewesen sein, so viele schöne, nackte Weibsbilder in verschiedenen Stellungen zu sehen, einige im Gespräch, einige bei der Arbeit, wieder andere Kaffee oder Sorbet trinkend und viele nachlässig auf Kissen hingestreckt, während ihre Sklavinnen (im allgemeinen reizende Mädchen von siebzehn oder achtzehn Jahren) sich beschäftigen, ihre Haare phantasiereich und zierlich zu flechten. Kurz, dies ist der Frauenzimmer Kaffeehaus, wo alle Stadtneuigkeiten erzählt, Verleumdungen ersonnen werden usf. Sie machen sich diesen Zeitvertreib gewöhnlich einmal in der Woche und bleiben zum wenigsten vier oder fünf Stunden beisammen, ohne sich zu erkälten, wenn sie plötzlich aus dem heißen Bad in den kühlen Raum treten, was mich in Erstaunen setzte.

Die Dame, die mir die vornehmste schien, forderte mich auf, mich neben sie zu setzen, und hätte mich gerne zum Baden entkleidet. Es fiel mir schwer, mich zu entschuldigen, denn ihr Zureden war so ernsthaft, daß ich mich endlich gezwungen sah, mein Kleid zu öffnen und ihnen meine Schnürbrust zu zeigen, womit sie vollkommen zufrieden waren. Ich bemerkte, sie glaubten, daß ich in diese Maschine eingeschlossen wäre und es nicht in meiner Gewalt hatte, sie zu öffnen, welche listige Erfindung sie meinem Gemahl zuschrieben. Ihre Höflichkeit und Schönheit hatten mich ganz bezaubert, und ich würde mit Freuden länger bei ihnen geblieben sein, allein Herr Wortley war entschlossen, seine Reise früh fortzusetzen. Ich eilte also, noch die Trümmer von Justinians Kirche zu sehen, die mir keinen so angenehmen Anblick verschaffte wie den, welchen ich verlassen hatte, denn sie ist wenig mehr als ein Steinhaufen.

Leben Sie wohl, Madame. Jetzt habe ich Sie sicherlich mit einem Gegenstand unterhalten, den Sie in Ihrem Leben nicht gesehen haben und wovon Sie keine Reisebeschreibung unterrichten kann, weil der Tod darauf steht, wenn eine Mannsperson sich an einem solchen Ort antreffen läßt.

An Abbé Conti

Adrianopel, den 1. April 1717

Sie sehen, daß ich sehr genau das Versprechen halte, das Sie mir abgenötigt haben, indessen weiß ich nicht, ob ich Ihre Neugierde durch meine Erzählungen werde befriedigen können, obschon ich Ihnen versichern kann, daß mein Eifer, Ihnen soviel ich kann zu Diensten zu sein, mich recht fleißig in meinem Forschen und Beobachten gemacht hat. Gewiß haben wir nur sehr unvollkommene Nachrichten von den Sitten und der Religion dieses Volkes, weil diese Weltgegend selten von anderen als Kaufleuten besucht wird, die sich meistens nur um ihre eigenen Geschäfte kümmern, oder von Reisenden, deren Aufenthalt zu kurz ist, als daß sie aus eigener Kenntnis etwas genau berichten könnten. Die Türken sind zu stolz, sich mit Kaufleuten vertraulich einzulassen, die nichts als einige verwirrende Nachrichten aufsammeln können, die meistens falsch sind und keine bessere Darstellung der hiesigen Sitten geben können, als wenn ein französischer Religionsflüchtling aus seinem Kämmerchen unterm Dach in Greek Street den englischen Hof beschreiben sollte.

Die Reise von Belgrad hierher kann möglicherweise nur von einem Gesandten gemacht werden. Serbiens unbewohnte Wälder dienen den Räubern als allgemeine Zuflucht, Banden, fünfzig Mann stark, gehen auf Raub aus, so daß wir unsere ganze Wache zu unserem Schutz nötig hatten. Dabei sind die Dörfer so arm, daß nur durch Zwang die nötigen Lebensmittel erpreßt werden können. Wirklich hatten die Janitscharen kein Mitleid mit der Armut, sie töteten alles, was sie an Federvieh und Schafen fanden, ohne nach dem Eigentümer zu fragen. Diese Unglücklichen durften ihr Recht nicht vorbringen aus

Furcht, geprügelt zu werden. Eben geworfene Lämmer, Gänse, welsche Leghennen, alles ward ohne Unterschied gewürgt. Mich deuchte, ich hörte Melibäus' Klagen über den Untergang seiner Herde. Noch weit ärger ist es, wenn die Paschas reisen. Diese Unterdrücker begnügen sich nicht damit, alles aufzuzehren, was den Bauern gehört und sich verzehren läßt, sondern, nachdem sie sich und ihr zahlreiches Gefolge vollgestopft, haben sie noch die Unverschämtheit, das sogenannte Zahngeld einzutreiben, einen Beitrag für den Gebrauch ihrer Zähne, die sie abgenutzt haben, indem sie den Bauern die Ehre taten, ihre Speisen zu verschlingen. Dies ist im genauen, buchstäblichen Sinne wahr, so ausschweifend es auch scheinen mag. So weit geht die natürliche Verderbnis einer militärischen Regierung, denn ihre Religion erlaubt diese Barbarei so wenig wie die unsrige.

Ich hatte zu Belgrad den Vorteil, bei einem der vornehmsten Efendis, das ist einem Gelehrten, zu wohnen. Diese Art Leute können sowohl in zivilem als in geistlichem Stande befördert werden, weil diese Wissenschaften miteinander verbunden sind und das Wort Efendi zugleich einen Rechtsgelehrten und Priester bedeutet. Dies sind die einzigen wirklich wichtigen Männer im Reich, denn sie haben alle einträglichen Ämter und Kircheneinkünfte in Händen. Der Großherr, obschon er der allgemeine Erbe seines Volkes ist, untersteht sich nie, ihre Ländereien oder ihr Geld zu berühren, die in ununterbrochener Erbfolge auf ihre Kinder übergehen. Sie verlieren zwar dieses Vorrecht, wenn sie ein Amt bei Hofe oder den Paschatitel annehmen, allein von dergleichen Narren hat man wenig Beispiele. Sie können sich leicht eine Vorstellung von der Macht dieser Leute machen, die alle Gelehrsamkeit und fast alle Reichtümer dieses Landes an sich gebracht haben. Dies sind die wirklichen Urheber, obschon die Soldaten die Vollzieher der Staatsveränderungen sind. Sie setzten den verstorbenen Sultan Mustapha ab, und ihre Macht ist so allgemein anerkannt, daß es des Kaisers Vorteil ist, ihnen zu schmeicheln.

Dies ist eine lange Abschweifung. Ich wollte Ihnen eben sagen, daß ein täglicher, vertraulicher Umgang mit dem Efendi Achmed Bei mir Gelegenheit verschaffte, mich mit der Religion und den Sitten dieses Volkes besser bekannt zu machen, als es vielleicht je einem Christen gelungen ist. Ich erklärte ihm den Unterschied zwischen der Religion von England und Rom, es war ihm lieb, zu hören, daß es Christen gäbe, die keine Bilder verehrten, noch die Jungfrau Maria anbeteten. Das Lächerliche bei der Verwandlung [in der Messe] war ihm sehr auffallend. Nachdem wir unsere Glaubensbekenntnisse gegeneinander gehalten, bin ich überzeugt, daß, wenn unser Freund, der Doktor ..., die Freiheit hätte, hier zu predigen, er die meisten sehr leicht zum Christentum überreden würde, weil ihre Begriffe sehr wenig von den seinigen verschieden sind. Mr. Whiston[29] würde hier einen sehr guten Apostel vorstellen. Es wird ohne Zweifel seinen Eifer anfeuern, wenn Sie ihm diese Nachricht mitteilen; aber sagen Sie ihm, daß er zuvor die Gabe der Zungen haben müsse, ehe er möglicherweise Nutzen stiften kann.

Der Mohammedanismus ist in ebensoviele Sekten zerteilt wie das Christentum, und die ersten Lehren sind ebensosehr außer acht gelassen und durch Auslegungen verdunkelt. Hier kann ich mich nicht enthalten, die natürliche Neigung der Menschen, Geheimnisse und Neuigkeiten zu schmieden, anzumerken. Die Zeidi, Kudi, Jabari usw. erinnern mich an die Katholiken, Lutheraner und Kalvinisten, sie eifern ebensosehr widereinander. Allein, wenn man in das Geheimnis der Efendis eindringt, dann findet man, daß die herrschende Lehre offenbarer Deismus ist. Man verbirgt dies in der Tat vor dem Volke, das mit tausend verschiedenen Vorstellungen unterhalten wird, je nachdem es ihre Prediger ihrem Vorteil angemessen finden. Es gibt sehr wenige unter ihnen (Achmed behauptet, es gäbe gar keine), die so abgeschmackt wären, durch Gottesleugnung für geistvoll gelten zu wollen. Und Sir Paul Rycaut[30] betrügt sich wie gewöhnlich, wenn er die Sekte der Muterin (das heißt: das Geheimnis bei uns) Gottesleugner nennt, weil sie Deisten sind, deren Gottlosigkeit darin besteht, daß sie ihres Propheten spotten. Achmed gestand mir zwar nicht, daß er auch dieser Meinung war, er hatte aber in einigen Punkten keine Bedenken, von dem Gesetze Mohammeds abzuweichen, indem er ebenso unbefangen Wein trank wie wir. Als ich ihn fragte, warum er sich diese Freiheit erlaube, gab er mir zur Antwort, daß alle Schöpfungen Gottes gut und zum Gebrauche des Menschen bestimmt seien. Das Verbot des Weines wäre im Hinblick auf das gewöhnliche Volk ein sehr weiser Grundsatz, da der Wein bei dem zur Quelle aller Unordnung werden würde; aber der Prophet habe nie die Absicht gehabt, ihn denen zu verbieten, die ihn mit Mäßigung zu gebrauchen wüßten. Nichtsdestoweniger, fuhr er fort, muß alles Ärgernis vermieden werden, und deswegen trinke er nie öffentlich. So denken sie alle, und nur wenige, die Wein bezahlen können, enthalten sich desselben. Er versicherte mir, wenn ich arabisch verstünde, würde ich viel Vergnügen am Koran finden, der von dem Unsinn, den wir ihm beilegen, so weit entfernt ist, daß er vielmehr die reinste Sittenlehre, in der besten Sprache vorgetragen, enthält. Ich habe seitdem unparteiische Christen ebenso darüber urteilen hören, und ich zweifle gar nicht, daß alle unsere Übersetzungen nach den Abschriften griechischer Priester gemacht sind, die sich gewiß immer angelegen sein ließen, ihn mit der äußersten Bosheit zu verfälschen. Keine Menschenklasse war je unwissender und verderbter, und doch weichen sie so wenig von der römischen Kirche ab, daß mir wahrlich nichts einen größeren Abscheu vor der Grausamkeit Ihrer Geistlichkeit gibt, als die barbarische Verfolgung der griechischen Priester, sobald die römische Kirche ihnen überlegen war, und das aus keinem anderen Beweggrund, als daß sie den Papst nicht anerkannten. Die Abweichung von diesem einzigen Artikel hat ihnen die Namen Ketzer und Schismatiker erworben und, was noch schlimmer ist, man begegnet ihnen auch so. In Philippopel fand ich eine Sekte Christen, die sich Pauliner nennen. Sie zeigen eine alte Kirche, in welcher nach ihrer Überlieferung der heilige Paulus gepredigt hat; er ist auch ihr Lieblingsheiliger, gerade wie Petrus zu Rom, und sie vergessen auch nicht, ihm den gleichen Vorrang vor den übrigen Aposteln zu geben.

Von allen Religionsgesellschaften aber, die ich gesehen habe, scheint mir die der Arnauten die sonderbarste, sie stammen aus dem alten Mazedonien und haben noch immer die Herzhaftigkeit und Leibesstärke der Mazedonier, obschon sie ihren Namen verloren haben. Diese sind die besten Truppen des türkischen Reiches und bilden den einzigen Zaum der Janitscharen. Sie dienen zu Fuß, wir hatten eine Bedeckung von ihnen, die in jeder größeren Stadt durch eine andere abgelöst wurde. Sie kleiden und bewaffnen sich alle auf eigene Kosten. Ihre Kleider sind aus sauberem, grobem, weißem Tuch, ihre Flinten von ungeheurer Länge, sie laufen mit ihnen auf den Schultern, als fühlten sie das Gewicht nicht, während ihr Anführer in einem rauhen, nicht eben unangenehmem Ton singt und die übrigen als Chorus einfallen. Da dieses Volk zwischen Christen und Mohammedanern lebt und sich nicht auf Streitfragen versteht, erklärt es sich für gänzlich unfähig, zu entscheiden, welche Religion die beste sei, um aber sicher zu sein, die Wahrheit nicht zu verwerfen, folgen sie sehr weislich beiden Religionen, am Freitag gehen sie in die Moschee und am Sonntag in die Kirche, und sagen zu ihrer Entschuldigung, daß sie sich dadurch am Gerichtstag den Schutz des wahren Propheten sicherten. Wer aber dieser sei, könnten sie in dieser Welt nicht entscheiden. Ich glaube nicht, daß noch ein anderes Menschengeschlecht lebt, das eine so bescheidene Meinung von seinen eigenen Fähigkeiten hat.

Dies sind die Bemerkungen, die ich über die Verschiedenheit der mir bekannten Religionen gemacht habe. Ich bitte Sie nicht um Verzeihung für die Freimütigkeit, mit der ich von der römischen geredet habe. Ich weiß, Sie verwerfen die Marktschreierei in allen Kirchen ebensosehr, wie Sie die geheiligten Wahrheiten verehren, in welchen wir beide übereinstimmen.

Sie werden erwarten, daß ich Ihnen von den Altertümern dieses Landes etwas sage, allein es finden sich wenig Überbleibsel von dem alten Griechenland. Wir kamen nahe an einem Stück von einem Schwibbogen vorbei, den man allgemein Trajans Pforte nennt in der Vermutung, daß ihn dieser Kaiser gebaut, um den Durchgang über die Berge zwischen Sophia und Philippopel zu sperren. Ich halte es aber eher für die Überreste eines alten Triumphbogens, obschon ich keine Inschrift finden konnte; denn wenn auch dieser Durchgang dadurch gesperrt worden wäre, so gibt es doch viele andere, die zum Durchmarsch einer Armee hätten dienen können; und ungeachtet der Geschichte des Grafen Balduin von Flandern[31], der in diesen Engen nach seiner Eroberung von Konstantinopel geschlagen ward, kann ich mir doch nicht vorstellen, daß sich Deutsche heutzutage dadurch würden aufhalten lassen. Es ist wahr, die Heerstraße ist jetzt mit großem Fleiß für den Durchzug des türkischen Heeres so bequem wie möglich gemacht, nicht ein Graben, nicht eine Pfütze zwischen hier und Belgrad, die nicht eine starke, von Dielen gebaute Brücke haben, aber die Abgründe sind lange nicht so schrecklich, wie man sie mir beschrieben hat.

In diesen Bergen lagen wir eine Nacht in dem kleinen Dorf Kiskoi, das ganz von Christen bewohnt ist, wie überhaupt alle Bauern von Bulgarien Christen sind. Ihre Häuser sind nur kleine Hütten aus Lehm, der in der Sonne getrocknet ist. Einige Monate vor der Ankunft einer türkischen Armee verlassen sie das Dorf und fliehen in die Gebirge, weil sie sonst durch das Wegtreiben ihrer Herden gänzlich zugrunde gerichtet würden. Diese Vorsicht sichert ihnen eine Art von Reichtum, denn es liegen solch ungeheure Strecken Landes ungenutzt, daß sie nach Belieben säen können, was und wo sie wollen. Sie sind überhaupt fleißige Landwirte. Ich trank hier verschiedene köstliche Weine. Die Weibsleute zieren sich hier sehr mannigfaltig mit bunten Glaskügelchen und sind nicht häßlich, aber doch von schwarzbrauner Gesichtsfarbe.

Jetzt habe ich Ihnen alles erzählt, was meine Reise

angeht, und vielleicht noch mehr. Zu Konstantinopel will ich versuchen, Seltenheiten zu sammeln, und dann sollen Sie weiter hören von Ihrer ...

An Gräfin Bristol

Adrianopel, den 1. April 1717

Ich kann nie den geringsten von Euer Gnaden Befehlen außer acht lassen. Es war also hier mein erstes Geschäft, nach dem Stoff zu fragen, den Sie von mir verlangen, allein ich habe nichts finden können, das Ihnen gefallen würde. Der Unterschied der Kleidung zwischen hier und London ist so groß, daß der gleiche Stoff nicht für Kaftane und Mäntel geeignet ist. Doch werde ich meine Nachforschungen nicht aufgeben, sondern sie zu Konstantinopel erneuern, obschon ich keine Ursache habe, dort etwas Schöneres zu vermuten, weil sich der Hof jetzt hier aufhält.

Einige Tage vor meiner Ankunft ward hier des Großsultans älteste Tochter vermählt, und bei solcher Gelegenheit kramen die türkischen Damen ihre ganze Pracht aus. Die Braut ward mit dem glänzendsten Gepränge nach ihres Gemahls Haus geführt. Sie ist die Witwe des verstorbenen Wesirs, der vor Peterwardein umkam. Man kann es freilich eher einen Vertrag als eine Ehe nennen, weil sie nie mit ihm gelebt hat, und doch behält sie den größten Teil seiner Schätze. Er genoß die Erlaubnis, sie im Serail zu besuchen, und hatte als einer der schönsten Männer im Reiche sie sehr für sich eingenommen. Als sie den zweiten Ehemann sah, der mindestens fünfzig Jahre alt ist, brach sie in eine Flut von Tränen aus. Er ist wirklich ein Mann von Verdienst und ein erklärter Günstling des Sultans (hier mosayp genannt), aber das alles langt nicht, ihn in den Augen eines Mädchens von dreizehn Jahren angenehm zu machen.

Die Regierung hier hängt gänzlich von der Armee ab. Der Großsultan mit aller seiner Macht ist ebensosehr Sklave wie der geringste seiner Untertanen und zittert bei dem Stirnrunzeln eines Janitscharen. Wirklich ist dem Scheine nach die Unterwürfigkeit hier viel größer als bei uns, man spricht mit keinem Staatsminister anders als kniend. Eine Bemerkung über sein Verhalten im Kaffeehause (sie halten hier überall Spione) würde bewirken, daß das Haus bis auf den Grund geschleift und vielleicht die ganze Gesellschaft gefoltert würde. Keine Hetze des Pöbels, keine unsinnige Schmähschrift, kein politischer Wirtshauszank, keiner von unseren harmlosen Spottnamen, mißfällt aber ein Minister dem Volke, ha! In drei Stunden reißen sie ihn aus dem Arm des Gebieters, hauen ihm Kopf, Hände und Füße ab und werfen ihn mit aller Ehrfurcht vor die Pforten des Palastes, unterdessen der Sultan (den sie alle grenzenlos zu verehren vorgeben) in seinem Zimmer zittert und seinen Günstling weder verteidigen noch rächen kann. Dies ist der glückselige Stand des despotischsten aller Monarchen auf dem Erdboden, der kein Gesetz als seinen Willen kennt!

Ich kann mich nicht enthalten, mit einem der Regierung meines Landes treu ergebenen Herzen den Wunsch zu tun, daß das Parlament eine Schiffsladung jener Verteidiger des leidenden Gehorsams hierher senden möge, damit sie eine eigenmächtige Regierung in ihrem hellsten und stärksten Licht sähen, wo es schwer zu beurteilen ist, ob der Fürst, das Volk oder die Minister am elendesten sind. Ich könnte über diesen Gegenstand noch manche Bemerkungen machen, allein ich weiß, Madame, Ihre eigene Vernunft hat Ihnen bereits bessere als die meinigen angeführt.

Ich ging gestern mit der französischen Botschafterin hin, um den Großsultan auf dem Wege nach der Moschee zu sehen. Eine zahlreiche Wache von Janitscharen zog voran, alle mit großen weißen Federn auf den Köpfen; diesen folgten die Spahis und Bostandschis (Reiterei und Fußvolk) und die kaiserlichen Gärtner, die ein beträchtliches Korps ausmachen, mannigfaltig in schöne, lebhafte Farben gekleidet, so daß sie aus der Entfernung einem Blumenbeet von Tulpen ähnlich sehen. Nach ihnen kam der Janitscharen Aga in einem purpurfarbenen samtenen Kaftan, mit gewebtem Silber gefüttert, sein Pferd führten zwei reichgekleidete Sklaven. Nach ihm der Kislar Aga (Sie wissen, daß dies der oberste Aufseher der Weiberburg, des Serail, ist) in einem dunkelgelben Gewand, mit Zobel gefüttert, das seinem schwarzen Gesicht sehr wohl stand. Zuletzt kam seine Hoheit selbst. Sein grünes Kleid war mit schwarzem, moskowitischem Fuchs gefüttert, der auf tausend Pfund Sterling geschätzt wird. Er saß auf einem schönen Pferd, dessen Geschirr mit Juwelen besetzt war. Sechs andere Pferde mit reichem Geschirr wurden ihm nachgeführt, und zwei seiner vornehmsten Höflinge trugen, der eine seinen goldenen, der andere seinen silbernen Kaffeetopf auf einem Stab, ein dritter auf dem Kopf einen silbernen Sessel. Es würde zu langweilig werden, Ihnen die mannigfaltigen Kleidungen und Turbane zu beschreiben, durch welchen sich die Männer im Range voneinander unterscheiden, sie waren alle reich und in lebhafte Farben gekleidet, einige tausend an der Zahl, so daß man sich kaum einen prächtigeren Zug vorstellen kann. Der Sultan schien uns ein schöner Mann von ungefähr vierzig Jahren, er hatte etwas Ernstes in seinen Zügen und dabei große, schwarze Augen. Unter unserem Fenster hielt er zufällig an und (ich glaube, man sagte ihm, wer wir wären) sah uns sehr aufmerksam an, so daß wir alle Muße hatten, ihn zu betrachten.

Die französische Botschafterin war mit mir über das gute Aussehen des Sultans ganz einer Meinung. Ich sehe diese Dame sehr oft, sie ist jung, und ihr Umgang würde mir sehr zustatten kommen, wenn ich sie überreden könnte, alle Förmlichkeiten und Zeremonien abzulegen, welche das Leben nur zwangvoll und ermüdend machen. Aber sie ist in ihre Wachen, ihre vierundzwanzig Bedienten, den Hausmeister und die ganze Aufmachung so verliebt, daß sie lieber sterben als mir einen Besuch ohne dies Gefolge machen würde, ungerechnet eine ganze Kutsche mit Jungfern, Ehrendamen genannt. Am lästigsten ist mir, daß auch ich so auftreten muß, solange sie mich mit dieser verdrießlichen Aufmachung besucht. Doch führt uns unser beiderseitiger Vorteil oft zusammen.

Ich fuhr jüngst mit ihr durch die Stadt. Wir saßen in einem offenen, vergoldeten Wagen, von unserem beiderseitigen Gefolge begleitet. Unsere Wache ging voran, sie mochte wohl das Volk zusammenrufen, um etwas zu sehen, das es nie gesehen hat und vielleicht nie wieder sehen wird, zwei junge christliche Botschafterinnen auf einmal. Sie können sich leicht denken, daß wir eine Menge Zuschauer anlockten, aber alle still wie der Tod. Hätte einer unter ihnen sich die Freiheit unseres Pöbels bei einem so seltenen Anblick herausgenommen, unsere Janitscharen wären ohne Bedenken mit ihren Säbeln über ihn hergefallen, ohne deswegen etwas befürchten zu müssen, weil sie über den Gesetzen stehen. Indessen haben diese

Leute, ich meine die Janitscharen, doch auch einige gute Eigenschaften, sie sind in dem Dienste dessen, dem sie zugeteilt wurden, sehr eifrig und getreu und sehen es als ihre Pflicht an, sich bei jeder Gelegenheit für ihn zu schlagen. Ich hatte hierfür ein sehr drolliges Beispiel in einem Dorf diesseits Philippopel, wo uns unsere Hauswache entgegengekommen war. Ich bestellte zufällig junge Tauben zum Nachtessen, worauf sogleich einer meiner Janitscharen zum Kadi ging (dem ersten Richter des Ortes) und ihm befahl, einige Dutzend zu senden. Der arme Mann antwortete, daß er bereits herumgeschickt, aber keine bekommen habe. Mein Janitschar, in der Hitze seines Eifers, mir zu dienen, schloß ihn auf der Stelle als Gefangenen in sein Zimmer und sagte, daß er den Tod verdient hätte für seine Unverschämtheit, seinen Ungehorsam gegen meine Befehle noch entschuldigen zu wollen. Aber aus Ehrfurcht gegen mich wollte er ihn erst auf meinen Befehl strafen. Demzufolge kam er sehr gravitätisch zu mir und fragte, was mit diesem Kadi angefangen werden sollte, als ein Kompliment fügte er hinzu, daß, wenn es mir beliebte, er mir seinen Kopf bringen wolle. Dies kann Ihnen einigermaßen einen Begriff von der Macht dieser Kerle geben, sie sind alle geschworene Brüder und verpflichtet, das Unrecht, das einem von ihnen zu Groß-Kairo, Aleppo oder sonstwo in der Welt angetan wird, zu rächen. Diese unverletzliche Bindung macht sie so mächtig, daß der größte Mann am Hofe nie anders als in schmeichelndem Ton mit ihnen redet, und in Asien jeder Reiche gezwungen ist, sich unter die Janitscharen aufnehmen zu lassen, um seine Güter zu sichern.

Doch ich habe bereits genug erzählt, und ich möchte

schwören, liebe Madame, daß der Gedanke, möglicherweise vor sechs Monaten nicht wieder einen so langweiligen Brief von mir zu erhalten, nunmehr schon sehr tröstlich für Sie wird, und eben dieser Gedanke gab mir die Kühnheit, Sie so lange zu unterhalten, und wird, wie ich hoffe, mir auch zur Entschuldigung dienen.

An Gräfin Mar

Adrianopel, den 1. April 1717

Wollte Gott, liebe Schwester, Sie gäben mir ebenso regelmäßig Nachricht von dem, was auf Ihrer Seite der Erdkugel vor sich geht, wie ich alle Sorgfalt aufwende, Sie mit dem zu unterhalten, was ich hier finde und Ihrer Aufmerksamkeit für wert halte. Sie begnügen sich, mir ein über das andere Mal zu sagen, daß die Stadt sehr wenig Unterhaltung verschafft; vielleicht gibt sie Ihnen nicht alle Tage etwas Neues, ist also nur für Sie nicht unterhaltend, für mich aber, die ich noch für zwei Monate rückständige Nachrichten erwarte, würde alles, was Ihnen alt und abgenutzt vorkommt, sehr frisch und angenehm sein. Seien Sie etwas ausführlicher, und ich will versuchen, Ihre Dankbarkeit dadurch rege zu machen, daß ich Ihnen vollständige und wahre Nachricht von allen hiesigen Neuigkeiten gebe, wovon Sie keine mehr überraschen würde als der Anblick meiner eigenen Person, so, wie ich jetzt türkisch gekleidet bin, obschon ich glaube, Sie würden meiner Meinung sein, daß es mir vortrefflich steht. Ich will Ihnen mein Bildnis schicken, unterdessen nehmen Sie mit der Beschreibung vorlieb.

Das Hauptstück meiner Kleidung sind ein Paar sehr weite Hosen, die bis auf meine Schuhe reichen und die

Bild zu Seite 114: Awrel Bazar oder der Frauenmarkt

Schenkel auf eine sittsamere Art verbergen als unsere Weiberröcke. Sie sind aus dünnem, rosenfarbigem Damast, mit silbernen Blumen bestickt. Meine Schuhe sind aus weißem, mit Gold besticktem Bocksleder. Darüber hängt ein Hemd aus schöner, weißseidener Gaze mit gestickten Säumen. Dieses Hemd hat weite Ärmel, die bis über den Ellenbogen reichen, am Halse schließt es ein diamantner Knopf, aber Gestalt und Farbe des Busens lassen sich sehr wohl darunter erkennen. Darüber trägt man das Antery, eine Art Kamisol, enganliegend, aus weißem, mit Gold durchwirktem Damast mit sehr langen, zurückfallenden Ärmeln. Es ist mit schweren goldenen Fransen und gewöhnlich mit Diamant- oder Perlenknöpfen besetzt. Mein Kaftan ist aus dem gleichen Stoff wie meine Hosen. Er ist ein Kleidungsstück, das mir besonders gut steht, bis auf die Füße reicht und sehr lange, gerade herunterfallende Ärmel hat. Hierüber geht mein Gürtel, ungefähr vier Finger breit, welchen alle, die reich genug sind, mit Diamanten und anderen Edelsteinen besetzt tragen. Die, welche es sich nicht so viel kosten lassen wollen, haben ihn von auserlesenem Stickwerk auf Atlas, vorne muß er immer mit einer diamantenen Schnalle geschlossen werden. Das Kurdi ist eine weite Robe, die sie je nach der Witterung weglassen oder anziehen, aus reichem Brokat (meines ist grün mit Gold durchwirkt), entweder mit Hermelin oder Zobel gefüttert. Der Kopfputz besteht aus einer Kappe, die sie Talpack nennen, im Winter ist sie aus schönem Samt, mit Perlen oder Diamanten besetzt, und im Sommer aus leichtem, glänzendem Silberstoff. Sie wird schräg auf die eine Seite des Kopfes gesetzt, eine goldene Quaste hängt etwas herunter, das Ganze wird mit einem Diamantenreif (wie ich verschiedene ge-

Bild zu Seite 122: Leanders Turm im Bosporus
Eine Fackel auf dem Turm wies einst Leander den Weg, wenn er über den Meeresarm zu Hero schwamm

sehen habe) oder mit einem reich bestickten Tuch befestigt. Auf der anderen Seite des Kopfes liegt das Haar glatt an, und hier haben die Damen Gelegenheit, ihre Erfindungskunst zu zeigen; einige besetzen es mit Blumen, andere mit einem Busch von Reiherfedern, kurz jede, wie es ihr gefällt. Meist wird ein großer Strauß aus Juwelen getragen, die natürlichen Blumen gleichen: die Knospen aus Perlen, die Rosen aus vielfarbigen Rubinen, die Jasminblüten aus Diamanten, die Jonquillen aus Topasen usf., alles so wohl gefaßt und emailliert, daß man sich nichts Schöneres von der Art vorstellen kann. Das Haar hängt hinten in Zöpfen herunter, die mit Perlen und Bändern durchflochten sind.

Ich sah in meinem Leben nicht so schönes Kopfhaar; an einer Dame habe ich hundertundzehn geflochtene Zöpfe gezählt, die alle ihr eigenes natürliches Haar waren. Man muß gestehen, daß jede Art Schönheit hier allgemeiner ist als bei uns. Ein junges Frauenzimmer, das nicht sehr schön ist, ist hier etwas sehr seltenes. Sie haben von Natur die schönste Gesichtsfarbe und große, schwarze Augen. Ich kann Ihnen mit aller Aufrichtigkeit versichern, daß der englische Hof (obschon ich ihn für den schönsten der Christenheit halte) nicht so viele Schönheiten zählt, wie hier unter unserem Schutze stehen. Sie formen gewöhnlich ihre Augenbrauen, und Griechinnen wie Türkinnen haben die Gewohnheit, ihre Augen rundum mit einer schwarzen Farbe zu bemalen, was sie in der Entfernung oder bei Licht noch viel dunkler macht. Manche unserer Damen würden sich gewiß sehr über den Besitz dieses Geheimnisses freuen, allein bei Tag merkt man es zu sehr. Sie färben hier ihre Fingernägel rosenrot, ich muß aber gestehen, daß ich mich nicht genug an diese Mode gewöhnen kann, um etwas Schönes daran zu finden.

Was ihre Sitten oder ihr gutes Betragen betrifft, so kann ich mit Harlekin sagen: Es geht hier geradeso zu wie bei Euch, und die Türkinnen begehen darum keine Sünde weniger, weil sie keine Christinnen sind. Jetzt, da ich zum Teil mit ihren Sitten bekannt bin, muß ich die exemplarische Bescheidenheit oder vielmehr die äußerste Dummheit aller Schriftsteller bewundern, die uns Nachrichten von den türkischen Frauen gegeben haben. Es ist sehr leicht zu sehen, daß sie wirklich mehr Freiheit als wir haben. Keinem Frauenzimmer, von welchem Range sie auch sei, ist erlaubt, ohne zwei Musselinschleier über die Gasse zu gehen, einer, der das ganze Gesicht, die Augen ausgenommen, bedeckt, und ein anderer, der den ganzen Kopfputz verbirgt und bis auf den halben Rücken herunterhängt. Ihre Gestalt wird auch gänzlich unter der sogenannten Feridji verborgen, ohne die keine Frau sich sehen läßt. Dieses Kleid hat enge Ärmel, die bis an die Spitze der Finger reichen, und hüllt alles von ihr ein wie ein Reitmantel. Im Winter ist es aus Tuch, im Sommer aus leichtem Stoff oder Seide. Sie können sich vorstellen, wie gut die Frauen hierdurch vermummt werden, so daß die vornehme Dame nicht mehr von ihrer Sklavin zu unterscheiden ist. Es ist dem eifersüchtigsten Ehemann nicht möglich, seine Frau zu erkennen, wenn er sie trifft, und niemand darf auf der Straße ein Frauenzimmer anrühren oder ihr folgen. Diese ewige Mummerei gibt ihnen völlige Freiheit, ihrer Neigung ohne Gefahr der Entdeckung zu folgen. Der gewöhnliche Gang einer Intrige ist, daß die Dame ihrem Liebhaber eine Zusammenkunft zu einer bestimmten Zeit in dem Laden eines

Juden ankündigt. Diese Läden sind bekanntlich ebenso bequem für diesen Zweck wie unsere indischen Warenhäuser. Doch tragen auch andere, die nicht zu solchem Zweck in diese Läden kommen, kein Bedenken, dorthin zu gehen, Kleinigkeiten zu kaufen und reiche Waren durchzuwühlen, die hauptsächlich bei den Juden zu finden sind. Große Damen geben sich ihren Liebhabern selten zu erkennen, ja es ist für diese selbst dann schwer, ihren Namen zu erraten, wenn das Verhältnis ein halbes Jahr und länger dauert.

Sie werden sich leicht denken können, daß die Zahl getreuer Weiber sehr gering in einem Lande sein muß, wo nichts von der Schwatzhaftigkeit eines Liebhabers zu befürchten ist, während wir bei uns so manche sehen, die den Mut haben, sich den Strafen dieser Welt und allen angedrohten in der zukünftigen auszusetzen, was den türkischen Mädchen nie gepredigt wird. Auch haben sie wenig von der Rache ihrer Ehemänner zu besorgen, weil reiche Damen ihre ganze Barschaft in eigenen Händen haben. Überhaupt betrachte ich das türkische Frauenzimmer als das einzig freie Volk im Reiche; sogar der Diwan (Regierung) begegnet ihnen ehrerbietig, und der Großherr selbst entheiligt, wenn er einen Pascha hinrichten läßt, nie die Vorrechte des Harems, der undurchsucht ganz der Witwe bleibt. Sie sind Königinnen ihrer Sklavinnen, die der Mann nicht einmal ansehen darf, es sei denn eine oder ein paar alte Weiber, die seine Frau auswählt. Es ist wahr, ihr Gesetz erlaubt ihnen vier Weiber, allein man hat kein Beispiel von einem Vornehmen, der sich dieser Freiheit bedient hätte, noch von einer Frau von Stande, die es dulden würde. Ist ein Ehemann unbeständig (wie sich denn dergleichen Dinge zutragen), dann unterhält er seine Geliebte in einem besonderen Hause und besucht sie heimlich, wie er kann, gerade wie bei uns. Unter allen Großen kenne ich hier nur den Defterdar, das ist der Schatzmeister, der sich eine gewisse Zahl Sklavinnen zu seinem eigenen Gebrauch hält (nämlich auf seiner Seite des Hauses, denn eine Sklavin, die einmal einer Dame zur Bedienung gegeben ist, hängt nur von ihrer Gebieterin ab), und man redet von ihm als einem Wollüstling oder, wie wir sagen würden, Hurenhengst; auch will ihn seine Frau nicht sehen, obgleich sie weiter bei ihm wohnt.

Sie sehen also, liebe Schwester, daß die Sitten der Menschen nicht so sehr unterschiedlich sind, wie unsere Reisebeschreiber uns weismachen wollen. Vielleicht würden einige erstaunliche Gebräuche aus meiner eigenen Erfindung mehr belustigen, aber nichts scheint mir angenehmer als die Wahrheit, und Ihnen ist, wie ich glaube, auch nichts willkommener. Ich schließe deshalb mit der Wiederholung der großen Wahrheit, daß ich bin, liebe Schwester, ...

An Mr. Pope

Adrianopel, den 1. April 1717

Gewiß erwarten Sie in diesem Brief etwas recht Neues, nachdem ich eine Reise getan, die seit Jahrhunderten keine Christin unternommen hat. Das Merkwürdigste, was mir begegnete, war, daß ich beinahe mit meinem Wagen in den Hebrus geworfen worden wäre und, wenn ich viel Wert auf den Ruhm legte, den unser Name nach unserem Tode genießt, so würde es mir gewiß sehr leid tun, den romantischen Schluß meines Lebens versäumt zu haben, nach meinem Tode den nämlichen Fluß hinabzuschwimmen, in welchem das musikalische Haupt des Orpheus vor so manchen Jahrhunderten sang:

»Dann aber, dann selbst noch, vom Marmornacken gerissen,
Treibend, das Haupt, im mittelsten Strom und Strudel des Hebrus,
Rief ›Euridice‹ noch mit lallender, stockender Zunge.
Rief entschwindenden Hauchs: ›Ach, arme Euridice!‹ Ringsum
Scholl's ›Euridice‹ nach von des Stromes tönenden Ufern.«[32]

Wer weiß, ob nicht einer Ihrer glänzenden Witzlinge einen Gegenstand gefunden hätte, der viele dichterische Wendungen an die Hand gäbe, und der Welt in einer heroischen Elegie sagen würde, »daß unsere Seelen sich wie unser Schicksal glichen«. Ich verzweifle, von mir jemals so viele schöne Dinge sagen zu hören, wie ein so außerordentlicher Tod veranlaßt haben würde.

Ich schreibe in diesem Augenblick in einem Hause, das am Ufer des Hebrus liegt, der unter meinem Fenster vorbeifließt. Mein Garten ist voll hoher Zypressen, auf deren Zweigen manches Paar getreuer Turteltauben sich vom Morgen bis in die Nacht zärtliche Dinge sagen. Wie natürlich fallen mir in diesem Augenblick Reime wie Liebe und Triebe ein! Und müssen Sie nicht zu meinem Lobe gestehen, daß mehr als gewöhnliche Bescheidenheit dazugehört, den verwünschten Eingebungen der Dichtkunst an einem Orte zu widerstehen, wo die Wirklichkeit, wenigstens einmal, alle Ideen zum Hirtengedicht bietet?

Der Sommer ist in diesem Teil der Welt schon weit vorgerückt, und einige englische Meilen um Adrianopel besteht das ganze Land aus Gärten. Die Gestade des Flusses sind mit Reihen von Fruchtbäumen besetzt, unter welchen die angesehensten Türken sich jeden Abend ergötzen, nicht mit Lustwandeln, denn das gehört nicht zu ihren Vergnügungen, sondern eine Gesellschaft wählt sich einen grünen, dicht beschatteten Platz, breitet dort einen Teppich aus, auf welchem sie sitzen und Kaffee trinken. Gewöhnlich bedient sie ein Sklave, der eine schöne Stimme hat oder ein Instrument spielt. Alle zwanzig Schritt findet man solch kleine Gesellschaft, die auf das Rauschen des Flusses horcht. Diese Art der Erholung ist so allgemein, daß auch die Gärtner sie pflegen, die ich oft mit ihren Kindern an den Ufern sitzen und auf einem ländlichen Instrument spielen sehe, das vollkommen mit der Beschreibung der Fistula der Alten übereinstimmt, denn es besteht aus ungleichen Röhren und hat einen einfachen, aber sehr sanften und angenehmen Ton.

Mr. Addison[33] könnte hier den Versuch anstellen, den er in seinen Reisebeschreibungen erwähnt. Man trifft an den griechischen und römischen Bildsäulen kein einziges Instrument, das man nicht auch in den Händen dieses Volkes fände. Jünglinge belustigen sich insgemein damit, Blumenkränze für ihre Lieblingslämmer zu winden, die ich oft bemalt und mit Blumen geschmückt zu ihren Füßen liegen gesehen, während sie selber sangen oder flöteten. Nicht, daß sie jemals Romane läsen, sondern es sind die uralten Belustigungen hierzulande und diesem Volke ebenso natürlich wie das Knittelspiel und der große Ball unseren britischen Hirten. Das Sanfte und die Wärme der Himmelsgegend gestatten durchaus keine heftigen

Leibesübungen, von denen man hier nie etwas gehört hat, und flößen im Gegenteil Trägheit und Abscheu vor der Arbeit ein, was der große Überfluß an Lebensmitteln auch gestattet. Die Gärtner sind die einzigen glückseligen Landleute in der Türkei. Sie versehen die ganze Stadt mit Früchten und Kräutern und scheinen sehr gemächlich zu leben. Die meisten sind Griechen und haben kleine Häuser in der Mitte ihrer Gärten, wo ihre Weiber und Töchter sich eine Freiheit herausnehmen, die in der Stadt nicht erlaubt ist, ich meine, ohne Schleier zu gehen. Diese Mädchen sind reizend und schön und verbringen ihre Zeit am Webstuhl im Schatten der Bäume.

Theokrit[34] ist mir jetzt kein Romanschreiber mehr, er hat uns bloß ein ungekünsteltes Bild von der Lebensart der Bauern seines Landes gegeben, die, wie ich vermute, alle so beschäftigt waren, wie es die Reichen unter ihnen noch jetzt sind, ehe die Unterdrückung sie in Mangel stürzte. Ich zweifle nicht daran, wäre er ein geborener Brite gewesen, er würde seine Idyllen mit Dreschen und Buttern angefüllt haben, die beide hier völlig unbekannt sind, weil die Frucht durch Ochsen ausgetreten wird und Butter, ich sage es mit Schmerzen, etwas ganz Unerhörtes ist.

Ich lese Ihren Homer hier noch einmal mit unendlichem Vergnügen und finde die Erklärung für manche kleine Stelle, deren Schönheit mir vorher nicht ganz einleuchtete, denn viele Gebräuche und Kleidungsstücke der damaligen Zeit sind hier noch üblich. Ich wundere mich nicht, hier mehr Überbleibsel von einem so entfernten Jahrhundert zu finden wie in irgend einem anderen Lande, weil die Türken sich nicht die Mühe geben, ihre eigenen Sitten einzuführen, wie andere Nationen getan haben, die sich aufgeklärter dünken. Es würde zu langweilig sein, Ihnen alle Stellen anzuzeigen, die mit den heutigen Gewohnheiten übereinstimmen. Allein ich kann Ihnen versichern, daß Prinzessinnen und große Damen ihre Zeit an ihren Webstühlen und mit dem Besticken von Schleiern und Kleidern zubringen, sie sind von einer ebenso zahlreichen Schar von dienenden Mädchen umgeben, wie wir von Andromache und Helena lesen. Das Wehrgehäng des Menelaus gleicht nach der Beschreibung genau dem, welches jetzt die Vornehmen tragen, es schließt vorne mit breiten goldenen Haken und ist rundum reich bestickt. Der schneeweiße Schleier, den Helena übers Antlitz wirft, ist noch immer Mode, und ich sehe nie ein halbes Dutzend alter Paschas (wie ich es oft ehe) mit ihren ehrwürdigen Bärten sitzen und sich sonnen, ohne mich des guten Königs Priam und seiner Räte zu erinnern. Die Art zu tanzen ist gewiß noch die nämliche, wie die der Diana in dem Gesang von ihrem Tanz am Ufer des Eurotas. Das vornehme Frauenzimmer führt noch immer den Tanz an, eine Schar junger Mädchen folgt ihnen nach und ahmt ihre Schritte nach, singt die erste, so machen die anderen den Chor. Die Töne sind außerordentlich munter und feurig, doch haben sie etwas wunderbar Sanftes und Liebliches. Die Schritte ändern sich nach dem Belieben der Anführerin, aber immer genau nach dem Takt und unendlich anmutiger als bei unseren Tänzen, wenigstens nach meiner Meinung. Ich bin auch oft im Gefolge, aber nicht geschickt genug, um Führerin zu sein. Dies sind griechische Tänze, die türkischen sind davon sehr verschieden.

Ich hätte Ihnen gleich zuerst sagen sollen, daß die morgenländischen Sitten viel Licht auf manche Schriftstellen werfen, die uns seltsam vorkommen, die Ausdrücke sind gewöhnlich das, was wir die Sprache der Bibel nennen. Das einfache Türkisch ist von dem sehr verschieden, was bei Hofe oder unter vornehmen Leuten gesprochen wird, die immer so viel Arabisches und Persisches in ihre Reden mischen, daß man es sehr wohl eine andere Sprache nennen darf, und es wäre ebenso lächerlich, sich der gewöhnlichen Ausdrücke zu bedienen, wenn man mit einem Großen oder einer Dame spricht, als wenn man in London bei Hofe den Dialekt von Somersetshire oder Yorkshire sprechen würde. Außerdem haben sie noch einen Stil, den sie das Erhabene nennen, der sich für die Dichtkunst schickt und genau wie die Redeweise der Bibel ist. Ich glaube, es wird Ihnen Vergnügen machen, hiervon eine echte Probe zu sehen, und ich freue mich, daß ich Ihre Neugierde zu befriedigen vermag, indem ich Ihnen eine getreue Wiedergabe der Verse sende, die Ibrahim Pascha, des Kaisers Liebling, für die junge Prinzessin machte, die durch Vertrag seine Gemahlin geworden, die er aber noch nicht ohne Zeugen besuchen darf, obschon sie in sein Haus gebracht worden ist. Er ist ein Mann von Verstand und Gelehrsamkeit. Mag er nun fähig sein, gute Verse zu schreiben oder nicht, Sie können versichert sein, daß ihm bei einem solchen Anlasse der Beistand der besten Dichter des Reiches nicht fehlen konnte. Man kann also diese Verse als ein Muster ihrer besten Dichtkunst ansehen, und Sie werden ohne Zweifel meiner Meinung sein, daß sie höchst wunderbar dem Liede Salomonis ähnlich sind, das ebenfalls an eine königliche Braut gerichtet war.

Türkische Verse an die Sultana, älteste Tochter Sultan Achmeds III.

1. Stanze

Jetzt fliegt die Nachtigall durch die Weinreben,
Zu den Rosen treibt sie ihr Wunsch.

Ich stieg hinab, die Schönheit der Reben zu bewundern,
Die Anmut Deiner Reize hat meine Seele entzückt.

Schwarz und lieblich sind Deine Augen,
Doch wild verschmähend auch, wie einer Hindin Auge.

2. Stanze

Ein langer Tag um den andern trennt uns von dem ersehnten Besitz.
Achmed, der grausame Sultan, will mir nicht vergönnen,

Jene Wangen zu sehen, die schöner blühen als Rosen,
Verwehrt mir, diese rosigen Wangen zu küssen.
Die Anmut Deiner Reize hat meine Seele entzückt.

Schwarz und lieblich sind Deine Augen,
Doch wild verschmähend auch, wie einer Hindin Auge.

3. Stanze

Unglückselig seufzt Ibrahim in diesen Versen,
Denn ein Pfeil Deiner Augen hat sein Herz durchbohrt.

Ach, wann endlich kommt die Stunde des Besitzes?
Wie lange noch soll ich auf Dich warten?
Die Anmut Deiner Reize hat meine Seele entzückt.

Ach, Sultana, Hirschäugige! – Engel unter Engeln!
Unerfüllt bleiben meine Wünsche, mein Begehren!
Erfreut dich denn der Kummer, der an meinem
Herzen nagt?

4. Stanze

Mein Schreien dringt durch alle Himmel!
Meine Augen finden keinen Schlaf!
Wende Dich zu mir, Sultana, laß mich Deine
Schönheit schauen!

So lebe wohl – ich steige hinab ins Grab!
Rufst Du mich aber – ich kehre zurück!
Mein Herz ist heiß wie Schwefel – ein Seufzen von Dir
wird es entflammen!

Krone meines Lebens! Meiner Augen schönstes Licht!
Meine Sultana! Erhabene Gebieterin!
Ich presse die Stirn an die Erde –
Heiße Tränen ersticken mich – ich rase!
Hast Du kein Mitleid? Schenkst Du mir keinen Blick?

Ich habe mir mächtige Mühe gegeben, diese Verse wörtlich zu übersetzen. Kennten Sie meinen Dolmetscher, so würde es mir die Mühe ersparen, Ihnen zu versichern, daß diese Verse keinen poetischen Anstrich von seiner Hand empfangen haben. Nach meiner Meinung (die Fehler abgerechnet, die bei einer prosaischen Übersetzung in eine so verschiedene Sprache unvermeidlich sind) bleibt trotzdem noch viel Schönheit zurück. Das Beiwort hirschäugig gefällt mir außerordentlich, obschon es in der englischen Sprache nicht eben sehr angenehm klingt: mir scheint es ein sehr lebhaftes Bild von dem Feuer und der Gleichgültigkeit in den Augen seiner Gebieterin. Herr Boileau[35] hat sehr richtig bemerkt, daß wir das Erhabene eines Ausdrucks in einem alten Schriftsteller nie nach dem Ton, den er bei uns hat, beurteilen dürfen, weil er bei den Alten von der höchsten Schönheit sein und uns doch sehr niedrig und matt vorkommen kann. Sie sind mit dem Homer so wohl bekannt, daß Sie dies auch beobachtet haben müssen, und eben diese Nachsicht müssen Sie auch für alle orientalische Poesie haben. Die Wiederholungen am Ende der beiden ersten Stanzen sind eine Art Chorus und der Schreibart der Alten gemäß. Dem Anschein nach verändert sich die Musik der Verse in der dritten Stanze, wo auch das Metrum abgeändert ist, und die erhöhte Leidenschaft am Schluß deucht mich sehr kunstfertig, weil es natürlich ist, daß Leute durch Selbstgespräche sich erhitzen, besonders bei einer Sache, die sie sehr nahe angeht. Gewiß ist dieses weit rührender als unsere neue Gewohnheit, ein leidenschaftliches Lied mit einer Wendung zu schließen, die zu dem Liede selbst nicht paßt. Der erste Vers enthält eine Beschreibung der Jahreszeit, weil jetzt das ganze Land voller Nachtigallen ist, deren Liebeshändel mit den Rosen eine arabische Fabel und hier so bekannt ist wie bei uns etwas aus Ovid. Es ist also geradeso, wie wenn ein englisches Gedicht beginnt mit einem: »Nun Philomele singt.« Wie würde es sich wohl machen, wenn ich das Gedicht ganz in den Stil der englischen Poesie zu bringen suchte? ...[36]

Ich kann im Ganzen nicht entscheiden, wie gut mir die Übersetzung gelungen sein mag, auch glaube ich nicht, daß unsere Sprache geeignet ist, solche heftigen Leidenschaften auszudrücken, die bei uns selten empfunden werden. Es fehlt uns auch an den zusammengesetzten Worten, die in der türkischen Sprache kräftig sind und häufig vorkommen.

Sie sehen, daß ich es ziemlich weit in der morgenländischen Gelehrsamkeit gebracht habe, und, die Wahrheit zu gestehen, studiere ich sehr fleißig. Ich wünsche, daß meine Studien mir Gelegenheit geben mögen, Ihre Wißbegierde zu unterhalten. Dies ist der größte Vorteil, den sich davon verspricht, Ihre

An Mrs. Sara Chiswell

Adrianopel, den 1. April 1717

Meiner Meinung nach, liebste Sara, sollte ich eher mit Ihnen zanken, daß Sie meinen Brief aus Nimwegen vom August erst im Dezember beantwortet haben, als mich entschuldigen, daß ich seitdem noch nicht wieder geschrieben habe. Auf meiner Seite ist das Stillschweigen gewiß gut zu entschuldigen, weil ich solche ermüdenden Landreisen gemacht habe. Ich finde den Endpunkt davon nicht so schlimm, wie Sie es sich einzubilden scheinen. Ich fühle mich hier sehr wohl und gar nicht so einsam, wie Sie meinen. Eine Menge Griechinnen, Französinnen, Engländerinnen und Italienerinnen, die unter unserem Schutz stehen, machen mir ihre Besuche vom Morgen bis in die Nacht, und ich versichere Sie, daß viele von ihnen recht angenehme Frauen sind. Für einen Christen ist unter dieser Regierung keine andere Möglichkeit, ruhig zu leben, als unter dem Schutz eines Gesandten; je reicher sie sind, desto größer ist die Gefahr für sie.

Jene fürchterlichen Märchen, die Sie von der Pest gehört, haben sehr wenig Grund. Ich gestehe, es fällt mir schwer, mich mit dem Klang eines Wortes zu versöhnen, von dem ich allezeit so schreckliche Begriffe gehabt habe, obschon ich überzeugt bin, daß es wenig mehr als ein hitziges Fieber besagen will. Zum Beweise davon will ich Ihnen sagen, daß wir durch zwei oder drei Städte gekommen sind, die heftig davon verseucht waren; selbst im nächstanstoßenden Hause, wo wir übernachteten, starben zwei Personen daran. Zum Glück wurde ich so gut getäuscht, daß ich nichts von der Sache erfuhr; auch machte man mir vor, daß unser zweiter Koch nur an einer starken Erkältung litte. Wir ließen unseren Arzt zurück, um für ihn zu sorgen, und gestern langten beide in guter Gesundheit bei uns an. Jetzt hat man mir das Geheimnis entdeckt, daß er die Pest gehabt habe. Viele kommen davon, auch ist die Luft nie davon verseucht. Ich bin überzeugt, daß dieses Übel hier ebenso leicht auszurotten wäre wie in Italien und Frankreich, allein es tut so geringen Schaden, daß man sich wenig darum kümmert und zufrieden ist, diese einzige Krankheit zu erdulden statt unserer vielfachen Übel, von denen sie hier gar nichts wissen.

Was Krankheiten anbelangt, will ich Ihnen etwas erzählen, das bei Ihnen den Wunsch erregen wird, hier zu sein. Die Blattern, die bei uns so gefährlich und verbreitet sind, werden hier mittels der Pfropfung [Impfung], wie sie es nennen, ganz unschädlich. Gewisse alte Weiber machen sich ein Geschäft daraus, jeden Herbst im Monat September, wenn die große Hitze nachgelassen hat, die Operation zu verrichten. Die Familien befragen sich untereinander, ob jemand unter ihnen die Blattern haben will. Sie schließen sich zu Gesellschaften zusammen, und wenn ihrer genug sind, gewöhnlich fünfzehn oder sechzehn, dann kommt die alte Frau mit einer Nußschale voll Blatternmaterie von der besten Art. Sie fragt, welche Ader man geöffnet haben will. Gleich ritzt sie die, welche man ihr zeigt, mit einer großen Nadel (der Schmerz gleicht dem eines gewöhnlichen Ritzens mit der Nadel), steckt soviel Materie, wie auf den Kopf ihrer Nadel geht, hinein und verbindet die kleine Wunde mit einem hohlen Stück von einer Nußschale. Auf diese Art öffnet sie vier oder fünf Adern. Die Griechen sind im allgemeinen so abergläubisch, sich eine Ader in der Mitte der Stirne, eine an jedem Arm und eine auf der Brust öffnen zu lassen, um das Zeichen des Kreuzes darzustellen, aber das hat eine sehr üble Wirkung, weil all diese Wunden kleine Narben hinterlassen. Die weniger Abergläubischen lassen sich an den Schenkeln oder dem Teil der Arme ritzen, den die Kleider verbergen. Die Kinder oder jungen Patienten spielen den ganzen Tag hindurch und bleiben vollkommen gesund bis zum achten Tag. Alsdann überfällt sie ein Fieber, und sie hüten zwei, selten drei Tage das Bett. Auch haben sie selten über zwanzig oder dreißig Blattern im Gesicht, die nie eine Narbe hinterlassen, und in acht Tagen sind sie ebenso gesund wie vorher. Da, wo die Wunden gemacht worden sind, rinnt während der Krankheit immer Eiter, was ohne Zweifel dieselbe sehr erleichtert. Alle Jahre wird an Tausenden diese Operation vorgenommen, und der französische Gesandte sagte im Scherz, daß die Leute sich hier die Blattern einimpfen ließen, um sich zu belustigen, so wie man in anderen Ländern Brunnen trinkt. Man hat kein Beispiel, daß jemand daran gestorben wäre, und Sie werden mir glauben, daß ich von der Sicherheit dieses Versuchs hinlänglich überzeugt bin, weil ich es an meinem lieben kleinen Sohne machen zu lassen gedenke.

Ich habe genug Vaterlandsliebe, um mir alle Mühe zu

geben, diese nützliche Erfindung in England einzuführen, und ich würde nicht ermangeln, an einige unserer Ärzte sehr ausführlich darüber zu schreiben, wenn ich einige kennen würde, die Menschenliebe genug hätten, einen so beträchtlichen Zweig ihrer Einkünfte zum Besten des Menschengeschlechtes zu zerstören. Allein diese Krankheit ist für sie zu einträglich, um nicht den kühnen Ritter, der es wagen sollte, ihr den Garaus zu machen, ihrer ganzen Rache auszuliefern. Erlebe ich meine Rückkunft, dann werde ich vielleicht den Mut haben, mit ihnen anzubinden. Bewundern Sie bei diesem Anlaß den Heldenmut in dem Herzen Ihrer ...

An Mrs. Thistlethwayte

Adrianopel, den 1. April 1717

Jetzt kann ich meiner lieben Madame Thistlethwayte sagen, daß ich das Ende meiner sehr langen Reise glücklich erreicht habe. Ich will Sie nicht mit der Erzählung meiner vielen ausgestandenen Beschwerlichkeiten plagen. Sie wünschen mehr, von den seltsamen Dingen zu hören, die man hier sieht, und ein Brief aus Konstantinopel, der nichts Außerordentliches enthielte, würde Sie ebensosehr in Ihrer Hoffnung täuschen wie meine Bekannten in London, die mich besuchen, betroffen sein werden, wenn ich ohne Seltsamkeiten zum Vorweisen zurückkomme. Wovon soll ich Ihnen erzählen?

Sie haben in Ihrem Leben noch keine Kamele gesehen, vielleicht ist Ihnen die Beschreibung neu, mir war es sicherlich der erste Anblick. Ich habe zwar hundert Bilder von diesen Tieren gesehen, allein keines war ähnlich genug, mir eine richtige Vorstellung davon zu geben. Ich will nun eine kühne Bemerkung machen, die vielleicht falsch ist, weil sie keiner vor mir gemacht hat: Ich finde, sie sehen aus wie die Hirsche, ihre Beine, Körper und Hälse sind ähnlich gestaltet, und ihre Farbe ist beinahe die gleiche. Sie sind freilich weit größer, viel höher als ein Pferd und dabei so schnell, daß sie nach der Niederlage von Peterwardein die schnellsten Pferde überholten und die erste Nachricht von dem Verlust der Schlacht nach Belgrad brachten. Sie werden nie ganz zahm. Ihre Treiber binden sie mit starken Stricken eins hinten an das andere, fünfzig in einer Reihe, die ein Esel anführt, auf dem der Treiber sitzt. Ich habe dreihundert in einer Karawane gesehen. Sie tragen ein Drittel mehr als ein Pferd, allein es gehört wegen des Höckers auf ihrem Rücken Kunst dazu, sie zu beladen. Mir scheint es ein häßliches Geschöpf, denn der Kopf ist schlecht gebildet und steht in keinem Verhältnis zu dem Körper. Sie sind hier die einzigen Lasttiere; für den Pflug verwenden sie Büffel, ein Tier, das Ihnen auch unbekannt ist. Die Büffel sind größer, schwerfälliger, weniger gelenkig als die Ochsen, sie haben kurze, schwarze, dicke Hörner dicht am Kopf, die nach rückwärts gebogen sind. Man sagt, dies Horn nehme beim Polieren einen schönen Glanz an. Sie sind ganz schwarz, kurz behaart, ihre außerordentlich kleinen, weißen Augen machen, daß sie wie Teufel aussehen. Die Landleute färben ihnen, um sie aufzuputzen, die Schwänze und Stirnhaare rot. Zu schwerer Arbeit wird hier kein Pferd gebraucht, sie taugen auch nicht dazu. Sie sind schön und voller Feuer, aber nicht so stark wie die aus der Zucht kälterer Länder, doch bei all ihrem Feuer gutartig, auch schnell und sicher auf den Füßen. Ich habe einen kleinen weißen Liebling, den ich um keinen Preis weggeben möchte. Er paradiert und tanzt unter mir mit so vielem Feuer, daß man meinen könnte, es gehöre viel Herzhaftigkeit dazu, ihn zu reiten. Aber ich versichere Ihnen, daß ich nie ein Pferd geritten habe, das so schnell dem geringsten meiner Winke gefolgt wäre. Mein Seitensattel ist der erste, den man in diesem Teil der Welt gesehen hat, und wird mit ebensoviel Verwunderung angegafft wie das Schiff des Kolumbus bei der ersten Entdeckung Amerikas.

Hier gibt es einige kleine Vögel, für die man eine Art religiöser Ehrfurcht hat und die sich deswegen auch ungeheuer vermehren. Turteltauben wegen ihrer Unschuld, und Störche, weil man glaubt, daß sie jeden Winter die Pilgrimsfahrt nach Mekka tun. Diese sind in Wahrheit die glücklichsten Untertanen der türkischen Regierung und sich ihres Vorrechts so bewußt, daß sie ohne Furcht auf den Straßen wandeln und ihre Nester in den unteren Teilen der Häuser bauen. Glücklich sind die, deren Häuser es trifft, weil der gewöhnliche Türke fest glaubt, daß er das Jahr über weder von Feuer noch von Pestilenz heimgesucht wird. Ich bin so glücklich, eines ihrer geheiligten Nester unter meinem Zimmerfenster zu haben.

Da ich von meinem Zimmer spreche, erinnere ich mich, daß die Beschreibung der hiesigen Häuser für Sie ebenso neu sein wird wie die von Vögeln und anderen Tieren. Sie werden wohl in den meisten unserer Nachrichten von der Türkei gelesen haben, daß ihre Häuser die elendesten Gebäude von der Welt sind. Ich kann sehr genau davon reden, weil ich in so manchen gewesen bin, und ich versichere Ihnen, daß es ganz anders ist. Wir wohnen jetzt in einem Palast, der dem Großherrn gehört. Mir scheint die hiesige Bauart sehr angenehm und sehr passend für dies Land. Es ist wahr, sie kümmern sich nicht sehr darum, die

Außenseite ihrer Häuser zu verschönern, die aus Holz und eben deshalb manchen Zufällen unterworfen ist. Allein, dies ist nicht dem schlechten Geschmack des Volkes, sondern der Bedrückung durch die Regierung beizumessen. Jedes Haus bleibt nach dem Tode des Eigentümers in des Großherrn Willkür, daher verwendet niemand viel für eine Sache, von der er nicht sicher ist, daß sie seinen Erben zugute kommen wird. Ihre ganze Absicht ist, ein bequemes Haus auf Lebenszeit zu bauen, im übrigen ist es ihnen gleichgültig, ob es das Jahr darnach zusammenstürzt oder nicht.

Jedes Haus hat zwei voneinander geschiedene Teile, die nur durch einen engen Gang verbunden sind. Das Vorhaus hat einen großen Vorhof und rundherum offene Galerien, was ich sehr angenehm finde. Diese Galerie führt zu allen Zimmern, die gewöhnlich sehr groß sind und zwei Reihen Fenster haben, die untere aus gemaltem Glas. Selten gibt es mehr als zwei Stockwerke, von denen jedes seine Galerie hat. Die Stiegen sind breit und selten über dreißig Stufen. Dieses Vorhaus gehört dem Herrn, und das daranstoßende wird der Harem (die Weiberburg oder Frauenzimmerwohnung) genannt, weil das Wort Serail nur für den Großherrn gebraucht wird. Dieses Gebäude hat auch eine Galerie dem Garten zu, in den alle Fenster gehen, und ebenso viele Zimmer wie das andere, nur daß sie glänzender und prächtiger sind, sowohl in der Malerei wie in der Einrichtung. Die zweite Fensterreihe ist sehr niedrig und mit Gittern wie in den Klöstern versehen. Alle Fußböden der Zimmer sind mit persischen Teppichen belegt und an dem einen Ende (in meinem an beiden) ungefähr zwei Fuß erhöht. Dies ist das Sofa, mit reichen Teppichen belegt. In der Runde herum läuft eine Art

Ruhebett, einen halben Fuß hoch, mit reichen seidenen Stoffen bedeckt, je nach dem Geschmack oder der Prachtliebe des Eigentümers. Meines ist aus Scharlach mit goldener Franse. Rund um diese Ruhebetten stehen an der Wand zwei Reihen Kissen, die untersten sehr groß, die obersten klein, und hier kramt der Türke seine ganze Pracht aus. Sie sind gewöhnlich aus Brokat oder mit Golddraht auf weißen Atlas gestickt. Nichts kann schimmernder und prächtiger aussehen. Diese Sitze sind so bequem und weich, daß ich glaube, ich werde in meinem Leben keine Stühle mehr ausstehen können.

Die Zimmer sind niedrig, was ich für keinen Fehler halte, und die Decke ist immer aus Holz, eingelegt oder mit Blumen bemalt. Die Wandvertäfelung öffnet sich an verschiedenen Stellen mit Flügeltüren, das sind Schränke, die nach meiner Meinung bequemer sind als die unsrigen. Zwischen den Fenstern sind Nischen angebracht, um Gefäße mit Räucherwerk oder Blumentöpfe aufzustellen. Was mir am meisten gefällt, sind die marmornen Springbrunnen in dem niederen Teil des Zimmers; sie werfen das Wasser in mannigfaltiger Weise in die Höhe und verbreiten, indem das Wasser von einem in das andere Becken fällt, zugleich liebliche Kühle und ein anmutig plätscherndes Geräusch. Einige sind sehr prächtig. Jedes Haus hat ein Bad, das gewöhnlich aus zwei oder drei kleinen Räumen besteht, die oben mit Blei bedeckt, mit Marmor gepflastert, mit Becken, Wasserrohren für warmes und kaltes Baden und allen Bequemlichkeiten versehen sind.

Sie staunen vielleicht über Nachrichten, die so verschieden von dem sind, was Sie in den gewöhnlichen Reisebeschreibungen gelesen haben, deren Verfasser gerne von Dingen reden, von denen sie nichts wissen. Nur wenn sie von einem gewissen Rang sind oder bei einer außerordentlichen Veranlassung erhalten Christen Zutritt zu dem Hause eines vornehmen Türken, ihre Harems aber sind immer verbotener Boden. Die anderen können also nur von der Außenseite der Häuser reden, die nicht gerade Schönes bietet. Die Weiberburg ist immer nach hinten gebaut, dem Blick entzogen, und hat keine andere Aussicht als in die mit hohen Mauern umgebenen Gärten. Diese haben keine Blumenbeete, sondern sind mit hohen Bäumen bepflanzt, die anmutigen Schatten und nach meinem Empfinden auch einen reizenden Anblick bieten. In der Mitte des Gartens ist der Kiosk, das ist ein großes Gemach, das im allgemeinen durch einen Springbrunnen in der Mitte verschönert ist. Es liegt neun bis zehn Stufen hoch, mit vergoldeten Gittern umgeben, um das Weinreben, Jasmin und Geißblatt eine Art grüner Wand bilden. Hohe Bäume sind um diesen Platz gepflanzt, der die Szene ihrer größten Ergötzlichkeiten ist und wo die Frauen ihre meiste Zeit mit Musik und Stickerei zubringen.

In den öffentlichen Gärten gibt es auch öffentliche Kioske, wo Leute hingehen, die es zu Hause nicht so bequem haben, um ihren Kaffee, Sorbet usw. zu trinken. Die Türken kennen auch eine dauerhaftere Bauart, ihre Moscheen sind alle von aus Felsen gehauenen Steinen, und die öffentlichen Hans oder Herbergen sind äußerst prächtig. Mancher Han nimmt einen großen viereckigen Platz ein, hat rundum Läden unter steinernen Gewölben, wo arme Handwerker umsonst wohnen können. Immer ist eine Moschee darangebaut, und das Hauptgebäude des Hans ist eine große Halle, die drei- bis vierhundert Personen fassen kann. Der Hof ist sehr geräumig, rund herum mit Kreuzgängen, die ihm Ähnlichkeit mit unseren Universitätsgebäuden geben. Solche Gebäude zu bauen ist eine weit vernünftigere Mildtätigkeit als Klöster zu stiften.

Ich habe Ihnen meines Bedünkens genug für diesmal geschrieben. Gefällt Ihnen meine Wahl nicht, so sagen Sie mir, über welchen Gegenstand ich Ihnen schreiben soll. Niemand wünscht mehr, Sie, liebe Madame Thistlethwayte, zu unterhalten als Ihre ...

An Gräfin Mar

Adrianopel, den 18. April 1717

Ich schrieb Ihnen, liebe Schwester, und allen, mit denen ich in England in Briefwechsel stehe, mit dem letzten Schiff, und der Himmel allein weiß, wann ich wieder eine andere Gelegenheit haben werde; doch kann ich nicht unterlassen, wieder zu schreiben, obschon mein Brief vielleicht zwei Monate bei mir liegen bleiben wird. Mein Kopf ist, um Ihnen die Wahrheit zu sagen, so voll von meiner gestrigen Unterhaltung, daß ich es zu meiner Beruhigung äußerst notwendig finde, mir Luft zu machen. Ohne weitere Vorrede will ich meine Geschichte anfangen.

Die Gemahlin des Großwesirs ließ mich zum Mittagessen einladen, und ich bereitete mich mit größtem Vergnügen zu einem Mahl vor, das vorher nie einer Christin gegeben worden war. Ich glaubte, ihre Neugierde (die ich für den Hauptbeweggrund ihrer Einladung hielt) nur sehr schlecht zu befriedigen, wenn ich in einer Kleidung käme, die sie zu sehen gewohnt war. Ich legte also mein Wiener Hofkleid an, welches weit prächtiger ist als das unsrige. Jedoch wollte ich, um alle Rangstreitigkeiten zu vermeiden, inkognito hinfahren, nahm also eine türkische Kutsche in Begleitung meiner Kammerzofe, die meine Schleppe trug, und der Griechin, meiner Dolmetscherin. Der schwarze Eunuch empfing mich an der Hofpforte, half mir mit großer Ehrfurcht aus der Kutsche und führte mich durch verschiedene Gemächer, wo die Sklavinnen, schön gekleidet, in zwei Reihen standen. In dem innersten dieser Gemächer fand ich die Dame in einer Zobeljacke auf dem Sofa sitzend. Sie kam mir entgegen und stellte mir mit großer Höflichkeit ein halbes Dutzend ihrer Freundinnen vor. Ich staunte, so wenig Pracht in ihrem Hause zu finden. Die Möbel waren sehr mittelmäßig, und nichts schien bei ihr sehr kostbar, die Kleidung und Anzahl ihrer Sklavinnen ausgenommen. Sie erriet meine Gedanken und sagte, sie wäre nicht mehr in den Jahren, ihr Geld oder ihre Zeit an überflüssige Dinge zu verschwenden, ihr ganzer Aufwand bestände in Mildtätigkeit und ihre ganze Beschäftigung im Gebet. Es war nichts Gezwungenes in dieser Rede, denn sie und ihr Gemahl sind ganz der Frömmigkeit ergeben. Er sieht kein anderes Weibsbild an und, was noch erstaunlicher ist, läßt sich nicht bestechen, trotz des Beispiels aller seiner Vorfahren. Er ist so gewissenhaft in diesem Punkt, daß er nicht einmal das Geschenk Herrn Wortleys annehmen wollte, bis er sicher war, daß es unter die festgesetzten Einkünfte seines Amtes bei dem Einzug jedes Gesandten gehört. Sie unterhielt mich mit aller Höflichkeit bis zum Mittagessen, bei dem immer nur eine Schüssel auf einmal, aber nacheinander eine große Zahl aufgetragen wurde, alle vortrefflich auf türkische Art zubereitet, was mir gar nicht so schlecht gefällt, wie man es Ihnen vielleicht beschrieben haben mag. Ich kann über diese Speisen sehr gut urteilen, weil ich in Belgrad drei Wochen in dem Haus eines Efendi gewohnt habe, der uns vortreffliche Mahlzeiten gab, die seine eigenen Köche zurichteten. Die erste Woche schmeckten sie mir überaus gut, nachher aber ward ich dieser Tafel müde und befahl unserem Koch, sie mit einer oder zwei Schüsseln nach unserer Art zu vermehren. Allein ich schreibe dies der Gewohnheit zu und bin sehr geneigt zu glauben, daß ein Inder, der nie von beiden gekostet, ihre Kocherei der unsrigen vorziehen würde. Ihre Soßen sind sehr stark und ihre Braten zu stark gebraten. Sie gebrauchen häufig scharfe Spezereien. Die Suppe ist das letzte Gericht. Ihre Ragouts sind wenigstens ebenso mannigfaltig wie die unsrigen. Es tat mir leid, daß ich nicht von allem essen konnte, wie es die gute Dame wünschte, die sich sehr ernstlich angelegen sein ließ, mir von allen Speisen vorzulegen. Das Gastmahl endete mit Kaffee und Beräucherung, was ein hohes Merkmal von Achtung ist. Zwei Sklavinnen beräucherten kniend meine Haare, Kleider und mein Schnupftuch. Nach dieser Zeremonie befahl sie ihren Sklavinnen zu spielen und zu tanzen, was diese mit der Laute in der Hand taten. Die Dame entschuldigte ihren Mangel an Geschicklichkeit und sagte, sie gäbe sich keine Mühe, sie in dieser Kunst zu vervollkommnen.

Ich stattete ihr meinen Dank ab und nahm bald nachher Abschied. Man führte mich ebenso wieder zurück, wie ich gekommen war. Ich war willens, direkt nach Hause zurückzukehren, allein meine Griechin bat mich ernstlich, der Gemahlin des Kyhaia (Stellvertreter des Großwesirs) einen Besuch abzustatten, der, wie sie sagte, der zweite Beamte im Reich und in Wirklichkeit als der erste anzusehen wäre, weil der Großwesir bloß den Namen führe, und er dessen Macht ausübe. Ich hatte so wenig Belustigendes in des Wesirs Harem gefunden, daß es mich nicht gelüstete, noch einen zu besuchen. Allein ihre dringende

Aufforderung überwand meinen Widerwillen, und ich bin äußerst froh, daß ich nachgab. Alles hatte hier ein ganz anderes Aussehen als bei dem Großwesir, und das Haus selbst kündigte den Unterschied zwischen einer alten Betschwester und einer jungen Schönheit an. Es war im höchsten Grade reinlich und dabei prächtig. Zwei schwarze Eunuchen kamen mir an der Tür entgegen und führten mich eine lange Galerie zwischen zwei Reihen schöner junger Mädchen hindurch, deren fein geflochtenes Haar bis auf die Füße hing. Sie waren in schöne, leichte Damaste, mit Silber durchwirkt, gekleidet. Ich bedauerte, daß der Anstand mir nicht erlaubte, still zu stehen und sie näher zu betrachten. Allein dieser Gedanke verlor sich bei meinem Eintritt in ein großes Gemach oder vielmehr einen Pavillon (weil es rund ist) mit vergoldeten Fenstern, wovon die meisten aufgezogen waren. Die nahe davor gepflanzten Bäume gaben angenehmen Schatten und verhinderten, daß die Strahlen der Sonne beschwerlich fielen. Jasmin und Geißblatt dufteten süße Wohlgerüche, deren Anmut ein marmorner Brunnen erhöhte, dessen Wasser im niederen Teil des Gemaches spielend mit angenehmem Geplätscher in drei oder vier Becken fiel. Die Decke war mit allen Arten von Blumen bemalt, die aus umgestürzten Körben herabzufallen schienen. Auf einem drei Stufen erhöhten und mit persischen Teppichen bedeckten Sofa saß des Kyhaias Gemahlin und lehnte sich an weiße, auf Atlas gestickte Kissen. Zu ihren Füßen saßen zwei junge Mädchen von ungefähr 12 Jahren, liebenswürdig, schön wie Engel, sehr reich gekleidet und mit Juwelen fast bedeckt. Allein kaum achtete man auf sie neben der schönen Fatima (dies ist ihr Name), so sehr verdunkelte ihre Schönheit alles, was ich je gesehen habe, ja alles, was in England und Deutschland liebreizend genannt worden ist. So etwas Herrlichschönes habe ich in meinem Leben nicht gesehen, auch kann ich mich keines Gesichtes erinnern, das neben dem ihrigen noch ein Auge auf sich gezogen hätte. Sie stand auf, mich zu empfangen, grüßte mich auf ihre Weise, indem sie die Hand aufs Herz legte, mit einer majestätischen Anmut, die keine Hoferziehung ihr je geben könnte. Sie ließ mir Kissen reichen und mich in die Sofaecke setzen, welches der Ehrenplatz ist. Ich gestehe, obschon die Griechin mir vorher eine hohe Meinung von der Schönheit Fatimas beigebracht hatte, war ich so sehr von Bewunderung erfaßt, daß ich sie einige Zeit nicht anreden konnte, so vertieft war ich in ihren Anblick. Welch erstaunliche Harmonie der Züge! Welch genaues Ebenmaß des Körpers! Welch liebliche Blüte einer durch keine Kunst entstellten Gesichtsfarbe! Welch unaussprechlicher Zauber in ihrem Lächeln! Aber erst ihre Augen! Groß und schwarz mit all dem sanftschmachtenden Ausdruck der blauen.

Nachdem meine erste Überraschung vorüber war, bemühte ich mich, durch strenge Prüfung ihres Gesichts eine Unvollkommenheit zu entdecken, doch mein Versuch war fruchtlos und überzeugte mich klar von dem Irrtum der üblichen Meinung, daß ein vollkommen regelmäßiges und schönes Gesicht nicht angenehm sein würde. Die Natur hat für sie mit mehr Erfolg das getan, was, wie man sagt, Apelles[37] versucht hat, nämlich durch ein Zusammenstellen der regelmäßigsten Gesichtszüge ein vollkommenes Gesicht zu bilden. Fügen Sie zu allem diesem noch ein Betragen hinzu so voller Anmut und Holdseligkeit, so ungezwungene Bewegungen voll majestätischen Anstandes, gänzlich frei von allem Steifen! Ich bin überzeugt, könnte sie plötzlich auf den gesittetsten Thron Europas versetzt werden, jedermann würde gestehen, sie wäre zur Königin geboren und erzogen, ungeachtet sie ihre Erziehung in einem Lande genoß, das wir barbarisch nennen. Um alles in einem Wort zu fassen: unsere berühmtesten englischen Schönheiten würden neben ihr verschwinden.

Ihr Kleid war ein Kaftan aus goldenem Brokat mit silbernen Blumen, der ihrer Gestalt vollkommen angepaßt war und die Schönheit ihres Busens, der bloß von der dünnen Gaze ihres Hemdes beschattet war, wunderbar vorteilhaft zeigte. Ihre Hosen waren blaßrosa, ihre Weste grün und silbern und ihre Pantoffeln aus weißem, schön gesticktem Atlas. Ihre lieblichen Arme waren mit Diamantarmbändern geziert, und ihr breiter Gürtel mit Diamanten besetzt, auf ihrem Haupte ein reiches türkisches Tuch, rosafarben und silbern. Ihr eigenes schönes, schwarzes Haar hing lang in zahlreichen Zöpfen herab, auf der einen Seite ihres Hauptes trug sie einige Juwelennadeln. Ich befürchte, Sie werden mich bei dieser Beschreibung der Übertreibung beschuldigen. Ich glaube, irgendwo gelesen zu haben, daß Frauen immer mit Entzücken von der Schönheit reden, und ich sehe gar nicht ein, warum ihnen das nicht erlaubt sein sollte. Ich halte es eher für eine Tugend, ohne alle Beimischung von Wunsch und Neid der Bewunderung fähig zu sein. Die ernsthaftesten Schriftsteller haben mit einiger Wärme von manchen Gemälden und Bildsäulen geredet. Das Werk des Himmels steht gewiß über aller unserer Nachahmung und hat meiner Meinung nach einen weit besseren Anspruch auf unser Lob. Ich meines Teils schäme mich gar nicht zu bekennen, daß der Anblick der schönen Fatima mir mehr Vergnügen gemacht hat als das schönste Werk der Bildhauerei.

Sie sagte mir, die zwei Mädchen zu ihren Füßen wären ihre Töchter, obschon sie zu jung schien, um ihre Mutter zu sein. Unten an ihrem Sofa standen ungefähr zwanzig ihrer holden Dienerinnen und erinnerten mich an die Gemälde antiker Nymphen. Ich dachte nicht, daß die ganze Natur eine Szene von solcher Schönheit schaffen könnte. Sie gab ihnen ein Zeichen zum Spielen und Tanzen. Vier von ihnen fingen unverzüglich an, Melodien auf Instrumenten zu spielen, die teils einer Laute, teils einer Gitarre glichen, und sangen dazu, während die anderen abwechselnd tanzten. Dieser Tanz unterschied sich sehr von dem, den ich zuvor gesehen hatte. Nichts kann kunstvoller und geeigneter sein, gewisse Gedanken zu wecken. So sanfte Töne! So schmachtende Bewegungen! Von Pausen und ersterbenden Blicken begleitet! Halb lassen sie sich zurücksinken und erholen sich dann auf eine so kunstvolle Art wieder, daß gewiß die kälteste und strengste Spröde auf Erden es nicht hätte ansehen können, ohne an etwas zu denken, wovon man eben nicht reden soll.

Ich vermute, Sie werden irgendwo gelesen haben, die Türken hätten keine andere als den Ohren abscheulich anstößige Musik; allein diese Nachricht stammt von Leuten her, die nie etwas anderes als Gassenmusik gehört haben, und deucht mich gerade so billig, als wenn ein Fremder seine Begriffe von der englischen Musik von den Lärminstrumenten unserer Volksaufzüge, Blase und Saite, Klapperknochen und Hackmesser, hernehmen würde. Ich versichere Ihnen, daß die Musik sehr ergreifend ist; ich bin zwar geneigt, der italienischen den Vorzug einzuräumen, allein vielleicht bin ich parteiisch. Ich kenne eine griechische Dame, die besser als Madame Robinson singt und beide Arten Musik wohl kennt, aber die türkische vorzieht. Man findet hier sehr schöne natürliche Stimmen, und diese Dienerinnen sangen sehr anmutig. Nach Beendigung des Tanzes traten vier blonde Sklavinnen ins Gemach mit silbernen Rauchfässern in den Händen und durchräucherten die Luft mit Ambra, Aloe und anderen Gerüchen. Hierauf reichten sie mir kniend Kaffee in dem feinsten japanischen Porzellan mit Unterschalen aus vergoldetem Silber. Diese ganze Zeit über unterhielt mich die liebenswürdige Fatima auf die höflichste und angenehmste Weise, nannte mich oft guzel sultanum, schöne Sultanin, und bat mich auf die anmutigste Art von der Welt um meine Freundschaft, sie bedauerte, daß sie mich nicht in meiner eigenen Sprache unterhalten könnte.

Als ich mich beurlaubte, brachten zwei Mädchen gestickte Tücher in schönen silbernen Körben, sie bat mich, das reichste aus Liebe zu ihr zu tragen, und schenkte die andern meiner Kammerzofe und Dolmetscherin. Man entließ mich mit eben den Zeremonien, wie man mich empfangen hatte. Ich stand immer unter dem Eindruck, als wäre ich einige Zeit in Mohammeds Paradies gewesen, so sehr war ich von allem, was ich gesehen, bezaubert. Ich weiß nicht, wie Ihnen diese Erzählung gefallen wird, und wünsche, daß sie Ihnen etwas von meinem Vergnügen mitteilen möge, denn ich möchte gern mit meiner teuren Schwester alle meine Ergötzungen teilen.

An Abbé Conti

Adrianopel, den 17. Mai 1717

Ich bin im Begriff, Adrianopel zu verlassen, und möchte es nicht gerne tun, ohne Ihnen einige Nachricht von allem zu geben, was daselbst Merkwürdiges ist und was ich mit vielem Eifer gesehen habe. Ich will Ihnen nicht mit gelehrten Abhandlungen beschwerlich fallen, ob dies die nämliche Stadt sei, die vor alters Orstesit oder Oreste genannt ward, das wissen Sie besser als ich. Jetzt hat sie ihren Namen von Kaiser Hadrian. Sie war der erste europäische Sitz der türkischen Kaiser und der Lieblingsaufenthalt vieler Sultane. Mohammed IV.[38] und Mustapha, Bruder des jetzt regierenden Kaisers, waren so verliebt in die Stadt, daß sie Konstantinopel ganz verließen, wodurch die Janitscharen so erbittert wurden, daß es ein beträchtlicher Beweggrund zu den Rebellionen war, die sie vom Thron stürzten. Dennoch scheint auch der gegenwärtige Sultan gerne hier Hof zu halten. Ich weiß Ihnen keinen Grund für diese Vorliebe anzugeben. Es ist wahr, die Lage ist vortrefflich und das Land umher sehr schön, aber die Luft sehr schlecht und selbst das Serail von ihren schlimmen Wirkungen nicht frei. Die Stadt soll acht englische Meilen Umfang haben, ich denke, man rechnet die Gärten mit dazu. Es gibt hier einige gute Häuser, ich meine große, denn die Baukunst ihrer Paläste macht nie großes Gepränge. Jetzt ist hier alles voller Menschen, allein die meisten von ihnen folgen dem Hof oder ziehen in Kriege, und wenn diese weg sind, ist es, wie man mir sagt, nicht mehr volkreich. Der Fluß Maritza, vor alters der Hebrus, an dem sie liegt, trocknet jeden Sommer aus, was viel dazu beiträgt, die Stadt ungesund zu machen. Jetzt ist er ein sehr schöner Strom, über den zwei herrliche Brücken gebaut sind. Ich war neugierig genug, um in meiner türkischen Kleidung, die mich genügend unkenntlich macht, den Basar zu besehen. Doch, ich bekenne, ich war nicht recht ruhig, als ich dort so sehr viele Janitscharen sah; aber sie wagen es nicht, ein

Frauenzimmer zu beleidigen, und machten mir mit so vieler Ehrfurcht Platz, als wenn ich in meiner englischen Aufmachung erschienen wäre. Der Basar ist eine halbe englische Meile lang, mit gewölbter Decke, und wird außerordentlich reinlich gehalten. Er enthält dreihundertfünfundsechzig Läden, die mit allen Arten reicher Kaufmannsgüter versehen sind, die hier ebenso wie in der New Exchange zu London zum Verkauf ausgestellt sind. Allein das Pflaster ist weit sauberer und die Läden so reinlich, sie scheinen gerade eben erst neu gestrichen. Müßige Leute aus allen Ständen gehen hier zu ihrer Belustigung spazieren oder vertreiben sich die Zeit mit Kaffee- oder Sorbettrinken, die hier wie Orangen und Zuckerwerk in unseren Schauspielhäusern feilgeboten werden.

Ich bemerkte, daß die meisten der reichen Kaufleute Juden waren. Dieses Volk hat hierzulande eine unglaubliche Macht. Sie haben viele Privilegien selbst vor den eingeborenen Türken voraus und bilden hier einen sehr ansehnlichen Freistaat, weil sie nach ihren eigenen Gesetzen gerichtet werden. Sie haben sich den ganzen Handel des Reiches zu eigen gemacht, teils durch den festen Zusammenhalt untereinander, teils wegen der trägen Gemütsart der Türken und ihrem Mangel an Fleiß. Jeder Pascha hat seinen Juden, der sein homme d'affaires (Sachwalter), in alle Geheimnisse eingeweiht ist und alle seine Geschäfte besorgt. Kein Kauf wird abgeschlossen, keine Bestechung gegeben und angenommen, keine Ware eingehandelt, kein Geschäft gemacht, das nicht durch ihre Hände geht. Sie sind die Ärzte, Haushofmeister und Dolmetscher aller Großen. Sie können sich denken, wie einträglich dies für ein Volk ist, das sich jeden Vorteil zunutze zu machen weiß. Sie haben das Geheimnis gefun-

Bild zu Seite 136: Innere Ansicht eines Kaffeehauses zu Konstantinopel

den, sich so unentbehrlich zu machen, daß sie des Schutzes vom Hofe versichert sind, was für Minister auch am Ruder sitzen. Selbst die englischen, französischen und italienischen Kaufleute, die ihre Kunstgriffe kennen, sind gezwungen, sie als Unterhändler in ihren Geschäften zu gebrauchen, weil kein Gewerbe ohne sie getrieben wird, und der Niedrigste unter ihnen schon zu wichtig ist, als daß man ihn ungeahndet beleidigen könnte, denn das ganze Judenvolk würde sich seiner mit ebensoviel Eifer annehmen als eines ihrer ansehnlichsten Mitglieder. Viele unter ihnen sind schwer reich, vermeiden aber sorgfältig, öffentlich damit zu prangen, in ihren Häusern aber leben sie in äußerster Pracht und Üppigkeit.

Dieser fruchtbare Gegenstand hat mich von meiner Beschreibung des Basares abgelenkt, der nach seinem Stifter Ali Pascha den Namen trägt. Nahe dabei ist die Tshartshi, eine meilenlange Straße voll von Läden mit allen Arten schöner Kaufmannswaren, aber unmäßig teuer, da hier nichts selber hergestellt wird. Oben ist sie mit Brettern bedeckt zum Schutz gegen den Regen, damit die Kaufleute sich bei jeder Witterung bequem versammeln können. Der Besistén nahe dabei ist ein weiterer Basar, auf Säulen gebaut, wo alle Gattungen Pferdegeschirre verkauft werden, ein sehr angenehmer Anblick, weil sie auf allen Seiten von Gold, Stickerei und Juwelen glänzen.

Von hier fuhr ich mit meiner türkischen Kutsche in das Heerlager, das in wenigen Tagen an die Grenze abgehen soll. Schon ist der Sultan in seinen Zelten, und der ganze Hof ist ihm gefolgt, in der Tat ein prächtiger Anblick. Die Zelte der Großen sind eher Paläste, denn sie haben einen großen Umfang und sind in eine ungeheure

Bild zu Seite 148: Die Achmedmoschee, der Obelisk und die Konstantinsäule auf dem Almeidam

Menge Gemächer abgeteilt. Sie sind alle grün. Und die Paschas haben die drei Roßschweife, dieses Zeichen ihres Ansehens, auf eine sehr in die Augen fallende Art vor ihren Zelten stehen. Sie sind oben mit mehr oder weniger vergoldeten Kugeln, je nach ihrem Range, geziert. Unsere Damen fuhren damals nicht begieriger nach dem Lager im Hydepark als die hiesigen nach dem türkischen. Allein man sieht deutlich, daß die Soldaten nicht mit Lust in den Krieg ziehen. Krieg ist eine allgemein drückende Beschwernis für das Volk, aber besonders für die Kaufleute, weil der Sultan entschlossen ist, sein Heer in Person anzuführen, und bei dieser Veranlassung ist jede Zunft verpflichtet, ihm ein Geschenk je nach Vermögen zu machen.

Ich machte mir die Mühe, morgens um sechs Uhr aufzustehen, um die Zeremonie zu sehen, die aber nicht vor acht Uhr anging. Der Sultan stand an dem Serailfenster, um den Zug anzusehen, der durch die vornehmsten Straßen ging. Voran ritt ein Efendi auf einem reich geschirrten Kamel und las laut aus dem Koran, der schön gebunden auf einem Kissen vor ihm lag. Um ihn her ging ein Haufe weiß gekleideter Buben, die Koranverse sangen. Diesen folgte ein Mann, der mit grünen Zweigen bedeckt war und einen Saat säenden Landmann vorstellte. Nach ihm kamen etliche Schnitter mit Kränzen von Kornähren, wie Ceres dargestellt wird, und mit Sensen in den Händen, als mähten sie. Darauf ein kleiner Wagen, von Ochsen gezogen, worinnen eine Windmühle und Buben waren, die sich beschäftigten, Frucht zu mahlen; dem folgte wieder ein anderer Wagen mit einem Backofen, in diesem backte ein Bube Brot, ein zweiter zog es aus dem Ofen, beide warfen kleine Kuchen nach allen Seiten unter das

Volk. Dahinterher zog die ganze Bäckerzunft, immer zwei und zwei, in ihren besten Kleidern, mit Kuchen, Broten, großen und kleinen Pasteten auf den Köpfen. Dann kamen zwei Possenreiter oder Hanswurste, Gesicht und Kleider mit Mehl beschmiert, und belustigten den Pöbel mit ihren seltsamen Gebärden. In gleicher Weise folgten alle Gewerbe des Reiches, die besseren, nämlich Juweliere, Galanteriekrämer usw., schön beritten, mit vielen recht prächtigen Gewerbezeichen, unter denen sich besonders das der Kürschner auszeichnete. Diese hatten ein sehr großes Gerüst, rundum mit ausgestopften Fellen von Hermelinen, Füchsen usw. besetzt, alles so vortrefflich gemacht, daß die Tiere zu leben schienen. Sie hatten Musiker und Tänzer dabei. Im ganzen waren ihrer, wie ich glaube, zwanzigtausend Mann, alle bereit, dem Sultan auf sein Gebot zu folgen. Den Nachtrab machten die Freiwilligen, diese baten um die Ehre, in seinem Dienst ihr Leben lassen zu dürfen. Dieser Teil des Schauspiels schien mir äußerst barbarisch, ich entfernte mich beim ersten Anblick vom Fenster. Sie waren alle bis zur Mitte nackend, hatten ihre Arme mit Pfeilen durchbohrt, die noch darinnen steckten; andere hatten welche in den Köpfen, daß das Blut an ihren Gesichtern heruntertröpfelte. Einige zerfleischten ihre Arme mit scharfen Messern, das Blut bespritzte die Nächststehenden. Alles ist Ausdruck ihrer Ruhmbegierde oder was sie dafür ansehen. Ich höre, daß einige es tun, um sich Ansehen in den Augen ihrer Geliebten zu geben. Wenn sie ihrem Fenster nahen (alle Frauenzimmer sahen verschleiert zu), stecken sie aus Liebe zu ihr einen zweiten Pfeil ins Fleisch, und sie gibt ein Zeichen des Beifalls und der Aufmunterung für diese Liebesprobe. Der ganze Zug dauerte nahe an acht Stunden zu meinem großen Verdruß, denn ich war es herzlich müde, obschon ich mich in dem Hause der Witwe des Kapudan Pascha (Admiral) befand, die mich sehr liebenswürdig mit Kaffee, Zuckerwerk und Sorbet erfrischte.

Zwei Tage später besah ich die Moschee Sultan Selims II. [1566–1574], die wegen ihrer Bauart wohl der Neugier eines Reisenden würdig ist. Ich war in meiner türkischen Kleidung und ward ohne Bedenken eingelassen, doch nach der Dienstfertigkeit, mit der mir der Torhüter alles zeigte, glaube ich, daß sie errieten, wer ich war. Die Moschee liegt vorteilhaft mitten in der Stadt in dem höchstgelegenen Teil und sieht herrlich aus. Der erste Hof hat vier Pforten und der innerste drei. Beide sind mit Galerien umgeben, haben jonische Säulen aus Marmor, schön poliert und von lebhaften Farben. Das ganze Pflaster ist von weißem Marmor. Die Decke der Galerien ist in verschiedene Kuppeln oder Dome abgeteilt, die an der Spitze vergoldete Kugeln tragen. In der Mitte jedes Hofes sind schöne Springbrunnen aus weißem Marmor, und vor der großen Pforte der Moschee ist ein fünftoriger Portikus mit grünen marmornen Säulen. Das Ganze der Moschee bildet einen einzigen ungeheuren Dom. Ich verstehe so wenig von der Baukunst, daß ich mich nicht getraue, von den Proportionen zu sprechen. Mir schien sie sehr ebenmäßig und, das ist gewiß, erstaunlich hoch, sie kam mir als das herrlichste Gebäude vor, das ich je gesehen hatte. Sie hat zwei Reihen marmorner Galerien auf Säulen mit marmornen Balustraden, auch das Pflaster ist Marmor, mit persischen Teppichen bedeckt. Meines Bedünkens trägt viel zu ihrer Verschönerung bei, daß sie nicht in Kirchenstühle abgeteilt und mit Sesseln und Bänken wie unsere Kirchen vollgestopft ist; auch die Säulen (sie sind meistens aus rotem und weißem Marmor) sind nicht von den kleinen, buntscheckigen Bildsäulen und Malereien entstellt, die den römisch-katholischen Kirchen das Ansehen von Spielzeugbuden geben. Die Wände schienen mit kleinen Blumen in so lebhaften Farben eingelegt, daß ich mir gar nicht denken konnte, welche Steine man dazu gebraucht haben mochte. Allein, als ich näherkam, wurde ich gewahr, daß sie mit japanischem Porzellan überzogen waren, was eine sehr gute Wirkung gibt. In der Mitte hängt eine ungeheuer große Lampe aus vergoldetem Silber, außerdem waren, wie ich glaube, zum wenigsten noch zweitausend kleinere da. Es muß herrlich aussehen, wenn sie alle brennen, doch dies geschieht bei Nacht, wenn keine Frau eingelassen wird. Unter der großen Lampe ist eine große Kanzel aus geschnitztem und vergoldetem Holz und daneben ein Brunnen zum Waschen, welches, wie Sie wissen, ein wesentlicher Teil ihrer Andachtsübung ist. In einem Winkel ist eine kleine Galerie für den Großherrn, mit einem vergoldeten Gitter abgeschlossen. An dem oberen Ende ist eine große Nische, einem Altar ähnlich zwei Stufen erhöht, mit Goldbrokat belegt, davor zwei silberne Leuchter von Mannshöhe mit weißen Wachskerzen, so dick wie der Leib eines Mannes. Die Außenseite der Moschee hat zur Zierde sehr hohe Türme, die an der Spitze vergoldet sind; von hier rufen die Imams das Volk zum Gebet. Ich hatte die Neugier, einen zu besteigen, er ist so kunstvoll, daß jeder, der ihn sieht, darüber staunen muß. Er hat nur eine Tür, die zu drei verschiedenen Treppen führt, die zu den drei verschiedenen Stockwerken des Turmes laufen, so daß drei Priester zugleich in der Runde hinaufsteigen können, ohne einander zu begegnen, eine Erfindung, die sehr bewundert wird. Hinter der Moschee ist ein Basar voller Läden, wo arme Handwerker umsonst wohnen. Ich sah hier verschiedene Derwische im Gebet. Ihre Kleidung ist ein einfaches wollenes Tuch, ihre Arme sind bloß, und auf dem Kopf tragen sie einen hohen Hut ohne Rand. Ich habe noch andere Moscheen angesehen, die auf die nämliche Art gebaut sind, allein an Pracht kommen sie der beschriebenen nicht gleich, denn diese übertrifft unendlich alle Kirchen in Deutschland oder England. Ich rede nicht von den anderen Ländern, die ich nicht gesehen habe. Der Serail scheint nicht eben ein prächtiger Palast zu sein. Aber die Gärten sind sehr weitläufig, haben Überfluß an Wasser und sind voller Bäume; das ist alles, was ich davon weiß, weil ich nie darin gewesen bin.

Ich erzähle Ihnen nichts von dem Zeremoniell bei dem Einzug und der Audienz des Herrn Wortley. Diese Dinge sind ewig einerlei und so oft beschrieben, daß ich Ihnen mit der Wiederholung nicht beschwerlich fallen will. Der junge Prinz, ungefähr elf Jahre alt, sitzt neben seinem Vater bei der Audienz. Er ist ein schmucker Junge, allein er dürfte dem Sultan wohl nicht unmittelbar in der Regierung folgen, da noch zwei Söhne vom Sultan Mustapha (seinem ältesten Bruder) leben; der älteste, auf den die Hoffnung des Volkes gerichtet ist, mag ungefähr zwanzig Jahre haben. Diese Regierung hat sich durch Geiz und Blutvergießen ausgezeichnet, und ich glaube, man sieht ihrem Ende sehr ungeduldig entgegen. Ich bin ...

Nachschrift: Aus Konstantinopel will ich Ihnen wieder schreiben.

IN KONSTANTINOPEL

An Abbé Conti

Konstantinopel, den 29. Mai 1717

Ich hatte das Glück, meine ganze Reise bei sehr gutem Wetter anzufangen und zu vollenden. Der Sommer ist jetzt in seiner ganzen Schönheit, und ich genoß die Freude herrlicher Aussichten. Die Wiesen waren voll von allen Arten von Gartenblumen und wohlriechenden Kräutern, und meine Berline parfümierte die Luft, indem sie darüber hinwegrollte. Der Sultan versah uns mit dreißig bedeckten Wagen für unser Gepäck und fünf Kutschen nach Landesart für meine Frauensleute. Wir fanden die Heerstraße voll von den befehlhabenden Offizieren der Spahi, die mit ihrem Gepäck aus Asien zu dem Krieg kamen. Die führten immer Zelte bei sich, ich aber wünschte, den ganzen Weg in Häusern zu schlafen. Ich will Sie nicht mit den Namen der Dörfer belästigen, durch die wir kamen, nirgends war etwas Merkwürdiges, außer zu Tschorlu, wo ein Konak oder kleiner Serail für den Großherrn, wenn er diese Straße zieht, gebaut ist. Ich hatte die Neugier, alle Gemächer zu besehen, die für Frauen seines Hofes bestimmt sind. Ich fand sie mitten in einem dichten Hain unter Bäumen, von Springbrunnen beständig gekühlt. Mit Erstaunen sah ich alle Wände mit kleinen türkischen Versen bedeckt, die mit Bleistift geschrieben waren. Mein Dolmetscher mußte sie mir erklären, und ich fand verschiedene hübsche Wendungen, obschon ich ihm gerne glaubte, daß sie viel von ihrer Schönheit in der Übersetzung verloren hätten. Eines dieser Distichen lautete von Wort zu Wort:

»Der Mensch kommt in die Welt, bewohnt, verläßt sie;
Nur der mein Herz bewohnt, verläßt dasselbe nie.«

Der übrige Teil unserer Reise ging über schöne, bunte Wiesen an der Küste des Marmarameeres, der alten Propontis. In der folgenden Nacht blieben wir zu Selivrea, vor alters eine herrliche Stadt, jetzt ein guter Seehafen mit einer Brücke von zweiunddreißig Bogen. Hier ist eine berühmte, uralte griechische Kirche. Ich hatte eine meiner Kutschen einer griechischen Dame überlassen, die mit mir zu reisen gewünscht hatte. Sie wollte hier ihre Andacht verrichten, und ich freute mich der Gelegenheit, mit ihr zu gehen. Ich fand ein häßliches Gebäude, verziert wie die römisch-katholischen Kirchen, nur weniger reich. Man zeigte mir den Leib eines Heiligen (ich spendete hier ein Geldstück) nebst einem Bildnis der Jungfrau Maria von der Hand des heiligen Lukas, das aber seiner Kunst keine Ehre machte, demungeachtet ist die schönste Madonna in Italien nicht berühmter wegen ihrer Wunderwerke. Die Griechen haben in ihren Gemälden einen abscheulichen Geschmack, um die Würde zu erhöhen, sind alle auf Goldgrund gemalt. Sie können sich vorstellen, was das für eine schöne Wirkung macht, doch sie haben von Schatten und Verhältnissen keinen Begriff. Sie haben einen Bischof hier, der das Amt in seinem Purpurgewand hielt und mir eine Kerze zum Geschenk schickte, die fast so dick war wie ich selbst. Wir schliefen diese Nacht in der Stadt Bütschük Tschekmedschi oder große Brücke und die folgende in Kütschük Tschekmedschi oder kleine

Brücke, in einer sehr angenehmen Wohnung, einem ehemaligen Derwischkloster, das vorne einen großen Hof hatte, mit marmornen Kreuzgängen umgeben und in der Mitte einen guten Brunnen. Die Aussicht von hier und den umliegenden Gärten ist die angenehmste, die ich gesehen habe, und bezeugt, daß Mönche von allen Religionen ihre Einsiedeleien zu wählen wissen. Jetzt gehört es dem Hodscha oder Schulmeister, der Knaben unterrichtet. Ich begehrte sein eigenes Gemach zu sehen und staunte, als er mit dem Finger auf eine hohe Zypresse im Garten wies, auf deren Gipfel ein Bett für ihn und etwas niedriger ein anderes für seine Frau und zwei Kinder war, wo sie jede Nacht schliefen. Mir kam der Gedanke so wunderlich vor, daß ich mich entschloß, sein Nest näher zu untersuchen; allein, nachdem ich fünfzig Stufen gestiegen war, fand ich, daß mir noch fünfzig bevorstünden und ich dann von Ast zu Ast halsbrecherisch hinaufklettern mußte. Ich hielt es deshalb für das Ratsamste, mein Vorhaben aufzugeben.

Am folgenden Tag langten wir in Konstantinopel an. Ich kann Ihnen aber noch wenig davon sagen, weil ich die ganze Zeit mit dem Empfang von Besuchen zugebracht habe, die zum wenigsten für das Auge sehr angenehm sind, indem die jungen Frauen durchgehend Schönheiten sind und ihre Schönheit durch den feinen Geschmack in ihrer Kleidung gar sehr erhöhen. Unser Palast ist in Pera, das ebensowenig eine Vorstadt von Konstantinopel ist wie Westminster von London. Fast alle Gesandten wohnen nahe beieinander. Von einem Teil unseres Palastes sehen wir den Hafen, die Stadt Konstantinopel, den Serail und in der Entfernung die Berge Asiens; im ganzen genommen vielleicht die schönste Aussicht der Welt.

Irgendein französischer Schriftsteller sagt, Konstantinopel sei zweimal so groß wie Paris. Herr Wortley will durchaus nicht zugestehen, daß es größer ist als London, mir aber kommt es wirklich so vor, ich halte es aber nicht für so volkreich. Die Begräbnisstätten rund herum nehmen gewiß einen größeren Platz ein als die Stadt selbst. Es ist zum Erstaunen, was für ein ungeheures Stück Landes auf diese Art in der Türkei verloren geht. Ich habe manchmal solche Begräbnisplätze von etlichen englischen Meilen gesehen, die zu sehr unbedeutenden Dörfern gehörten, die vor Zeiten große Städte waren und kein anderes als dies traurige Denkmal ihrer alten Größe übrigbehalten haben. Nichts könnte die Leute veranlassen, einen Stein, der als Grabmal dient, wegzunehmen. Einige davon sind ziemlich kostspielig, denn sie sind aus dem besten Marmor. Zum Gedächtnis eines Mannes richten sie eine Säule auf, die an der Spitze einen aus Stein gehauenen Turban trägt, und da die Turbans durch ihre verschiedene Gestalt und ihre Schlingung den Stand oder den Beruf des Toten anzeigen, so ist es das gleiche, als ob man sein Wappen aufhinge. Außerdem hat die Säule gewöhnlich eine Inschrift mit goldenen Buchstaben. Frauen bekommen eine Säule ohne allen Zierat, nur die als Jungfrauen sterben, haben eine Rose oben auf dem Denkmal. Die Begräbnisstätten hervorragender Familien sind eingefaßt und mit Bäumen umpflanzt. In den Gräbern der Sultane und großen Herren brennen beständig Lampen.

Als ich von ihrer Religion redete, vergaß ich zwei ganz besondere Umstände, von denen ich zwar gehört hatte, die ich aber wegen ihrer Seltsamkeit nicht glauben wollte. Doch ist es sicher wahr, daß, wenn ein Mann sich feierlichst von seiner Frau geschieden hat, er sie unter keiner anderen Bedingung wieder annehmen darf, als wenn er einem anderen Mann erlaubt, eine Nacht bei ihr zu schlafen. Man hat Beispiele, daß Männer sich lieber diesem Gesetze unterworfen haben, als ihre Geliebte verloren. Der andere Lehrsatz ist sehr außerordentlich, man betrachtet jede Frau, die unverheiratet stirbt, als im Stande der Verworfenheit. Zur Bestätigung dieses Glaubens schließen sie so: der Zweck der Schöpfung des Weibes sei, die Vermehrung zu fördern, und nur dann handle es seiner eigentlichen Berufung gemäß, wenn es Kinder gebäre oder aufzöge. Dies seien alle Tugenden, die Gott von ihr fordere. Und in der Tat erlaubt ihnen ihre Lebensweise, die sie von allem öffentlichen Umgang ausschließt, auch keine anderen. Unsere gewöhnliche Meinung, daß die Mohammedaner den Weibern keine Seelen zugestünden, ist ein Irrtum. Es ist wahr, sagen sie, ihre Seelen sind nicht von so erhabener Art und dürfen also nicht hoffen, in das für die Männer bestimmte Paradies eingelassen zu werden, die sich nur mit himmlischen Schönheiten unterhalten sollen. Allein es gibt einen anderen Ort der Glückseligkeit, für Seelen von niederem Range bestimmt, wo alle guten Weiber in ewiger Freude leben werden. Viele unter ihnen sind sehr abergläubisch und wollen nicht zehn Tage Witwen bleiben aus Furcht, in dem verworfenen Zustand eines unnützen Geschöpfes zu sterben. Allein die, die ihre Freiheit lieben und nicht Sklavinnen ihrer Religion sind, begnügen sich zu heiraten, wenn sie der nahe Tod schreckt. Diese Art von Theologie ist von jener sehr verschieden, die da lehrt, es sei dem lieben Gott nichts angenehmer als das Gelübde ewiger Keuschheit. Welche von beiden die vernünftigste sei, überlasse ich Ihnen zu entscheiden.

Ich bin schon ziemlich weit mit einer Sammlung griechischer Münzen gekommen. Hier gibt es verschiedene berufsmäßige Antiquare, die bereit sind, einen jeden, der es verlangt, zu bedienen. Allein Sie können sich nicht vorstellen, wie starr und verwundert sie mir ins Gesicht gaffen, wenn ich selbst darnach frage, als wenn es keinem erlaubt wäre, Münzen zu sammeln, bis er selbst ein Altertumsstück geworden ist. Ich habe einige sehr kostbare von den mazedonischen Königen, besonders eine von Perseus [179–168 v. Chr.], so lebendig, mich deucht, ich sehe alle seine bösen Eigenschaften in seinem Gesicht, ebenso einen schön geschnittenen Porphyrkopf von wahrer griechischer Kunstfertigkeit, allein wen es vorstellt, müssen die Gelehrten erraten, wenn ich zurückkomme, denn Sie müssen nicht denken, daß diese Antiquare (es sind alles Griechen) etwas davon verstehen. Ihre Sache ist nur verkaufen. Sie haben Bekannte zu Aleppo, Groß-Kairo, in Arabien und Palestina, die ihnen alles schicken, was sie finden, oft große Haufen, die zu nichts taugen, als in Pfannen und Kessel umgeschmolzen zu werden. Sie verkaufen alles so teuer wie möglich, ohne das Kostbare von dem Wertlosen unterschciden zu können. Wer von ihnen Anspruch auf Kenntnis macht, findet gewöhnlich auf den Münzen griechischer Städte das Bild eines Heiligen. Einer zeigte mir auf einer Rückseite die Pallas [Athene] mit einer Viktoria [Nike] in der Hand und versicherte, es wäre die heilige Jungfrau, die ein Kruzifix hielte. Der nämliche bot mir das Haupt eines Sokrates auf einem Sardonyx an und gab ihm, um seinen Wert zu erhöhen, den Namen des heiligen Augustin. Ich habe eine Mumie bestellt, die, wie ich hoffe, mir sicher zu Händen kommen wird, ungeachtet des Unglücks, das einer schönen Mumie widerfuhr, die für den König (Karl XII.) von Schweden bestimmt war. Er bezahlte sie sehr teuer, aber die Türken setzten sich in den Kopf, daß er irgend etwas Wichtiges damit bezwecke. Sie bildeten sich ein, es wäre der Körper Gott weiß wessen, und der Zustand des Reiches hinge auf eine mystische Art von seinem Besitze ab. Man erinnerte sich bei dieser Gelegenheit alter Prophezeiungen, und die Mumie ward als Gefangene in die Sieben Türme[39] gebracht, allwo sie in strenger Verwahrung bis auf den heutigen Tag geblieben ist. Ich traue mir nicht zu, mein Ansehen für eine so wichtige Sache wie ihre Befreiung einzusetzen, hoffe aber, daß die meinige ohne Untersuchung durchkommen wird.

Ich kann Ihnen jetzt nichts weiter von dieser berühmten Stadt sagen. Wenn ich mich ein wenig mehr umgesehen habe, sollen Sie wieder von mir hören. Ich bin Ihre ...

An Mr. Pope

Belgrad (Dorf), den 17. Juni 1717

Ich hoffe, daß Sie nunmehr schon zwei oder drei meiner Briefe erhalten haben. Den Ihrigen empfing ich erst gestern, obwohl er vom 3. Februar datiert ist. Sie vermuten also, daß ich gestorben und begraben sei. Ich habe Ihnen bereits geschrieben, daß ich noch lebe. In Wahrheit sehe ich aber meinen gegenwärtigen Zustand so an wie den Stand abgeschiedener Geister. Die Hitze zu Konstantinopel hat mich an diesen Ort getrieben, welcher der Beschreibung der elysischen Felder völlig entspricht. Ich befinde mich in der Mitte eines Waldes, der meist aus Fruchtbäumen besteht und durch eine Menge Brunnquellen bewässert wird, die wegen der Vortrefflichkeit ihres Wassers berühmt sind. Es gibt viele schattige Spaziergänge in kurzem Gras, mir schien es ein Werk der Kunst, aber jetzt bin ich gewiß, daß alles Natur ist. Der Wald liegt angesichts des Schwarzen Meeres, von dem wir beständig die Erfrischung kühler Lüfte genießen, die uns die Hitze des Sommers nicht fühlen lassen. Nur die Reichsten unter den Christen bewohnen dieses Dorf. Sie versammeln sich alle Abend bei einem Brunnen vierzig Schritte von meinem Hause zum Singen und Tanzen. Die Schönheit wie die Kleidung des weiblichen Geschlechtes gleichen vollkommen den Begriffen von den Nymphen der Alten, so, wie sie uns die Dichter und Maler schildern. Was mich aber noch mehr von meinem Ableben überzeugt, ist meine eigene Gemütsverfassung, die tiefe Unwissenheit von allem, was unter den Lebenden vorgeht (was ich nur von ungefähr zu wissen bekomme) und die große Ruhe, mit der ich es vernehme. Doch fühle ich noch immer eine Sehnsucht nach meinen in der Welt zurückgelassenen Freunden, wie jener bewundernswürdige Dichter bezeugt:

> »daß abgeschiedene Seelen auf wunderbare Weise
> gedenken der zurückgelassenen Freundeskreise.«

Von dieser feierlichen Wahrheit bin ich ein totes Beispiel. Virgil, deucht mich, ist der nämlichen Meinung, daß in menschlichen Seelen noch immer etwas von menschlichen Leidenschaften übrig bleibt:

> »selbst im Tode lassen sie die Sorgen nicht zurück.«

Für ein vollkommenes Elysium wäre ein Lethefluß sehr notwendig, den ich nicht das Glück habe zu finden.

Die Wahrheit zu sagen, ich bin zu Zeiten des Singens

und Tanzens und Sonnenscheins von Herzen müde und wünsche mir den Nebel und die Beschwerlichkeiten, unter denen Sie sich plagen. Ich gebe mir Mühe, mich zu überreden, daß ich in einer angenehmeren Mannigfaltigkeit als Sie lebe; und daß Montag: Rebhühnerschießen, Dienstag: Englisch lesen, Mittwoch: Türkisch lernen (worin ich es, nebenbei gesagt, schon ziemlich weit gebracht habe), Donnerstag: die klassischen Autoren, Freitag: mit Schreiben zugebracht, Samstag: bei meiner Nadel und Sonntag: Besuche und Musik ein besser eingerichteter Wochenverlauf ist als Montag: bei Hofe im Vorzimmer, Dienstag: bei Lady Mohun, Mittwoch: in der Oper, Donnerstag: im Schauspiel, Freitag: bei Frau Chetwind usw. ein ewiger Kreis, wo man immer die nämlichen Klatschereien hört, die nämlichen Torheiten wiederholen sieht; um all das kümmere ich mich hier so wenig wie andere Tote. Ich kann nun alles Verdrießliche mitleidig und ohne böse zu werden anhören. Die Erinnerung an die große Kluft zwischen Ihnen und mir kühlt jede Neuigkeit ab, die hierher kommt. Weder Freude noch Traurigkeit können mich empfindlich berühren, wenn ich bedenke, daß möglicherweise die Ursache für beides nicht mehr vorhanden ist, ehe ich den Brief erhalte. Doch, wie ich schon vorher sagte, erstreckt sich diese Gleichgültigkeit nicht auf meine wenigen Freundschaften. Ich erinnere mich immer mit Wärme der Ihrigen und der Mr. Congreve's und wünsche in Ihrem Andenken zu leben, wenn ich gleich für die übrige Welt tot bin. Ich bin ...

An Lady Rich

Belgrad (Dorf), den 17. Juni 1717

Ich bitte Sie herzlich um Verzeihung, allein ich konnte mich wirklich nicht enthalten, recht herzlich über Ihren Brief und über die Aufträge, mit welchen Sie mich beehren, zu lachen. Sie verlangen, ich soll Ihnen eine griechische Sklavin mit tausend guten Eigenschaften kaufen. Griechen sind Untertanen, keine Sklaven. Die, welche man als Sklaven kaufen kann, sind entweder im Kriege gefangen oder durch die Tataren aus Rußland, Zirkassien oder Georgien geraubt worden und sind so jämmerliche, ungeschickte, armselige Elende, daß Sie keine für wert halten würden, Ihre Hausmagd zu sein. Es ist wahr, man brachte viele Tausende aus Morea [Peloponnes], allein die meisten sind durch die milde Beisteuer der Christen befreit oder durch ihre eigenen Verwandten in Venedig losgekauft worden. Die schönen Sklavinnen, die vornehmen Damen aufwarten oder zum Vergnügen großer Herren dienen, sind alle im Alter von acht oder neun Jahren gekauft und mit großer Sorgfalt im Singen, Tanzen, Sticken usw. unterrichtet worden. Sie sind gewöhnlich aus Zirkassien, und ihr Gebieter verkauft sie nie, es sei denn zur Strafe für ein sehr großes Vergehen. Werden sie ihrer müde, so verschenken sie die Mädchen an einen Freund oder sie geben ihnen die Freiheit. Die, welche zum Verkauf auf die Märkte gebracht werden, haben sich entweder eines Verbrechens schuldig gemacht oder sind so schlecht, daß man sie für nichts gebrauchen kann. Ich fürchte, Sie werden die Wahrheit dieser Nachricht bezweifeln, die, wie ich bekenne, sehr von der gewöhnlichen Meinung in England abweicht; sie ist aber nichtsdestoweniger wahr.

Bild zu Seite 157: Das Schloß der sieben Türme

Ihr ganzer Brief ist voller Irrtümer von Anfang bis zu Ende. Ich sehe, Sie haben Ihre Begriffe von der Türkei aus jenem ehrwürdigen Schriftsteller Dumont[40] geschöpft, der mit ebenso vieler Unwissenheit als Zuversicht geschrieben hat. Für mich ist es hier ein besonderes Vergnügen, die Reisen nach der Levante zu lesen, die insgemein so weit von der Wahrheit entfernt und so voller Ungereimtheiten sind, daß sie mich recht belustigen. Die Verfasser verfehlen nie, Ihnen Nachricht von dem weiblichen Geschlecht zu geben, wovon sie gewiß keine einzige gesehen haben, und sehr weise von dem Geist der Mannspersonen zu schwatzen, in deren Gesellschaft sie nie zugelassen worden sind, und beschreiben sehr oft Moscheen, in die sie nicht hineinblicken durften. Die Türken sind sehr stolz und werden sich mit keinem Fremden einlassen, von dem sie nicht wissen, daß er in seinem Vaterlande in Ansehen steht. Ich rede von Leuten von Stande, Sie können sich leicht vorstellen, welchen Begriff vom Geiste des Volkes der Umgang mit den gewöhnlichen Leuten geben kann.

Balsam von Mekka will ich Ihnen gewiß schicken, allein man bekommt ihn nicht so leicht, wie Sie vermuten, und nach meinem Gewissen kann ich Ihnen auch nicht raten, ihn zu gebrauchen. Ich weiß nicht, wodurch er den allgemeinen Beifall erhalten haben mag. Alle Damen meiner Bekanntschaft in London und Wien haben mich gebeten, ihnen Büchsen damit zu schicken. Ich habe ein Weniges von der besten Art zum Geschenk erhalten (was gewiß sehr kostbar ist), voll Freude legte ich etwas davon auf mein Gesicht und erwartete wunderbare Wirkungen zu meinem Vorteile. Den anderen Morgen war die Veränderung in der Tat wundervoll: mein Gesicht war ganz außerordentlich aufgeschwollen und dabei so

Bild zu Seite 160: Said Paschas Palast am Bosporus

rot wie das der Lady H. In diesem bedauernswürdigen Zustande blieb es drei Tage, die mir, seien Sie versichert, sehr unangenehm waren. Ich glaubte, es würde nie wieder anders werden, und um mich noch mehr zu kränken, warf mir Herr Wortley ohne Aufhören meine Unvorsichtigkeit vor. Doch ist mein Gesicht seither wieder in statu quo, ja, wie mir die Damen hier sagen, hat es sich durch die Auflegung des Balsams sehr verbessert, was ich in meinem Spiegel aber nicht sehen kann. Wenn man über diesen Balsam nach den Gesichtern der Damen urteilen wollte, so müßte man die beste Meinung von ihm haben. Sie gebrauchen ihn alle und haben die schönsten, blühendsten Gesichter der Welt. Ich für mein Teil bin nicht gesonnen, den Schmerz noch einmal auszustehen, meine Gesichtsfarbe mag ihren natürlichen Lauf halten und zu gegebener Zeit welken. Ich habe wenig Achtung vor Arzneien dieser Art. Tun Sie, Madame, was Ihnen beliebt, nur denken Sie vor dem Auflegen daran, daß Ihr Gesicht davon so aussehen wird, daß Sie sich einige Tage lang nicht eben gern im Besuchszimmer zeigen werden.

Wenn man den Frauen hierzulande glauben wollte, so gibt es sicherere Wege, die Liebe eines Mannes zu gewinnen, als die Verschönerung. Sie wissen, daß das bei uns der Brauch ist. Allein hier geben die Frauen vor, Geheimnisse zu wissen, die durch Zauber ihnen die völlige Macht über jeden verschaffen. Ich, die ich nicht sehr aufgelegt bin, an Wunder zu glauben, kann auch für dies keinen Glauben in mir finden. Ich stritt gestern abend über diesen Punkt mit einer Dame, die über jeden anderen Gegenstand sehr vernünftig urteilt; allein sie ward wirklich böse über mich, als sie sah, daß sie mich nicht von der Wahrheit der vierzig Märchen, die sie mir von dieser Art erzählte, überzeugen konnte. Zuletzt erwähnte sie verschiedene lächerliche Heiraten, für die man keine andere Ursache angeben konnte. Ich versicherte ihr, daß in England, wo wir nicht das geringste von Zauberei verstünden, wo das Klima nicht halb so warm und die Frauen nicht halb so schön seien, doch die lächerlichen Heiraten nicht eben selten wären und daß wir es gar nicht als etwas Übernatürliches ansehen, wenn ein Mann aus Liebe zu einem Weibe einen Narrenstreich macht. Doch meine Gründe konnten sie nicht wider ihr sicheres Wissen (wie sie es nannte) überzeugen. Sie fügte hinzu, daß es zwar gegen ihr Gewissen ginge, selbst Zaubermittel zu gebrauchen, daß sie es aber tun könnte, wenn sie wollte; und dann sah sie mir starr (mit einer gelehrten Miene) ins Gesicht und sagte, daß keine Zauberkraft auf mich wirken würde, es gäbe einige, aber sehr wenige Menschen, die dagegen unempfindlich wären. Sie können sich vorstellen, wie herzlich ich über dergleichen Reden gelacht habe. Allein hier sind alle Weiber derselben Meinung. Sie behaupten nicht, einen Bund mit dem Teufel zu haben, nur gäbe es gewisse Mischungen, die fähig wären, Liebe einzuflößen. Wenn man eine Schiffsladung davon nach England senden könnte, so wäre das ein geschwinder Weg, zu Reichtümern zu gelangen. Was würden nicht einige Damen unserer Bekanntschaft für solche Ware geben? Leben Sie wohl, liebe Lady, ich kann meinen Brief mit keinem Thema schließen, das der Einbildungskraft reizendere Ausblicke eröffnete. Ich überlasse Ihnen, sich vorzustellen, wie höflich man mich bei meiner Rückkunft empfangen würde, wenn meine Reisen mir einen so nützlichen Teil der Gelehrtheit verschaffen sollten. Ich bin, liebe Madame, Ihre ...

AN MR. POPE

1. September 1717 [ohne Ortsangabe]

Als ich das letzte Mal an Sie schrieb, war Belgrad in den Händen der Türken, aber in diesem Augenblick hat es seine Herren gewechselt und ist in den Händen der Kaiserlichen. Ein Janitschar, der in neun Tagen, doch ohne andere Flügel, als ihm ein panischer Schrecken gegeben zu haben scheint, von der türkischen Armee von Belgrad nach Konstantinopel gekommen ist, hat Herrn Wortley die Nachricht von einem völligen Sieg überbracht, den die Kaiserlichen [am 16. August 1717] unter Anführung des Prinzen Eugen über die ottomanischen Völker gewonnen haben. Man sagt, der Prinz habe in diesem Treffen große Geschicklichkeit und Tapferkeit gezeigt, und ich freue mich besonders, daß die Stimme der Ehre und der Pflicht ihn von [hier sind in der Handschrift etliche Worte ausgestrichen] weggerufen hat. Zwei Tage nach der Schlacht ergab sich die Stadt. Es ist unbeschreiblich, welche Bestürzung diese Niederlage hier verursacht hat. Der Sultan befürchtet von der Rache und dem Unwillen des Volkes, der durch gewisse Rädelsführer geschürt wird, eine Rebellion und hat seine Vorsichtsmaßregeln damit angefangen, daß er nach der löblichen Gewohnheit dieser glückseligen Regierungsart verschiedene Personen erdrosseln ließ, auf die sein königlicher Argwohn gefallen war. Auch hat er seinem Schatzmeister befohlen, den Janitscharen einige Monate Sold vorauszuzahlen, was um so weniger nötig erscheint, als ihr Verhalten in diesem Feldzug sehr schlecht gewesen ist und ihre wilde Frechheit durch die allgemeine Verachtung ziemlich gezähmt zu sein scheint. Die, welche in zerstreuten Haufen in die Hauptstadt zurückkommen, haben weder Mut noch Ansehen genug, sich gegen die Beschimpfungen des Pöbels zu verteidigen. Selbst die Kinder verhöhnen sie, und das Volk speit ihnen im Vorbeigehen ins Gesicht. Während der Schlacht versagten sie ihren Beistand, das Gepäck und die Kriegskasse zu retten. Sie wurde dann doch noch von den Paschas und ihrem Gefolge verteidigt, während die Janitscharen und die Spahis sehr edel beschäftigt waren, ihr eigenes Lager zu plündern.

Sie sehen hier, wie erkenntlich ich für Ihren schönen Brief bin. Sie unterhalten mich auf die angenehmste Art mit dem Bericht von Ihrem geselligen Zusammensein mit Männern von Gelehrsamkeit und Geschmack und von den seligen Augenblicken, die Sie in ihrer Gesellschaft auf dem Lande im Schatten zubringen; und ich zeige Ihnen dagegen das barbarische Schauspiel von Türken und Deutschen, die einander die Hälse abschneiden. Doch, was können Sie aus einem Lande wie diesem erwarten, aus welchem die Musen geflohen und die Wissenschaften auf ewig verbannt scheinen. Wo in häuslichem Beisammensein keiner anderen Glückseligkeit nachgejagt wird als der Verfeinerung einer trägen Wollust und wo die, welche öffentlich die Bühne betreten, in Ungewißheit, Argwohn und Schrecken leben. Das Vergnügen, von welchem ich keine Feindin bin, wenn es von guter Art und gehörig gewürzt ist, wird einem hier bald zum Ekel. Witzige Gedanken, zierliches Gespräch und ungezwungener Verkehr sind den Türken unbekannt. Und doch scheinen sie zu dem allen die Fähigkeiten zu haben, wenn nicht ihre schlechte Regierung das Genie erstickte, der Wißbegierde wehrte und Hunderte von Neigungen unterdrückte, die das Leben verschönern und angenehm machen. Die wollüstige Leidenschaft des Serails ist hier fast die einzige, die völlig befriedigt wird. Allein bei dem einen Teil ist sie so sehr mit dem grämlichen Geiste des Despotismus und bei dem anderen mit der daraus entspringenden Niedergeschlagenheit und Ängstlichkeit vermengt, daß meiner Meinung nach es immer eine sehr gemischte Art von Genuß sein muß. Die Weiber sind hier wirklich nicht so eng eingesperrt, wie viele berichtet haben, sie genießen einen hohen Grad der Freiheit selbst im Schoße der Knechtschaft und haben Mittel zur Verkleidung und zu Schlichen, welche die Liebeshändel sehr begünstigen, doch schweben sie in ständiger Unruhe und Furcht, entdeckt zu werden, und eine Entdeckung setzt sie der unbarmherzigen Wut der Eifersucht aus, die hier ein Ungeheuer ist, das allein durch Blut gesättigt werden kann. Pracht und Reichtum, die hier in den Gemächern vornehmer Frauen herrschen, scheinen eine ihrer Hauptbelustigungen zu sein. Hierzu kommt ihr Gefolge von Sklavinnen, an deren Musik, Tanz und Putz sie sehr viel Vergnügen finden. Allein mitten in dieser Großartigkeit herrscht ein gezwungenes, steifes Wesen, das macht, daß mir das Ganze auf die Dauer nicht gefallen will, so sehr es mich auch im ersten Augenblick blendete. Diese Steifheit und Formalität der Lebensart ist aber nur den türkischen Frauenzimmern eigen, die griechischen Schönen haben einen ganz entgegengesetzten Hang und Charakter; bei ihnen zeigt sich das Vergnügen in reizender Gestalt, und ihrer Person wie ihren Sitten, ihrer Lebensart und ihrem Zeitvertreib fehlt es nicht im geringsten an Zierlichkeit und Ungezwungenheit.

Die Nachricht, daß Mr. Addison[41] zum Staatssekretär ernannt worden ist, setzt mich um so weniger in Verwunderung, als ich weiß, daß ihm dieser Posten schon zuvor angeboten worden ist. Damals lehnte er ihn ab, und ich glaube fest, er hätte wohl getan, es auch diesmal zu tun. Eine solche Stelle und eine Frau wie die Gräfin scheinen keine gute Wahl für einen engbrüstigen Mann zu sein, und wir werden noch die Zeit erleben, da er sich von Herzen freuen wird, wenn er sich beide vom Halse schaffen kann. Gut, daß er den Gedanken an ein bändereiches Wörterbuch aufgegeben hat, dessen ich Sie oder sonst jemanden oft habe erwähnen hören.

Doch nichts mehr davon. Ich würde nicht soviel gesagt haben, wäre ich nicht sicher, daß Ihnen dieser Brief zuverlässig und uneröffnet ausgeliefert werden wird. Mich verlangt sehr, englischen Boden zu betreten, um Sie und Mr. Congreve zu sehen, die ihn zum klassischen Boden machen; auch werden Sie unserem jetzigen Staatssekretär einen Teil dieses Verdienstes nicht absprechen, was Sie auch in anderer Beziehung für Gründe haben mögen, unzufrieden mit ihm zu sein. Sie sind die drei glücklichsten Dichter, von denen ich je gehört habe. Der eine ist Staatssekretär, der andere genießt Muße mit Würde in zwei einträglichen Stellungen, und Sie, obgleich ihre Religion ein Hindernis für Beförderungen am Hofe ist und Sie zu bürgerlichen Ämtern unfähig macht[42], Sie haben den Stein der Weisen gefunden, denn Sie haben vermittels ihres poetischen Schmelztiegels der Iliade eine englische Gestalt gegeben, ohne daß sie im geringsten etwas von Ihrer ursprünglichen Schönheit verloren hat, so haben Sie den goldenen Strom von Paktolos[43] nach Twickenham geleitet. Dies heiße ich den Stein der Weisen finden, denn Sie allein und kein anderer besitzen das Geheimnis. Addison und Tickel versuchten es, allein der Versuch mißlang, und sie verloren, wenn nicht ihr Geld, doch einen

Teil ihres Ruhms dabei, während Sie indessen den Mantel des göttlichen Dichters berührten und seinen Geist einsaugten. Ich hoffe, wir werden nun auch bald die Odyssee von ihrer glücklichen Hand bekommen. Odysseus, den Reisenden, den Beobachter der Menschen und Sitten, gedenke ich mit ungemeinem Vergnügen zu begleiten, wenn er in Ihren harmonischen Tönen reist. Ich habe ihn weit lieber als den hitzigen Sohn des Peleus, der seinem Feldherrn trotzte, um seine Geliebte weinte usw. Es ist wahr, die Vortrefflichkeit der Ilias hängt nicht von seinem Verdienst und seiner Würde ab, nichtsdestoweniger wünsche ich, Homer hätte sich einen weniger zum Zorn geneigten und weniger phantastischen Helden gewählt. Ein vollkommener Held ist ein Hirngespinst und nicht in der Natur, folglich unbelehrend, doch bleibt es wahr, daß der epische Held, wenngleich er mit den Schwachheiten geschildert wird, die das Los der Menschheit sind, er doch nie als absurd geschildert werden soll. Doch es steht mir übel an, den Kritiker zu machen, ich beurlaube mich also für diesmal von Ihnen und bitte Sie zu glauben, daß ich mit der größten Hochschätzung bin ...

An Mrs. Thistlethwayte

Pera bei Konstantinopel, den 4. Februar 1718

Ich bin Ihnen, liebe Madame Thistlethwayte, unendlich für Ihren angenehmen und unterhaltenden Brief verbunden. Sie sind die einzige von meinen Freunden, mit denen ich in Briefwechsel stehe, die mich richtig genug beurteilt, daß mir Neuigkeiten, die bei Ihnen vorgehen, herzlich willkommen sein würden. Alle übrigen sagen mir, fast in den nämlichen Worten, daß sie vermuten, ich wisse schon alles. Es ist mir unmöglich, die Ursache zu erraten, warum sie dieses zu vermuten belieben, es sei denn, sie meinten, die Brut von Mohammeds Tauben sei immer noch am Leben und ich erhielte auf übernatürliche Art Nachrichten. Ich wünschte, Ihre Güte mit einer belustigenden Nachricht von hier erwidern zu können, allein ich weiß nicht, welcher Teil der hiesigen Begebnisse Ihre Neugierde befriedigen würde oder ob Sie überhaupt so entfernte Dinge wissen wollen. Die Wahrheit zu sagen, bin ich, während ich dies schreibe, nicht eben aufgelegt, belustigende Dinge in mein Gedächtnis zurückzurufen, denn mein Kopf ist ganz mit den notwendigen Vorbereitungen für den Zuwachs meiner Familie, den ich jeden Tag erwarte, angefüllt. Sie können sich meine Unruhe vorstellen. Doch tröstet mich gewissermaßen der Ruhm, der mir dadurch zufällt, und der Gedanke der Verachtung, in die ich verfallen würde, wenn es sich anders verhielte. Diese Sprache werden Sie nicht verstehen, aber hierzulande ist der Ehestand ohne Fruchtbarkeit verächtlicher als bei uns die Fruchtbarkeit vor der Heirat. Man ist hier allgemein der Ansicht, daß wenn eine Frau keine Kinder mehr zur Welt bringt, sie eben zu alt für dieses Geschäft sei, ihr Gesicht mag immer das Gegenteil sagen. Diese Meinung macht die Damen hier so bereitwillig, Beweise ihrer Jugend abzulegen, was ebenso notwendig ist, um als allgemein anerkannte Schönheit zu gelten, wie die Ahnenprobe für einen, der Maltheserritter werden will. Darum begnügen sich die Frauen nicht mit dem Gebrauch natürlicher Mittel, sondern nehmen ihre Zuflucht zu allerhand Quacksalbereien, um das Ärgernis, als wenn ihre Fruchtbarkeit vorbei wäre, zu vermeiden, wodurch sie sich oft ums Leben bringen. Ohne Übertreibung, alle Frauen meiner Bekanntschaft haben zwölf oder dreizehn Kinder, und die älteren rühmen sich, fünfundzwanzig oder dreißig gehabt zu haben, und werden nach der Zahl, die sie geboren, geachtet. Sind sie schwanger, so ist ihre übliche Rede: sie hofften, Gott wolle so gnädig sein, ihnen diesmal zwei zu senden. Wenn ich sie bisweilen fragte, wie sie für eine solche Herde, wie sie sich wünschten, zu sorgen gedächten, war die Antwort, daß die Pest gewiß die Hälfte davon töten würde, was auch wirklich geschieht, ohne daß sich die Eltern viel darum grämen; sie sind zufrieden mit der Eitelkeit, so fruchtbar gewesen zu sein. Die französische Gesandtin muß sich dieser Gewohnheit ebenso unterwerfen wie ich. Sie ist nicht viel über ein Jahr hier, hat einmal Wochenbett gehalten und ist wieder schwanger. Höchst wunderbar ist, daß sie hier von dem Fluche befreit zu sein scheinen, der dem weiblichen Geschlecht auferlegt ist. Sie empfangen alle Besuche am Tage ihrer Entbindung und erwidern sie nach vierzehn Tagen, mit allen ihren Juwelen und neuen Kleidern ausgeputzt. Möchte auch ich hierin den Einfluß des Klimas empfinden, allein ich fürchte, ich werde auch dabei eine Engländerin bleiben so wie in meiner Furcht vor Feuer und Pest, zwei Dinge, die man hier sehr wenig fürchtet.

Die meisten Häuser sind schon ein paarmal abgebrannt, woran ihre seltsame Art, sich zu wärmen, schuld ist. Sie haben weder Kamine noch Öfen, sondern ein Gerät, das sie tendour nennen: ein Tisch, zwei Fuß hoch, mit schönen Teppichen bedeckt, die manchmal bestickt sind. Er ist aus Holz, darunter stellen sie etwas heiße Asche und sitzen mit den Füßen unter der Decke. An diesem Tisch arbeiten, lesen und schlafen sie sehr oft, werfen auch wohl im Traum den tendour um, und so steckt die heiße Asche dann das Haus in Brand. Vor vierzehn Tagen wurden fünfhundert Häuser auf diese Weise ein Raub der Flammen. Ich habe seitdem verschiedene von den Eigentümern gesehen, die von einem so allgemeinen Unglück gar nicht berührt schienen. Sie werfen ihre Güter in eine Barke und sehen ihre Häuser mit vieler Philosophie brennen, denn Menschen sind, weil sie keine Stiegen herunterzusteigen haben, selten in Gefahr.

Allein, nachdem ich Sie mit Sachen unterhalten habe, die mir nicht gefallen, ist es nicht mehr als billig, daß ich Ihnen auch etwas erzähle, was mir gefällt. Der Himmelsstrich ist hier im höchsten Grade angenehm. Ich sitze jetzt, am 4. Februar, am offenen Fenster und genieße den warmen Sonnenschein, während Sie bei einem traurigen Steinkohlenfeuer vor Kälte schaudern. Ich habe in meinem Zimmer blaßrote Nelken, Rosen und Jonquillen stehen, alle frisch aus meinem Garten. Mir gefallen auch viele Stücke des türkischen Gesetzes, die, zu unserer Schande sei es gesagt, besser abgefaßt und besser vollzogen werden als die unsrigen, besonders die Bestrafung überwiesener Lügner, die bei uns, weiß Gott, siegprangende Verbrecher sind. Werden sie hier als die Urheber einer notorischen Falschheit überführt, dann brennt man sie mit einem heißen Eisen auf der Stirn. Wie viele weiße Stirnen würden wir verunstaltet sehen! Wie mancher schöne Herr würde gezwungen sein, seine Perücke so tief wie die Augenbrauen zu tragen, wenn dies Gesetz bei uns üblich wäre! Ich würde Ihnen noch immer mehr von der Handhabung der Gerechtigkeit erzählen, allein ich muß nach der Wehemutter senden.

An Gräfin Mar

Pera bei Konstantinopel, den 10. März 1718

Ich habe Ihnen, liebe Schwester, seit vielen Monaten nicht geschrieben. Eine große Selbstverleugnung! Allein ich weiß nicht, wohin ich meine Briefe richten soll, oder in welchem Teil der Welt Sie sich aufhalten. Ich habe keine Briefe von Ihnen empfangen, seit dem kurzen Zettel vom vergangenen April, in welchem Sie mir sagten, daß Sie im Begriffe stehen, England zu verlassen, und mir Ihren Aufenthalt anzeigen würden. Allein ich habe bis jetzt vergebens darauf gewartet. Jetzt sehe ich soeben aus der Zeitung, daß Sie nach Hause zurückgekehrt sind. Dies veranlaßt mich, diesen Brief aufs Geratewohl nach Ihrem Hause in London laufen zu lassen. Lieber mögen zehn von meinen Briefen verloren gehen, als daß Sie denken sollten, ich schriebe nicht, und es wäre doch ein hartes Schicksal, wenn Sie von zehn nicht einen erhalten. Inzwischen bin ich entschlossen, die Abschriften davon aufzubewahren als Zeugen meiner Neigung, Sie nach äußerstem Vermögen an den Ergötzlichkeiten meiner Reise teilnehmen zu lassen, indessen Sie von allen Beschwerden und Ungemach, die dabei sind, befreit bleiben.

Zuerst also wünsche ich Ihnen Glück zu Ihrer Nichte, denn es sind nun fünf Wochen, daß ich von meiner Tochter entbunden ward. Ich erwähne dies nicht als eine von meinen ergötzlichen Begebenheiten, obschon ich gestehen muß, daß es hier nicht halb so hart hält wie in England. Der Unterschied ist wie zwischen einem kleinen Schnupfen, den man auch hier zuweilen bekommt, und jenem schwindsüchtigen Husten, der in London so allgemein ist. Keine Kindbetterin hält sich länger als einen Monat zu Hause; und ich bin in keine von unseren Gewohnheiten so verliebt, daß ich sie beibehalte, wenn sie nicht nötig sind. Ich erwiderte meine Besuche nach drei Wochen, und vor ungefähr vier Tagen fuhr ich über das Meer, welches diesen Ort von Konstantinopel trennt, um einen Besuch zu machen, bei dem ich glücklicherweise manches Merkwürdige aufsammelte.

Ich besuchte die Sultanin Hafitén, Favoritin des verstorbenen Kaisers Mustapha, der, wie Sie wissen (oder vielleicht wissen Sie es nicht) von seinem Bruder, dem regierenden Sultan, abgesetzt ward und einige Wochen nachher an Gift, wie man allgemein glaubt, starb. Diese Dame wurde gleich nach seinem Tode mit dem unabänderlichen Befehl begrüßt, das Serail zu verlassen und sich unter den Großen der Pforte einen Mann zu wählen. Sie werden sich ohne Zweifel denken, daß sie bei diesem Vorschlag vor Freude außer sich war. Ganz das Gegenteil. Diese Weiber, die Königinnen genannt werden und sich als solche ansehen, betrachten diese Freiheit als den größten Schimpf, der ihnen widerfahren kann. Sie warf sich dem Sultan zu Füßen und bat ihn, sie lieber zu ermorden als seines Bruders Witwe so verächtlich zu behandeln. Sie stellte ihm in schmerzlichen Todesängsten vor, daß sie von diesem Unglück mit Recht verschont zu werden verdiente, weil sie der ottomanischen Familie fünf Prinzen geschenkt hätte. Allein, da die Knaben alle tot sind und nur ein einziges Mädchen lebt, ließ man diese Ausflüchte nicht gelten und zwang sie, eine Wahl zu treffen. Sie wählte Bekir Efendi, damals Staatssekretär und über achtzig Jahre alt, um die Welt zu überzeugen, daß sie fest entschlossen wäre, ihr abgelegtes Gelübde zu halten und nie zu leiden, daß ein zweiter Ehemann sich ihrem Bette nähere; und weil sie doch einen Untertan insofern ehren mußte, daß sie den Namen seines Weibes führte, wählte sie diesen zum Zeichen ihrer Dankbarkeit, weil er sie im Alter von zehn Jahren ihrem verstorbenen Herrn geschenkt hatte. Allein sie gestattete ihm keinen einzigen Besuch, ungeachtet sie jetzt fünfzehn Jahr in seinem Haus gewesen ist, wo sie ihre Zeit in ununterbrochener Trauer zubringt mit einer Standhaftigkeit, von der man in der Christenheit wenig Beispiele hat; besonders an einer Witwe von einundzwanzig Jahren, denn sie ist jetzt erst sechsunddreißig Jahre alt. Sie hat keine schwarzen Eunuchen zu ihrer Bewachung, denn ihr Mann ist gezwungen, sie als Königin zu ehren, und darf sich nicht im geringsten darum kümmern, was in ihrem Gemach vor sich geht.

Man führte mich in ein großes Zimmer, das der Länge nach ein Sofa mit weißen Marmorpfeilern hatte, es war mit Samt, hellblau gemustert auf silbernem Grund, überzogen, die Kissen waren von der gleichen Art. Ich wurde gebeten, mich hier niederzusetzen, bis die Sultana erschien: sie hatte den Empfang auf diese Weise angeordnet, um ein Aufstehen bei meinem Eintritt zu vermeiden, doch neigte sie das Haupt, als ich bei ihrem Eintritt aufstand. Ich freute mich sehr, eine Dame betrachten zu können, die eine Vorzugsstellung in der Gunst eines Kaisers gehabt hatte, dem jeden Tag Schönheiten aus allen Weltteilen vorgestellt wurden. Allein mir schien, daß sie nie auch nur halb so schön gewesen sein kann als die holde Fatima, die ich zu Adrianopel gesehen hatte, ungeachtet sie Überbleibsel eines schönen Gesichts besaß, das der Kummer mehr als die Zeit zerstört zu haben schien. Ihr Anzug war so außerordentlich reich, daß ich mich nicht enthalten kann, ihn zu beschreiben. Sie trug eine donalma, die sich von einem Kaftan durch längere Ärmel und durch das Übereinanderfalten am Saume unterscheidet; sie war aus Purpurstoff, lag ihr eng am Leibe und war auf beiden Seiten bis zu den Füßen und rund um die Ärmel mit Perlen vom durchsichtigsten Glanz und so groß wie gewöhnliche Knöpfe besetzt. Denken Sie nicht, ich meine so große Knöpfe wie die von Lord ..., sondern ungefähr von der Größe einer Erbse, und an diesen Knöpfen große Schleifen von Diamanten nach Art der Goldschleifen an den Kleidern, die man am Geburtstagsfest des Königs trägt. Diese Robe war über den Hüften mit zwei großen Quasten von kleineren Perlen zusammengehalten und rund um die Arme mit Diamanten bestickt. Ihr Hemd war oben mit einem großen rautenförmigen Diamanten geschlossen, ihr Gürtel so breit wie das breiteste englische Band ganz mit Diamanten bedeckt. Um den Hals trug sie drei Ketten, die bis auf die Knie reichten, eine aus großen Perlen, an deren Ende ein schön gefärbter Smaragd hing, so groß wie das Ei einer Truthenne; die andere bestand aus zweihundert dicht aneinandergefügten Smaragden von dem feurigsten Grün, jeder so groß wie ein Halbkronenstück und so dick wie drei; die dritte war aus kleinen, vollkommen runden Smaragden. Doch verdunkelte ihr Ohrgehänge alles übrige: zwei Diamanten, genau wie Birnen gestaltet und von der Größe einer großen Haselnuß. Rund um ihren Kalpak hatte sie vier Schnüre Perlen, die weißesten und vollkommensten der Welt, genug, um wenigstens vier Halsbänder daraus zu machen, und jede Perle so groß wie die der Herzogin von Marlborough und von der gleichen Gestalt; sie waren mit zwei Rosen befestigt, die jede einen großen Rubin in der Mitte und rund herum zwanzig kleine, reine Diamanten hatten.

Außerdem war ihr Kopfputz mit Nadeln aus Smaragden und Diamanten bedeckt. Sie trug große Diamantenarmbänder und hatte fünf Ringe mit Solitären an den Fingern, die (Herrn Pitts[44] ausgenommen) die größten sind, die ich je in meinem Leben gesehen habe. Nur ein Juwelier weiß den Wert dieser Kleinodien genau zu schätzen, allein so, wie man bei uns die Juwelen gemeinhin veranschlagt, muß ihr ganzer Anzug hunderttausend Pfund Sterling wert sein. Ich bin sicher, daß keine europäische Königin halb so viele Edelsteine besitzt, und die Juwelen der Kaiserin, obschon sie sehr schön sind, würden neben diesen nur sehr mittelmäßig aussehen.

Die Sultana gab mir ein Mittagsmahl von fünfzig Schüsseln, nach ihrer Sitte wurde nur eine auf einmal aufgetragen, was außerordentlich langwierig war. Doch entsprach die Pracht der Tafel sehr wohl jener der Kleidung. Die Messer waren aus Gold und die Hefte mit Diamanten besetzt. Allein eine Üppigkeit, die meinen Augen weh tat, war das Tafeltuch und die Servietten, alle aus seidener Gaze, in Gold und bunter Seide mit Blumen überaus natürlich und schön bestickt. Mit Bedauern gebrauchte ich diese kostbaren Tücher, die so fein gewebt waren wie die schönsten Halstücher, die je aus diesem Lande kamen. Sie können versichert sein, daß sie ganz verdorben waren, noch ehe das Mahl endete. Der Sorbet, ein Getränk, das beim Essen gereicht wird, wurde in Porzellanschalen serviert, aber Deckel und Unterteller waren aus massivem Gold. Nach Tisch wurden Wasser in goldenen Becken und Handtücher von demselben Stoff wie die Servietten gebracht, woran ich meine Hände sehr ungerne abtrocknete. Kaffee wurde in japanischem Porzellan mit goldenen Unterschalen aufgetragen.

Die Sultana schien bei sehr guter Laune zu sein, sie unterhielt mich auf die höflichste Weise. Ich versäumte diese Gelegenheit nicht, alles mögliche aus dem Serail, diesem uns so gänzlich unbekannten Ort, zu erfahren. Sie versicherte mir, daß die Geschichte von des Sultans Schnupftuchwerfen ein reines Märchen sei. Die Art und Weise bei solchem Anlaß wäre einfach diese: der Sultan sendet den Kyslar Aga zu der Dame, um ihr die ihr zugedachte Ehre anzukündigen. Alle anderen wünschen ihr augenblicklich Glück dazu, führen sie ins Bad, wo sie mit Weihrauch beräuchert und aufs prächtigste und vorteilhafteste geputzt wird. Der Sultan läßt seinen Besuch mit einem kaiserlichen Geschenk einleiten und tritt dann in ihr Gemach. Auch ist es ein Märchen, daß sie bis zum Fuß des Bettes hereinkriechen muß. Hafitén sagte, die erste, die er wähle, bliebe nachher immer die erste dem Range nach und nicht die Mutter des ältesten Sohnes, wie andere Schriftsteller uns glauben machen wollen. Zuweilen ergötzt sich der Sultan in der Gesellschaft aller seiner Frauenzimmer, die in einem Kreis um ihn herumstehen, und die Sultana gestand, sie stürben beinahe vor Neid und Eifersucht über die Glückliche, die er durch den Anschein einer Bevorzugung begünstige. Doch dies schien mir weder besser noch schlimmer als die Cercle an den meisten Höfen, wo jeder Blick des Monarchen bewacht, jedes Lächeln mit Ungeduld erwartet und jeder beneidet wird von denen, die beides nicht erhalten können.

Sie erwähnte den Sultan nie ohne Tränen in den Augen, doch schien sie viele Freude darin zu finden, wenn das Gespräch auf ihn kam. »Meine vorige Glückseligkeit«, sagte sie, »scheint mir ein Traum, doch kann ich nicht vergessen, daß ich von dem größten und liebenswürdigsten

Menschen geliebt worden bin. Ich ward aus allen übrigen erwählt, alle seine Feldzüge mitzumachen, und ich würde ihn nicht überleben, wenn ich nicht die Prinzessin, meine Tochter, mit der äußersten Zärtlichkeit liebte. Doch war all meine Liebe zu ihr kaum hinreichend, mich im Leben zurückzuhalten. Als wir voneinander schieden, brachte ich ein ganzes Jahr zu, ohne das Sonnenlicht zu sehen. Die Zeit hat meine Verzweiflung gemildert, und doch bringe ich noch einige Tage der Woche in Tränen zu, dem Andenken meines Sultans geweiht.« In dieser Rede war nichts Gezwungenes. Man sah deutlich, daß sie in tiefe Schwermut versunken war, obgleich ihre gute Gesinnung sie willig machte, mich angenehm zu unterhalten.

Sie lud mich ein, mit ihr in den Garten zu gehen, und eine ihrer Sklavinnen brachte ihr gleich einen Überwurf aus reichem Brokat, mit Zobel gefüttert. Ich begleitete sie in den Garten, der nichts Besonderes außer den Springbrunnen hatte, nachher zeigte sie mir alle ihre Zimmer. In ihrem Schlafzimmer war ihr Putztisch aufgestellt, der aus zwei Spiegeln bestand, deren Rahmen mit Perlen überdeckt waren; dann ihr Nachttalpak mit Juwelennadeln, und nahe dabei lagen drei schöne Kleider aus feinem Zobel, deren jedes zum wenigsten zweihundert Pfund Sterling wert waren. Ohne Zweifel waren diese reichen Kleider mit Fleiß zur Schau gelegt, obschon sie unachtsam auf das Sofa geworfen schienen. Beim Abschied erhielt ich die Ehre, beräuchert zu werden wie bei der Gemahlin des Großwesirs, und wurde mit einem sehr schönen gestickten Tuch beschenkt. Sie hat dreißig Sklavinnen, ohne die zehn Kinder, von denen das älteste noch nicht sieben Jahre alt war. Diese waren die schönsten Mädchen, die ich je gesehen habe, alle reich gekleidet. Die Sultana schien ungemeines Vergnügen an diesen reizenden Kindern zu finden, die doch sehr viel kosten, denn man kann kein schönes Mädchen dieses Alters unter hundert Pfund Sterling haben. Sie trugen kleine Blumenkränze auf den eigenen geflochtenen Haaren, das war ihr ganzer Kopfputz, aber ihre Kleidung war ganz aus goldenem Stoff. Sie bedienen sie kniend mit Kaffee, bringen ihr Wasser zum Waschen usw. Ein großer Teil der Beschäftigung der älteren Sklavinnen besteht darin, diese kleinen Mädchen zu betreuen, sie sticken zu lehren und sie so sorgfältig zu bedienen, als wären sie Kinder der kaiserlichen Familie. Jetzt werden Sie denken, ich habe Sie mit einer Erzählung unterhalten, die von meiner Hand zum mindesten viele Verschönerungen bekommen habe. Das alles gleicht nur gar zu sehr den arabischen Märchen, werden Sie sagen. Jene gestickten Servietten und ein Edelstein, so groß wie das Ei einer Truthenne! Sie vergessen, liebe Schwester, daß eben diese Märchen von einem Schriftsteller dieses Landes geschrieben sind und (die Verzauberungen ausgenommen) eine wirkliche Darstellung der hiesigen Sitten sind. Wir Reisende sind schlimm daran: sagen wir nichts, als was vor uns gesagt ist, dann sind wir dumm und haben nichts bemerkt; sagen wir irgend etwas Neues, dann lacht man uns aus, hält uns für Märchenkrämer und Romanschmiede und vergißt dabei, daß Verschiedenheit des Ranges auch Verschiedenheit der Gesellschaft ausmacht, und gesteht nicht größere Wißbegierde zu oder die Änderung der Sitten, die sich alle zwanzig Jahre in einem Lande vollzieht. Die Wahrheit ist, die Menschen beurteilen die Reisenden mit eben der Aufrichtigkeit, Gutherzigkeit und Unparteilichkeit wie bei jeder Gelegenheit ihre Nachbarn. Komme ich lebendig zurück, dann werde ich allen meinen teuren Freunden und Bekannten gar nichts erzählen, um den Vorwurf (den ihnen ihre Nächstenliebe gewiß eingeben würde) zu vermeiden, ich erzählte zuviel, denn ich kenne ihre moralischen Seiten nur gar zu gut. Bei Ihnen aber verlasse ich mich darauf, daß Sie mich genug kennen, alles zu glauben, was ich im Ernst als Wahrheit behaupte; doch können Sie über Nachrichten erstaunt sein, die für Sie so neu sind.

Was würden Sie aber sagen, wenn ich Ihnen erzählte, daß ich in einem Harem gewesen bin, in dessen Winterzimmer das Tafelwerk eingelegte Arbeit war, die aus Perlmutter, Elfenbein von verschiedenen Farben und Olivenholz bestand, vollkommen wie die kleinen Kästchen, die von hier aus nach England gebracht werden und die Sie gesehen haben; und in dessen Sommerzimmern die Wände mit japanischem Porzellan bekleidet, die Decken vergoldet und die Fußböden mit den feinsten persischen Teppichen belegt waren? Und doch ist nichts wahrer, so sieht es aus im Palast meiner liebenswürdigen Freundin, der schönen Fatima, die ich zu Adrianopel kennenlernte. Ich besuchte sie gestern, und sie schien mir, wenn möglich, noch schöner als zuvor. Sie kam mir an der Tür ihres Zimmers entgegen, gab mir die Hand mit der besten Anmut der Welt und sagte mit einem Lächeln, das sie holdselig wie einen Engel machte: »Sie Christinnen stehen in dem Ruf der Unbeständigkeit, und ungeachtet aller Ihrer Güte, die Sie mir zu Adrianopel bezeigten, erwartete ich doch nicht, Sie je wieder zu sehen. Nun aber bin ich überzeugt, daß ich wahrhaftig das Glück habe, Ihnen zu gefallen. Und wenn Sie wüßten, wie ich von Ihnen unseren Damen gegenüber rede, dann würden Sie versichert sein, daß Sie gerecht gegen mich sind, wenn Sie mich zu Ihrer Freundin machen.« Sie ließ mich im Winkel des Sofas niedersitzen, und ich brachte den Nachmittag mit dem größten Vergnügen in ihrer Gesellschaft zu. Die Sultana Hafitén ist willig, wie man es ganz natürlich von einer türkischen Dame erwartet, Gefälligkeiten zu erweisen, weiß aber nicht, wie sie es recht anfangen soll, und man sieht leicht an ihrem Benehmen, daß sie von der Welt entfernt gelebt hat. Fatima aber hat alle zuvorkommende Höflichkeit, alle Lebensart eines Hofes mit einer Haltung, die zugleich Ehrfurcht und Zärtlichkeit einflößt, und jetzt, da ich ihre Sprache verstehe, finde ich ihren Geist ebenso reizvoll wie ihre Schönheit. Sie ist sehr begierig, die Sitten anderer Länder kennenzulernen und hat für die Sitten des eigenen Landes nicht die Parteilichkeit, die bei kleinen Seelen so gewöhnlich ist. Meine Griechin, die sie nie zuvor gesehen hatte (und die auch nicht Zutritt hätte haben können, wenn sie nicht in meiner Gesellschaft gewesen wäre), zeigte jenes Erstaunen über Fatimas Schönheit und Anstand, das beim ersten Anblick unvermeidlich ist, und sagte zu mir auf italienisch: »Dies ist keine türkische Dame, sie ist gewiß eine Christin.« Fatima erriet, daß sie von ihr redete, und fragte, was sie gesagt habe. Ich würde es ihr nicht gesagt haben, weil ich glaubte, das Kompliment würde ihr nicht besser gefallen, als wenn man zu einer unserer Hofschönheiten sagte, sie sähe wie eine Türkin aus. Allein die Griechin sagte es ihr, und sie erwiderte lächelnd: »Es ist nicht das erstemal, daß ich das höre. Meine Mutter war eine Polin und ward bei der Belagerung von Kamieniec gefangen. Mein Vater sagte mir oft im Scherz, seine Christenfrau müßte irgendwo einen Christen zum Liebhaber gehabt haben, denn ich sähe nicht wie ein türkisches Mädchen aus.« Ich versicherte ihr, daß, wenn alle türkischen Frauenzimmer ihr glichen, es für die Ruhe des männlichen Geschlechtes durchaus nötig sein würde, sie nie öffentlich erscheinen zu lassen, und fuhr fort, ihr zu sagen, was für ein Aufsehen ein Gesicht wie das ihrige zu London oder Paris machen würde. »Ich kann Ihnen nicht glauben«, erwiderte sie mit vieler Anmut. »Wäre die Schönheit in Ihrem Land so sehr geschätzt, wie Sie sagen, man würde Ihnen nie erlaubt haben, es zu verlassen.« Sie lachen vielleicht über meine Eitelkeit, liebe Schwester, weil ich dies Kompliment wiederhole, allein dies geschieht nur, weil mir die Art und Weise des Ausdrucks so sehr gefällt, und ich sage es Ihnen als ein Beispiel ihrer geistvollen Unterhaltung.

Ihr Haus war prächtig und mit Geschmack eingerichtet. Ihre Winterzimmer haben Tapeten aus beblumtem Samt auf Goldgrund und die für den Sommer aus goldgesticktem indischem Piqué. Die Häuser der vornehmen türkischen Damen werden ebenso nett und rein gehalten wie die in Holland. Dies Haus liegt an einem hochgelegenen Ort der Stadt, und von ihrem Sommergemach aus hatten wir die Aussicht auf das Meer, die Inseln und die asiatischen Berge.

Mein Brief ist unvermerkt so lang geworden, daß ich mich dessen schäme. Ein sehr schlimmes Zeichen! Es wird gut sein, wenn ich nicht zu einer richtigen Märchenerzählerin ausarte. Unser Sprichwort, Wissen ist keine Bürde, mag wahr sein, insofern es einen selber angeht, aber zuviel Wissen macht uns sehr leicht anderen beschwerlich. Ich bin ...

An Lady Rich

Pera bei Konstantinopel, den 16. März 1718

Es freut mich unendlich, liebe Lady, daß Sie endlich einen Auftrag für mich gefunden haben, den ich ausführen kann, ohne Sie in Ihrer Erwartung zu betrügen, wiewohl ich Ihnen sagen muß, daß er nicht so leicht zu bewerkstelligen war, wie Sie sich vielleicht einbilden; und wäre meine Neugier nicht eifriger gewesen als die irgendeines anderen, so wäre ich gezwungen, Ihnen mit einer Entschuldigung zu antworten, wie seinerzeit, als ich Ihnen eine griechische Sklavin kaufen sollte. Ich habe, Ihrem Wunsch gemäß, einen türkischen Liebesbrief für Sie erhalten und ihn in einer kleinen Schachtel dem Schiffer des Smyrnafahrers übergeben, mit dem Befehl, sie bei Ihnen selbst abzuliefern. Hier ist die wörtliche Übersetzung: das erste Stück, das Sie aus dem Beutel ziehen sollen, ist eine kleine Perle, die auf türkisch Ingi heißt, und so muß das Ganze verstanden werden[45]:

Perle: Holdeste der Jungfrauen.
Nelke: Du bist schlank wie diese Nelke!
  Du bist eine noch nicht aufgeblühte Rose!
  Ich habe Dich lange geliebt, und Du hast es nicht gewußt!
Jonquille: Hab' Mitleid mit meiner Liebe!
Papier: Ich werde jede Stunde schwächer!
Birne: Gib mir Hoffnung!
Seife: Ich bin krank vor Liebe!
Kohle: Möge ich sterben und alle meine Jahre Dein sein!
Rose: Mögest Du vergnügt und Dein Kummer mein sein!

Strohhalm: Vergönne mir, Dein Sklave zu sein!
Tuch: Dein Wert ist nicht zu ermessen!
Zimt: Aber mein Reichtum ist Dein!
Schwefelfaden: Ich brenne, ich brenne! Meine
  Flamme verzehrt mich!
Goldfaden: Wende Dein Angesicht nicht weg!
Haar: Krone meines Hauptes!
Traube: Meine Augen!
Golddraht: Ich sterbe! Komm' geschwind!

Und als Nachschrift
Pfeffer: Sende mir eine Antwort!

Sie sehen, dieser Brief ist ganz in Versen abgefaßt, und ich kann Ihnen versichern, es ist soviel Sinnreiches in ihrer Auswahl angebracht wie in den studiertesten Ausdrücken unserer Briefe. Man hat, wie ich glaube, eine Million Verse zu diesem Zweck. Es gibt keine Farbe, keine Blume, kein Unkraut, keine Frucht, kein Kraut, keinen Stein, keine Feder, die nicht einen zu ihr gehörigen Vers haben. Man kann sich zanken, Vorwürfe machen oder Liebes-, Freundschafts- oder Höflichkeitsbriefe, ja gar Neuigkeiten herumschicken, ohne die Finger mit Tinte zu beflecken.

Jetzt werden Sie sich wohl über meine tiefe Gelehrsamkeit wundern, aber leider, Madame, ich bin beinahe ebenso unglücklich wie gemeiniglich alle Ehrsüchtigen. Während sich diese in der Ferne mit unbedeutenden Eroberungen beschäftigen, spinnt sich zu Hause eine Empörung an – ich laufe große Gefahr, mein Englisch zu vergessen; ich finde, daß es mir nicht mehr halb so leicht ist, englisch zu schreiben wie vor zwölf Monaten. Ich muß auf Ausdrücke sinnen und alle anderen Sprachen beiseite setzen, um meine Muttersprache wieder zu lernen. Der menschliche Verstand ist ebenso beschränkt wie das menschliche Können und die menschliche Stärke. Das Gedächtnis kann nur eine gewisse Zahl Bilder aufbewahren, und es ist für einen Menschen ebenso unmöglich, zehn verschiedene Sprachen vollkommen zu beherrschen wie zehn Königreiche in vollkommener Unterwürfigkeit zu halten oder sich mit zehn zugleich herumzuschlagen. Mir ist bange, ich werde zuletzt keine Sprache mehr beherrschen, wie es sich gebührt. Ich wohne an einem Ort, der vom Turm zu Babel eine rechte Vorstellung gibt: in Pera spricht man türkisch, griechisch, hebräisch, armenisch, arabisch, persisch, russisch, slowenisch, walachisch, deutsch, holländisch, französisch, englisch, italienisch, ungarisch, und, was das schlimmste ist, es werden zehn dieser Sprachen in meinem eigenen Hause gesprochen. Meine Stallknechte sind Araber, meine Bedienten Franzosen, Engländer und Deutsche, meine Amme eine Armenierin, meine Hausmädchen Russinnen, ein halbes Dutzend andere Bediente Griechen, mein Haushofmeister ein Italiener, meine Janitscharen Türken, so daß ich diese Vermischung von Lauten in einem fort höre. Bei den Eingeborenen bringt das hier eine seltsame Wirkung hervor, denn sie lernen diese Sprachen alle zur gleichen Zeit, ohne eine einzige genug innezuhaben, um darin zu lesen oder zu schreiben. Man findet hier wenig Männer, Weiber oder selbst Kinder, die nicht in fünf oder sechs Sprachen eine ganze Reihe Wörter wissen. Ich kenne selbst Kinder von drei oder vier Jahren, die italienisch, französisch, griechisch, türkisch und russisch reden. Letzteres lernen sie von ihren Ammen, die größtenteils aus diesem Lande sind. Dies scheint Ihnen unglaublich? Das ist es auch nach meiner Meinung, eines der seltsamsten Dinge dieses Landes, und es vermindert das Verdienst unserer Damen sehr, die sich für außerordentliche Genies ausgeben, wenn sie in dem Ruf einer ganz seichten Kenntnis vom Französischen und Italienischen stehen.

Da ich die englische Sprache allen übrigen vorziehe, kränkt mich ihre tägliche Abnahme in meinem Kopf außerordentlich. Ich versichere Ihnen mit kummervollem Herzen, mein Vorrat von Wörtern ist so klein, daß ich mich keines passenden Ausdrucks erinnern kann, um meinen Brief damit zu schließen, so daß ich gezwungen bin, Ihnen geradeheraus zu sagen, daß ich bin . . .[46]

An Gräfin Bristol

10. April 1718

Endlich empfange ich den ersten Brief von meiner lieben Lady Bristol. Ich bin gewiß, daß Sie die Güte hatten, mir vorher zu schreiben, allein ich war so unglücklich, Ihre Briefe nicht zu erhalten. Seit meinem letzten habe ich meine Zeit ruhig in Konstantinopel zugebracht, in einer Stadt, von der ich Ihnen gewissenshalber einen richtigen Begriff beibringen muß, weil ich weiß, daß Ihnen die Reisebeschreibungen einen parteiischen und falschen gegeben haben. Es gibt viele Menschen hier, die ganze Jahre in Pera zubringen, ohne jemals in Konstantinopel gewesen zu sein, und doch wollen alle es beschreiben.

Pera, Galata und Tophana, die zusammen einer sehr schönen Stadt gleichen, sind ganz von europäischen Christen bewohnt. Die See trennt sie von Konstantinopel, sie ist hier nicht über die Hälfte breiter als die größte Breite der Themse. Allein die Christen setzen sich ungern den Ungelegenheiten aus, die ihnen zu Zeiten von den Levents oder Seeleuten (ärgere Ungeheuer als unsere Binnenschifffahrtsmatrosen) bereitet werden. Frauen müssen, wenn sie nach Konstantinopel gehen, ihre Gesichter verhüllen, was sie verabscheuen. Es ist wahr, sie tragen Schleier in Pera, allein diese dienen nur dazu, ihre Schönheit mit mehr Vorteil zu zeigen, zu Konstantinopel aber würde man diese Schleier nicht dulden. Diese Gründe schrecken fast jeden ab, und die französische Gesandtin wird, glaube ich, nach Frankreich zurückkehren, ohne je in Konstantinopel gewesen zu sein. Sie werden sich also wundern, Madame, wenn ich diesem allen hinzufüge, daß ich sehr oft dagewesen bin. Der Jashmack oder türkische Schleier ist mir nicht nur sehr bequem, sondern sogar angenehm geworden, und wenn er es auch nicht wäre, würde ich doch immer gern einige Unbequemlichkeiten ertragen, um eine Leidenschaft zu befriedigen, die bei mir so mächtig geworden ist: meine Neugierde.

In der Tat ist das Vergnügen, in einem Boot nach Chelsea zu fahren, nicht mit dem Rudern auf der Enge der hiesigen See zu vergleichen, wo sich zwanzig Meilen bis zum Bosporus hinunter die schönste Mannigfaltigkeit an Aussichten zeigt. Das asiatische Ufer ist mit Fruchtbäumen, Dörfern und den reizendsten Naturlandschaften bedeckt; auf dem europäischen steht Konstantinopel auf sieben Hügeln, deren ungleiche Höhen die Stadt noch einmal so groß erscheinen lassen, als sie ist – eine der größten Städte der Welt. Eine schöne Mischung von Gärten, Pinien- und Zypressenhainen, Palästen, Moscheen und öffentlichen Gebäuden erheben sich reizvoll und scheinbar symmetrisch eins über das andere, so wie Euer

Gnaden es in einem Schrank gesehen haben, der von der Hand des größten Künstlers geziert ist, wo Vasen über Vasen getürmt und mit Blumenkörben, Büchsen, Puppen und Leuchtern vereinigt sind. Dies ist ein seltsamer Vergleich, allein er gibt einen genauen Begriff von der Sache.

Ich habe mich bemüht, vom Serail so viel zu sehen, wie zu sehen ist. Es liegt auf einer Landspitze, die in das Meer läuft, und ist von ungeheurem Umfang, aber sehr unregelmäßig. Die Gärten nehmen einen großen Bezirk ein und sind voll hoher Zypressen, das ist alles, was ich davon weiß. Die Gebäude sind alle aus weißem Stein, mit Blei gedeckt und haben vergoldete Türme, ein prächtiger Anblick, und ich glaube in der Tat, daß keines christlichen Königs Palast halb so groß ist. Er hat sechs in der Runde gebaute Höfe, die steinerne Galerien haben und mit Bäumen bepflanzt sind: einen für die Leibwache, einen für die Sklaven, einen dritten für die Küchenmeister, den vierten für die Pferdeställe, den fünften für den Diwan und den sechsten für das Audienzgemach. Auf der Seite der Frauengemächer sind wenigstens ebensoviel Höfe für ihre Eunuchen, Aufwärterinnen, Küchen usw.

Das nächste merkwürdige Gebäude ist die Hagia Sophia, die man ohne viel Beschwernisse nicht zu sehen bekommt. Ich war genötigt, dreimal zu dem Kaimakam (dem Gouverneur der Stadt) zu schicken. Er versammelte die vornehmsten Efendis oder die höchsten Gesetzeskundigen und ließ den Mufti fragen, ob es nach dem Gesetze erlaubt wäre. Sie stritten einige Tage über diese wichtige Frage, da ich aber auf meinem Begehren beharrte, wurde mir die Erlaubnis gegeben. Ich konnte nicht erfahren, warum die Türken bei dieser Moschee mehr Bedenken tragen als bei allen anderen, die jeder Christ ohne Anstände betreten darf. Vielleicht bilden sie sich ein, daß man, da sie einmal als Kirche geweiht worden ist, sie unter dem Vorwand der Neugier durch Gebete entheiligen könnte, besonders durch Gebete an die Heiligen, deren Bildnisse noch sehr sichtbar in Mosaikarbeit und durch nichts als die Zeit verdorben, vorhanden sind[47]. Denn es ist einfach falsch, obschon es allgemein behauptet wird, daß die Türken alle Bilder in der Stadt zerstört hätten. Die Kuppel der Hagia Sophia soll hundertdreizehn Fuß im Durchmesser haben, ist auf Bogen gebaut und wird von gewaltigen Pfeilern aus Marmor gestützt. Das Pflaster und die Treppen sind ebenfalls Marmor. Hier sind zwei Reihen Galerien auf Säulen von vielfarbigem Marmor. Die ganze Decke ist Mosaikarbeit, die aber zusehends verwittert und herabfällt. Man überreichte mir eine Handvoll davon, die Stücke scheinen mir aus Glas oder aus jener Materie gemacht, die zur Anfertigung falscher Edelsteine gebraucht wird. Hier zeigt man auch das Grab Kaiser Konstantins, vor welchem die Türken große Ehrfurcht haben.

Dies ist eine törichte und unvollkommene Beschreibung dieser berühmten Kirche, allein ich verstehe so wenig von der Baukunst, daß ich immer befürchte, Unsinn zu sagen, wenn ich mich in Einzelheiten einlassen will. Mir gefallen einige türkische Moscheen besser, doch kann ich Unrecht haben. Die Moschee Sultan Suleimans des Prächtigen ist ein regelmäßiges Viereck mit vier schönen Türmen an den Ecken, in der Mitte ist eine vortreffliche Kuppel, von schönen marmornen Pfeilern gestützt, an den Enden befinden sich zwei kleinere derselben Art. Der Estrich und die Galerien in der ganzen Moschee sind aus Marmor. Unter der großen Kuppel ist ein Brunnen mit so schönen, buntfarbigen Säulen geziert, daß ich sie kaum für echten Marmor halten kann. Auf der einen Seite ist die Kanzel aus weißem Marmor und auf der anderen eine kleine Galerie für den Großherrn, eine schöne Stiege führt hinauf, die ein goldenes Gitter abschließt. Am oberen Ende ist eine Art von Altar, auf dem der Name Gottes geschrieben ist, vor diesem Altar stehen zwei Leuchter von Mannshöhe mit Wachskerzen so dick wie drei Fackeln. Der Estrich ist mit feinen Teppichen bedeckt, und eine Menge Lampen erleuchten die Moschee. Der Hof, der zu ihr hinführt, ist sehr geräumig, hat marmorne Galerien mit grünen Säulen und wird von achtundzwanzig mit Blei belegten Kuppeln bedeckt. In der Mitte des Hofes ist ein schöner Brunnen.

Lassen Sie diese Beschreibung für alle Moscheen in Konstantinopel dienen. Die Anlage ist die gleiche, sie unterscheiden sich nur durch die Größe und die Kostbarkeit der Materialien. Die der Sultana Valida ist die größte von allen, ganz aus Marmor, das größte und, wie ich glaube, das schönste Gebäude, das ich je gesehen habe, zur Ehre unseres Geschlechtes sei dieses gesagt, denn sie ward von der Mutter Mohammeds IV. gegründet. Unter uns gesagt, die Paulskirche würde eine jämmerliche Figur neben dieser Moschee machen, so wie einer unserer viereckigen Plätze neben dem Atlerdan [Atmeidan] oder Pferdeplatz (at bedeutet auf türkisch Pferd). Dies war der Hippodrom unter der Regierung der griechischen Kaiser. In der Mitte steht eine eherne Säule von drei umeinandergeschlungenen Schlangen mit offenem Rachen[48]. Es ist unmöglich zu erfahren, warum ein so seltsames Denkmal aufgerichtet ist. Die Griechen wissen hiervon nichts als Fabeln und Legenden zu erzählen, wenn man sie darnach fragt. Es ist auch kein Zeichen von einer ehemaligen Inschrift vorhanden. An dem oberen Ende dieses Hippodroms steht ein Obelisk aus Porphyr[49], wahrscheinlich aus Ägypten gebracht, die Hieroglyphen darauf sind alle noch unbeschädigt, ich halte sie für nichts weiter als Spitzfindigkeiten der Alten. Er ruht auf vier kleinen ehernen Sokkeln und diese auf einem Piedestal von viereckigen Quadersteinen, auf zwei Seiten voller Figuren in Flachrelief, die eine Seite stellt eine Schlacht, die andere eine Versammlung dar. Die beiden anderen Seiten haben eine Inschrift in griechisch und lateinisch. Die letztere schrieb ich auf meine Schreibtafel:

»Widerstrebend einst den erlauchten Herrn zu gehorchen,
Ist mir befohlen, die Palme zu tragen auch über die ausgelöschten Tyrannen.
Alles weicht Theodosius und seiner langhindauernden Nachkommenschaft.
So bin ich, besiegt und bezwungen, in dreimal zehn Tagen
Unter Proclus als Richter erhoben zu den hohen Lüften.«

Ihr Gemahl wird Ihnen diese Zeilen übersetzen. Bilden Sie sich nicht ein, daß es ein Liebesbrief an ihn ist.

Alle diese Figuren haben ihre Köpfe noch, und ich kann nicht umhin, von neuem die Unverschämtheit der Schriftsteller zu vermerken, die alle gerade das Gegenteil sagen. Allein, ich möchte schwören, daß die meisten von ihnen diesen Obelisk nie gesehen haben, sondern ihre Nachricht von Griechen übernahmen, die mit unglaublicher Standhaftigkeit aller Überzeugung ihrer eigenen

Augen widerstehen, wenn sie einmal Lügen zur Schande ihrer Feinde ersonnen haben. Wollte man ihnen glauben, dann gäbe es in Konstantinopel nichts Sehenswürdiges als die Hagia Sophia, obschon viel größere und nach meiner Meinung viel schönere Moscheen dort sind. Die des Sultans Achmed hat das Besondere, daß ihre Pforten aus Erz sind. In allen diesen Moscheen sind kleine Kapellen, in denen sich die Gräber der Stifter befinden, vor denen Wachskerzen brennen.

Die Basare sind alle vortreffliche Gebäude, voll schöner Gänge, wovon die meisten auf Pfeilern ruhen. Sie werden sehr reinlich gehalten. Jedes Gewerbe hat seinen besonderen Gang, wo die Waren in der gleichen Ordnung wie in der New Exchange in London ausgelegt sind. Der Besisten oder der Juweliergang zeigt so viele Reichtümer, eine solche Menge Diamanten und Edelsteine aller Art, daß sie das Auge blenden. Auch der Gang der Sticker ist sehr glänzend. Die Leute kommen hierher sowohl zur Belustigung als auch der Geschäfte wegen. Die Märkte sind meistens schöne Vierecke und vortrefflich mit Lebensmitteln versehen, vielleicht besser als in irgendeinem anderen Teile der Welt.

Sie werden erwarten, daß ich Ihnen etwas Besonderes von den Sklaven sage, und werden mich für eine halbe Türkin halten, wenn ich nicht mit eben dem Abscheu davon rede, wie andere Christen vor mir. Allein ich kann der Menschlichkeit der Türken gegen diese Geschöpfe meinen Beifall nicht versagen. Man geht nie hart mit ihnen um, und ihre Sklaverei ist meiner Meinung nach nicht schlimmer als Dienstbarkeit in aller Welt. Sie erhalten freilich keinen Lohn, allein man gibt ihnen jährlich Kleider von größerem Wert, als die Besoldung unserer gewöhnlichen

Bild zu Seite 170: Eingang in den Bosporus

Bedienten beträgt. Doch Sie werden mir einwenden, daß die Männer Frauenzimmer in böser Absicht kaufen. Nach meiner Meinung werden sie ebenso öffentlich und ebenso schändlich in allen unseren großen christlichen Städten verkauft.

Zur Beschreibung von Konstantinopel muß ich noch hinzufügen, daß die historische Säule nicht mehr vorhanden ist. Sie fiel nieder, zwei Jahre bevor ich dieses Land betrat. Ich habe keine Spuren des Altertums entdeckt als die Wasserleitungen, die so ausnehmend groß sind, daß ich sie noch älter schätze als das griechische Reich. Die Türken haben zwar einige Steine mit türkischen Inschriften eingebaut, um sich selbst die Ehre eines so großen Werks beizulegen, allein der Betrug ist leicht zu entdekken. Andere öffentliche Gebäude sind die Hans (Herbergen) und die Klöster. Die ersteren sind sehr groß und zahlreich, die anderen in geringer Zahl und gar nicht prächtig. Ich war so neugierig, eines zu besuchen und der Andacht der Derwische zuzusehen, die ebenso phantastisch ist wie irgendeine zu Rom. Diese Kerle haben die Erlaubnis zum Heiraten, müssen sich aber gar seltsam kleiden; sie sind in ein rauhes, weißes Stück Tuch gewickelt, wobei ihre Arme und Beine nackt bleiben. Ihr Orden hat wenig andere Regeln als ihre phantastischen Gebräuche jeden Dienstag und Freitag, wobei es folgendermaßen zugeht: Sie versammeln sich in einer großen Halle, hier stehen sie alle mit auf den Boden gehefteten Augen und übereinandergeschlagenen Armen, während der Imam oder Prediger von der Kanzel, die in der Mitte steht, etwas aus dem Koran vorliest. Hierauf machen acht oder zehn von ihnen ein melancholisches Konzert mit ihren Pfeifen, die nicht eben unmusikalisch klingen. Dann fängt der Imam wieder

Bild zu Seite 188: Das Innere der Sophienmoschee

an zu lesen und gibt eine kurze Erklärung darüber. Darauf singen und spielen sie, bis ihr Ältester (der allein grün gekleidet ist) aufsteht und eine Art von feierlichem Tanz beginnt. Alle stehen um ihn herum in einer regelmäßigen Figur, und während einige spielen, binden andere ihre Röcke, die sehr weit sind, fest um den Leib und fangen an, sich mit erstaunlicher Schnelligkeit, doch genau nach der Musik, herumzudrehen, geschwinder oder langsamer, je nachdem die Musik spielt. Dies dauert über eine Stunde, ohne daß einer unter ihnen den geringsten Schwindel zeigt, was nicht zu verwundern ist, wenn man bedenkt, daß sie alle von Kindheit an daran gewöhnt sind, weil die meisten schon von Geburt an dieser Lebensart gewidmet werden. Einige kleine Derwische, sechs oder sieben Jahre alt, drehten sich auch unter ihnen herum und schienen durch diese Übung nicht mehr in Verwirrung gebracht als die übrigen. Am Ende der Zeremonie rufen sie aus: »Es ist kein anderer Gott als Gott, und Mohammed ist sein Prophet«, worauf sie ihres Ältesten Hand küssen und sich wegbegeben. Alles geschieht in feierlichstem Ernst. Nichts kann so strenge sein wie das Aussehen dieser Leute, sie heben nie ihre Augen auf und scheinen in Nachdenken vertieft. So lächerlich sich dies auch in der Beschreibung liest, liegt doch etwas Rührendes in dem Ausdruck von Unterwerfung und Abtötung, den sie zeigen.

Dieser Brief ist schrecklich lang, doch Sie können ihn ja verbrennen, wenn Sie genug gelesen haben.

An Gräfin ...[50]

[Ohne Datum]

Jetzt bereite ich mich vor, Konstantinopel zu verlassen, und Sie werden mich vielleicht der Heuchelei beschuldigen, wenn ich sage, es geschieht widerwillig. Allein ich habe mich an die Luft gewöhnt, die Sprache gelernt, lebe hier bequem und ruhig, und so sehr ich auch das Reisen liebe, zittere ich doch vor den Unbequemlichkeiten einer so langen Reise mit zahlreichen Hausgenossen und einem Säugling. Aber ich gebe mir auch bei diesem Anlaß Mühe, wie ich bei allen seltsamen Wechselfällen meines Lebens getan habe, sie in Belustigung zu verwandeln. In dieser Absicht schwärme ich alle Tage, in mein Feridji und Jashmack gewickelt, in Konstantinopel herum und verbringe damit meine Zeit, alles Merkwürdige zu besehen. Sie werden wohl erwarten, daß auf diese Erklärung eine Nachricht folgt, was ich gesehen habe, allein ich bin nicht in der Stimmung, noch einmal zu schreiben, was schon so oft geschrieben ist.

Wozu sollte ich Ihnen sagen, daß Konstantinopel das alte Byzanzium ist? Daß es jetzt die Eroberung eines Volkes ist, die man für Skythen hält? Daß fünf- oder sechstausend Moscheen darin sind? Daß die Hagia Sophia durch Justinian gestiftet ist?[51] usw. Ich versichere Ihnen, es geschieht nicht aus Mangel an Gelehrsamkeit, wenn ich Ihnen von all diesen schönen Dingen nichts schreibe. Ich könnte ja mit leichter Mühe Knolles[52] und Sir Paul Rycaut durchblättern, um Ihnen ein Verzeichnis der türkischen Kaiser zu geben. Allein, ich mag Ihnen nicht sagen, was Sie in jedem Schriftsteller, der über dieses Land geschrieben hat, auch finden können. Ich bin mehr geneigt, aus wahrem weiblichem Geiste des Widerspruchs, Ihnen das

Falsche eines großen Teils von dem, was man bei den Autoren findet, anzuzeigen, wie zum Beispiel in dem liebenswürdigen Herrn Hill[53], der so ernsthaft behauptet, er hätte in der Hagia Sophia eine schwitzende Säule gesehen, die balsamische Kräfte für kranke Köpfe hätte. Man hat nicht die geringste mündliche Nachricht davon, und ich vermute, daß es ihm während seines wunderbaren Aufenthaltes in den ägyptischen Katakomben in einem Gesichte offenbart worden ist. Auch ist es ebenfalls sehr lustig zu bemerken, wie zärtlich er und alle seine Brüder Reisebeschreiber die jämmerliche Einkerkerung der türkischen Frauenzimmer beklagen, die doch vielleicht freier als alle übrigen des Erdbodens und die einzigen Weiber in der Welt sind, die ein Leben von ununterbrochenem, sorglosem Vergnügen führen, ihre ganze Zeit zubringen mit Besuchen, Baden oder dem angenehmen Zeitvertreib, Geld auszugeben und neue Moden zu ersinnen. Man würde einen Mann für rasend halten, der den geringsten Grad von Sparsamkeit von seiner Frau forderte; ihre Ausgaben hängen von nichts als ihrer eigenen Phantasie ab. Es ist des Mannes Geschäft, Geld zu verdienen, und ihres, es zu vertun, und dieses edle Vorrecht erstreckt sich auf die niedrigsten unseres Geschlechtes. Hier ist ein Kerl, der gestickte Halstücher zum Verkauf auf dem Rücken trägt, und so elend Sie sich auch die Figur, die so ein geringer Krämer macht, vorstellen, so versichere ich Ihnen doch, daß seine Frau es verschmäht, andere als Goldstoffe zu tragen, sie hat Hermelinpelze und einen Kopfschmuck mit Juwelen. Es ist wahr, die Frauen haben keine geselligen Zusammenkünfte außer in den Badhäusern, und diese werden nur von ihrem Geschlechte besucht, indessen ist es doch ein Zeitvertreib, an dem sie großes Vergnügen finden.

Ich war vor drei Tagen in einem der schönsten Bäder der Stadt und hatte dort Gelegenheit, den Empfang einer türkischen Braut mit allen bei solchem Anlasse gebräuchlichen Zeremonien zu sehen. Dies erinnerte mich an das Epithalamium [Hochzeitsgedicht] der Helena von Theokrit. Mir scheint, daß die gleichen Gewohnheiten von der Zeit her immer fortgedauert haben. Alle Freundinnen, Verwandten und Bekannten der beiden neu verbundenen Familien versammelten sich im Badhause. Andere kommen aus Neugier, ich glaube, daß zweihundert Frauenzimmer da waren. Die Verheirateten und die Witwen setzten sich rund herum in den Räumen auf die marmornen Sofas, die Mädchen aber warfen eiligst ihre Kleider ab und erschienen ohne allen anderen Putz oder Hülle als ihr eigenes langes, mit Perlen oder Bändern durchflochtenes Haar. Zwei von ihnen empfingen an der Tür die von der Mutter und einer ältlichen Verwandten geführte Braut. Es war ein schönes, ungefähr siebzehnjähriges Mädchen, sehr reich gekleidet und von Juwelen glänzend. Allein in einem Augenblick war sie im Stand der Natur. Zwei Mädchen füllten vergoldete Silbervasen mit Weihrauch und führten den Zug an, die übrigen folgten paarweise, bis es sechzig waren. Die Führerinnen sangen ein Epithalamium, das die anderen im Chor beantworteten, die beiden letzten leiteten die holde Braut, die ihre Augen mit reizendem Anschein von Sittsamkeit auf den Boden geheftet hatte. So ging der Zug rundherum in den drei großen Räumen des Badhauses. Es ist nicht leicht, Ihnen die Schönheit dieser Szene zu schildern, da die meisten Mädchen von vollkommenem Ebenmaße waren und eine weiße Haut hatten, alle aber durch das öftere Baden glatt und glänzend. Nachdem sie ihren Zug vollendet, ward die Braut aufs neue durch alle Gemächer zu jeder Matrone geführt, die sie umarmte, ihr Glück wünschte und sie beschenkte, einige mit Juwelen, andere mit Stoffen, Halstüchern oder kleinen Galanterien dieser Art, für die sie sich mit einem Handkuß bedankte.

Ich war sehr zufrieden, daß ich diese Zeremonie mit angesehen hatte, und Sie können mir glauben, daß die türkischen Frauen ebensoviel Geist und Artigkeit, ja selbst Freiheit haben wie die unseren. Es ist wahr, die gleichen Sitten, die ihnen so viele Gelegenheiten verschaffen, ihre bösen Neigungen, wenn sie dergleichen haben, zu befriedigen, geben es auch völlig in die Gewalt des Ehemanns, sich an ihr zu rächen, wenn sie entdeckt werden, und ohne Zweifel büßen sie ihre Ausschweifungen zu Zeiten auf eine erbärmliche Art. Vor ungefähr zwei Monaten wurde bei Tagesanbruch nicht weit von meinem Haus der noch blutende Körper einer jungen Frau gefunden, nackend, nur in ein rauhes Tuch gewickelt, mit zwei Messerstichen, einen in der Seite, den anderen in der Brust. Sie war noch nicht völlig kalt und so erstaunlich schön, daß beinahe niemand in Pera war, der nicht hinging, um sie anzusehen. Allein es war allen unmöglich, sie zu erkennen, weil niemand das Gesicht einer Frau kennt. Man vermutet, sie sei um Mitternacht von Konstantinopel herübergebracht und dorthin gelegt worden. Nach dem Mörder wurde sehr wenig gefragt, und der Körper ward ohne Aufsehen begraben. Dem Mord wird nie durch die Polizeirichter wie bei uns nachgeforscht. Den Ermordeten zu rächen, kommt den nächsten Verwandten zu oder, wenn sie es besser finden, die Sache nur mit Geld abzumachen, wie sie gewöhnlich tun, und dann wird nicht weiter davon gesprochen. Man sollte glauben, daß dieser Mangel in ihren Gesetzen solche Trauerspiele häufig mache, allein sie sind äußerst selten. Beweis genug, daß das Volk von Natur nicht grausam ist. Ich meine, daß sie auch in vielen anderen Fällen nicht den barbarischen Charakter verdienen, den wir ihnen gemeinhin beilegen. Ich bin mit einer sehr vornehmen Christin gut bekannt, die aus freier Wahl mit einem türkischen Ehemann lebt und die ein sehr angenehmes, vernünftiges Frauenzimmer ist. Ihre Geschichte ist so außerordentlich, daß ich nicht umhin kann, sie Ihnen zu erzählen. Ich verspreche Ihnen aber, daß es in so wenig Worten wie möglich geschehen soll.

Sie ist eine Spanierin und wohnte mit ihrer Familie zu Neapel, als dieses Königreich zur spanischen Herrschaft gehörte. Von dort fuhr sie in einer Felukke in Begleitung ihres Bruders ab. Der türkische Admiral griff die Felukke an und nahm die Seefahrenden gefangen und – wie soll ich Ihnen jetzt, ohne die Sittsamkeit zu verletzen, ihr übriges Abenteuer erzählen? Ihr widerfuhr eben das, was so manches Jahr zuvor der schönen Lukrezia begegnet war. Allein, sie war eine zu gute Christin, um sich selbst zu töten, wie jene heidnische Römerin tat. Der Admiral war so sehr von der Schönheit und dem langen Leiden seiner holden Gefangenen eingenommen, daß er als seine erste Höflichkeitsbezeugung ihren Bruder und ihre Dienerin frei ließ. Dieser eilte schnell nach Spanien und übersandte wenige Monate später eine Summe von viertausend Pfund Sterling als Lösegeld für seine Schwester. Der Türke nahm das Geld, überreichte es der Dame und kündigte ihr die Freiheit an. Allein die Dame erwog mit vieler Klugheit den Unterschied in der Behandlung, die sie in ihrem Vaterlande zu erwarten hätte. Ihre Verwandten würden sie gewiß (als das Freundschaftlichste, was sie unter den gegebenen Umständen mit ihr tun könnten) auf Lebenszeit in ein Kloster sperren. Ihr ungläubiger Liebhaber war sehr schön, sehr zärtlich und verliebt und legte ihr alle Pracht der Türkei zu Füßen. Sie antwortete ihm sehr entschlossen, daß ihre Freiheit ihr nicht so kostbar wäre wie ihre Ehre, diese könnte er ihr nicht anders als durch eine Heirat wiedergeben, sie bäte ihn also, das Lösegeld als ihre Mitgift anzunehmen und ihr die Befriedigung zu verschaffen, daß außer ihrem Ehemann sich niemand ihrer Gunstbezeugung rühmen könne. Den Admiral entzückte dieses gütige Anerbieten, er schickte das Geld ihren Verwandten zurück und sagte, er wäre im Besitz ihrer Person nur zu glücklich. Er heiratete sie, nahm nie ein anderes Weib, und (wie sie selbst sagt) sie hatte nie Ursache, ihre Wahl zu bereuen. Er ließ sie einige Jahre nachher als eine der reichsten Witwen in Konstantinopel zurück. Allein die Überlegung, daß man hier nicht mit Ehren ledig bleiben kann, hat sie veranlaßt, den jetzigen Kapudan Pascha (das heißt Admiral), seinen Nachfolger, zu heiraten. Sie werden denken, daß meine Freundin sich in ihren Räuber verliebt hatte, allein ich glaube ihren Worten, daß sie nur nach Grundsätzen der Ehre handelte, obgleich ich meine, daß sie mit Recht von seinem Edelmut hätte gerührt sein können, den man oft unter den vornehmen Türken findet.

Es ist schon ein Grad von Edelmut, die Wahrheit zu sagen, und nur selten wird ein Türke eine wichtige Falschheit behaupten. Ich rede nicht vom Pöbel, denn bei dem ist viel Unwissenheit, also wenig Tugend. Man kann die falschen Zeugen auch viel wohlfeiler haben als in der Christenheit, weil diese Elenden, selbst wenn ihre Schuld öffentlich bewiesen wird, nicht mit der Strenge bestraft werden, die sie verdienen.

Jetzt, da ich von ihrem Gesetz rede, erinnere ich mich nicht, ob ich je Ihnen gegenüber eine diesem Land eigene Gewohnheit erwähnt habe, ich meine die Annahme an Kindesstatt, die unter den Türken üblich, unter den Griechen und Armeniern aber noch mehr verbreitet ist. Da sie es nicht in ihrer Gewalt haben, ihr Vermögen einem Freund oder weitläufigen Verwandten zu schenken, so pflegen sie, wenn sie aller Wahrscheinlichkeit nach selbst keine Kinder mehr bekommen können und doch gern verhüten wollen, daß ihr Vermögen dem Schatz des Großherrn heimfalle, ein nettes Kind, gleichviel von welchem Geschlecht, unter den einfachen Leuten zu wählen, es mit seinen Eltern vor den Kadi zu führen und dort zu erklären, daß sie es als ihren Erben annehmen. Zugleich entsagen die Eltern allen künftigen Rechten auf dieses Kind. Man setzt eine Urkunde auf, die von Zeugen unterschrieben wird. Ein einmal so angenommenes Kind kann nicht enterbt werden. Doch habe ich gewöhnliche Bettler gesehen, die sich weigerten, ihre Kinder auf diese Art den reichsten Griechen zu überlassen (so mächtig ist die natürliche Liebe der Eltern), obschon die neuen Väter im allgemeinen sehr liebreich gegen diese Kinder ihrer Seele, wie sie sie nennen, sind. Mir gefällt diese Gewohnheit besser als unsere sinnwidrige, nach dem Namen zu vererben. Mich deucht, es ist weit vernünftiger, ein Kind reich und glücklich zu machen, das ich nach meiner eigenen Weise aufgezogen habe, nach dem türkischen Ausdruck: auf meinen Knien erzogen habe, das gelernt hat, mich mit kindlicher Ehrfurcht anzusehen, als mein Vermögen einem Geschöpf zu geben, das kein anderes Verdienst und keine andere Verwandtschaft mit mir hat außer einigen Buchstaben; und doch erlebt man diese Ungereimtheit sehr häufig bei uns.

Da ich nun einmal die Armenier erwähnt habe, wird es Ihnen vielleicht angenehm sein, wenn ich etwas von diesem Volke sage, von dem Sie gewiß schlechterdings nichts wissen. Ich will Ihnen mit der Beschreibung von der geographischen Lage des Landes nicht beschwerlich fallen, Sie können das auf der Karte finden, auch nicht mit der Erzählung ihrer alten Größe, das können Sie in der römischen Geschichte lesen. Sie sind jetzt den Türken untertan und verbreiten sich, weil sie im Gewerbe emsig sind und sich stark vermehren, in großer Zahl durch das ganze Reich. Sie wurden nach ihrer Aussage von dem heiligen Gregorius zur christlichen Religion bekehrt und sind vielleicht die andächtigsten Christen in der ganzen Welt. Die Hauptgebote ihrer Priester befehlen, die Fasten aufs strengste zu halten, diese dauern zum wenigsten sieben Monate im Jahr und können selbst im äußersten Notfalle nicht erlassen werden. Nichts kann die Leute entschuldigen, wenn sie etwas mehr als bloße Kräuter oder Wurzeln (ohne Öl) und einfaches trockenes Brot anrühren. Das sind ihre ständigen Mahlzeiten. Herr Wortley hat einen Dolmetscher aus diesem Volk, und der arme Schelm ward durch die Strenge seiner Fasten so heruntergebracht, daß man an seinem Leben zweifelte. Allein weder seines Herrn Befehl, noch des Arztes Bitten (der ihm erklärte, daß nichts anderes sein Leben retten könnte) konnte ihn bewegen, zwei oder drei Löffel Brühe zu sich zu nehmen. Dies Fastengebot ausgenommen, welches man mehr eine Sitte als einen Glaubensartikel nennen kann, finde ich sehr wenig in ihrer Religion, das von der unsrigen verschieden ist. Es ist wahr, sie scheinen sehr Herrn Whistons Lehre zuzuneigen, so wie ich auch die griechische Kirche nicht sehr entfernt davon halte, weil gewiß ist, daß, wenn man den Heiligen Geist allein vom Vater ausgehen läßt, der Sohn offenbar dadurch untergeordnet wird. Allein sie glauben an keine Verwandlung (von Brot und Wein), was auch Sir Paul Rycaut von ihnen sagen mag (wodurch er, wie ich geneigt bin zu glauben, unserm Hof im Jahr 1679 ein Kompliment machen wollte[54]), und sie verabscheuen diejenigen aufs äußerste, welche zur römisch-katholischen Religion übertreten. Das Außerordentlichste in ihren Sitten ist ihr Heiraten, eine Zeremonie, die, wie ich glaube, in der ganzen Welt nicht ihresgleichen hat. Sie werden allezeit sehr jung versprochen, die Verlobten aber sehen einander nie bis drei Tage nach der Heirat. Die Braut hat eine Haube auf dem Kopf, die einem Vorschneidteller gleicht, und darüber einen rotseidenen Schleier, der sie bis über die Füße bedeckt. So wird sie in die Kirche geführt. Der Priester fragt den Bräutigam, ob er willens ist, diese Frau zu heiraten, sie sei taub oder blind. Dies sind buchstäblich die Worte. Sobald er sie mit ja beantwortet, wird die Braut von allen Freunden und Verwandten von beiden Seiten unter Singen und Tanzen dem Bräutigam ins Haus geführt und im Winkel des Sofas auf ein Kissen gesetzt, ohne daß ihr Schleier aufgehoben wird, auch selbst nicht einmal von ihrem Mann. Es ist etwas so Seltsames und Abenteuerliches in dieser Gewohnheit, daß ich es nicht glauben konnte, bis ich mich selbst bei verschiedenen Armeniern darnach erkundigt hatte. Alle versicherten mir, dies sei wahr, besonders ein junger Mensch, welcher weinte, als er davon sprach, weil seine Mutter ihn an ein

Mädchen versprochen, das er auf diese Art heiraten muß. Allein er bezeugte mir, er wolle lieber sterben, als sich dieser Sklaverei unterwerfen, denn er hatte sich bereits alles, was die Natur Häßliches hat, an seiner Braut vorgestellt.

Mich deucht, ich sehe, wie Sie sich bei dieser so schrecklichen Erzählung segnen. Ich kann meinen Brief mit keiner erstaunlicheren Geschichte schließen, und doch ist sie ebenso ernstlich wahr, wie daß ich bin, liebe Schwester, Ihre ...

An Abbé Conti

Konstantinopel, den 19. Mai 1718

Es macht mir ein außerordentliches Vergnügen, einen Brief von Ihnen zu empfangen, und Ihre ganz ungewöhnlichen Fragen an mich schmeicheln meiner Eitelkeit nicht wenig, obschon ich gar nicht fähig bin, sie zu beantworten. Wäre ich wirklich ein so guter Mathematiker wie Euklid selbst, würde es doch einen Aufenthalt von einem Jahrhundert erfordern, richtige Beobachtungen über die Luft und die Strömungen anzustellen. Ich bin noch nicht ganz ein Jahr hier und im Begriff abzureisen, wie es meine Bestimmung zu wandern ist. Dies wird Sie in Erstaunen setzen, aber gewiß niemanden mehr als mich selbst.

Sie werden es vielleicht meiner Trägheit oder Torheit oder beiden beimessen, daß ich diesen Platz verlassen kann, ohne Ihnen Nachricht von dem türkischen Hof zu geben. Hierauf kann ich Ihnen nur sagen, daß, wenn es Ihnen beliebt, den Paul Rycaut zu lesen, Sie daselbst ein vollständiges und getreues Verzeichnis von den Wesiren, Beglerbegs der weltlichen und geistlichen Regierung, den Beamten des Serails usw. finden werden, Dinge, von denen man leicht ein Verzeichnis haben kann und sich folglich drauf verlassen darf. – Obschon andere Märchen – Gott weiß – ich sage nichts weiter. – Jeder hat die Freiheit, seine Beobachtungen aufzuzeichnen, die Volkssitten können sich verändern, auch zum Teil den Beobachtungen der Reisenden entgehen. Dies ist aber nicht der Fall bei der Regierung, und weil ich nichts Neues davon zu sagen weiß, so will ich lieber ganz davon schweigen. Ebenso übergehe ich das Zeughaus und die Sieben Türme, von den Moscheen habe ich Ihnen die schönste schon sehr ausführlich beschrieben. Ich kann aber nicht umhin, Ihnen einen Fehler des Gemelli[55] aufzudecken (obschon ich ihn weit höher als irgendeinen anderen Reisebeschreiber schätze). Er sagt, es wären keine Überreste von Chalkedon mehr vorhanden. Dies ist ein Irrtum, ich war gestern da und fuhr in meiner Gondel quer über den Kanal (Bosporus), weil die See zwischen Pera und Konstantinopel sehr schmal ist. Es ist noch immer eine große Stadt, die verschiedene Moscheen hat. Die Christen nennen sie noch immer Chalkedonia, den türkischen Namen habe ich vergessen, es ist aber das gleiche Wort, nur verderbt. Dies war vermutlich ein Fehler des Führers von Gemelli, und sein kurzer Aufenthalt machte es ihm nicht möglich, ihn zu verbessern. In anderen Dingen schätze ich ihn wegen seiner Wahrheitsliebe sehr hoch.

Nichts kann anmutiger sein als der Kanal, und die Türken kennen seine Schönheiten so gut, daß sie alle ihre Lustsitze an seine Gestade gebaut haben, wo sie zugleich die schönsten Aussichten in Europa und Asien haben. Man sieht einige hundert der prächtigsten Paläste, einen am anderen. Da die menschliche Größe hier noch unbeständiger als irgendwo sonst ist, begibt es sich oft, daß die Erben eines großen Pascha mit drei Roßschweifen nicht reich genug sind, das von dem Verstorbenen erbaute Haus instand zu halten, und so verfallen sie alle in wenigen Jahren. Gestern besah ich das Haus des verstorbenen Großwesirs, der bei Peterwardein fiel. Es war zur Aufnahme seiner königlichen Braut, der Tochter des jetzigen Sultans, gebaut, allein er erlebte es nicht, sie dort zu sehen. Ich habe große Lust, es Ihnen zu beschreiben, doch ich unterdrücke diese Neigung, weil ich weiß, daß ich mit meiner besten Beschreibung Ihnen nicht die Vorstellung vermitteln kann, die es verdient. Es liegt in einer der reizendsten Gegenden der Meerenge und hat einen schönen Wald am Abhang eines Hügels, der dahinter ansteigt. Es ist ungeheuer groß. Der Hüter versicherte mir, es wären achthundert Zimmer darin; ich will für diese Zahl nicht einstehen, weil ich die Räume nicht zählte, aber es sind gewiß sehr viele, und das Ganze verschwenderisch mit Marmor, Vergoldung und der auserlesensten Malerei von Blumen und Früchten verziert. Die Fenster sind alle aus feinstem Kristallglas, das aus England gebracht worden ist. Durchgehends herrscht die verschwenderischste Pracht, die man sich nur in einem Palast denken kann, den ein junger, üppiger Mann, dem der Reichtum eines großen Reichs zu Gebote steht, aufgebaut hat. Allein, kein Teil gefiel mir besser als die zu Bädern bestimmten Gemächer, es sind zwei ganz gleich gebaute, und man kann von einem in das andere gehen, die Becken, Brunnen und der Estrich alle aus weißem Marmor, die Decken vergoldet und die Wände mit japanischem Porzellan belegt. An diese stoßen zwei andere, deren erhöhter Teil ganz von einem Sofa eingenommen wird, in den vier Winkeln sind Wasserfälle, fast so hoch wie die Decke, sie fallen von Muschel zu Muschel aus weißem Marmor bis zu einem großen Becken am Boden und springen durch Röhren, mit denen es ringsum versehen ist, wieder so hoch wie die Decke. Die Wände sind eine Art Gitter, von außen mit Weinreben und Geißblatt bepflanzt, die eine Art grüner Tapete bilden und diesen reizenden Zimmern eine angenehme Dämmerung geben. Ich sollte fortfahren und Sie auch in einige andere Gemächer führen (die alle Ihrer Neugierde würdig sind), allein es ist schwerer, einen türkischen Palast als jeden anderen zu beschreiben, weil sie ganz unregelmäßig gebaut sind, nichts, was man eigentlich Vorderfront oder Flügel nennen könnte. Obschon eine solche Unregelmäßigkeit dem Auge angenehm ist, würde die Beschreibung in einem Brief sehr unverständlich sein. Ich will nur noch hinzufügen, daß das für den Sultan bestimmte Gemach, wenn er seine Tochter besucht, mit Perlmutter getäfelt ist, das mit Smaragden wie mit Nägeln befestigt ist. Andere sind mit Perlmutter und Olivenholz und verschiedene mit japanischem Porzellan eingelegt. Die Galerien sind zahlreich und sehr groß, mit Blumentöpfen und Obstschalen aus Porzellan geziert, die Früchte sind so schön aus Gips gemacht und so lebhaft bemalt, daß es ganz reizend aussieht. Der Garten entspricht völlig dem Hause. Lauben, Springbrunnen und Gänge liegen in angenehmer Regellosigkeit nebeneinander. Es fehlt nur die Zierde der Bildsäulen. Sie sehen also, mein Herr, daß diese Leute so rauh nicht sind, wie wir sie schildern. Es ist wahr, in der Pracht ist ihr Geschmack von dem unsrigen unterschieden, aber vielleicht besser. Fast bin ich der Meinung, daß sie einen richtigeren Begriff vom Leben haben. Sie verbringen es im Garten, bei Musik, Wein und Leckerbissen, indes wir unser Gehirn mit politischen Entwürfen martern oder einer Wissenschaft nachgrübeln, die wir nie erfassen können, oder, wenn wir auch dahin gelangen, können wir die anderen nicht dazu überreden, denselben Wert darauf zu legen wie wir. Gewiß, was wir fühlen und sehen, ist eigentlich unser Eigenes, wenn man das überhaupt von etwas sagen kann. Allein die Güter des Ruhmes, die Torheit des Lobes werden mühselig erkauft, und wenn man sie hat, bleiben sie immer eine arme Belohnung für Zeitverlust und Gesundheit. Wir sterben oder werden alt, ehe wir die Früchte unserer Arbeit ernten können. Wenn man darüber nachdenkt, was für kurzlebige, schwache Geschöpfe die Menschen sind, gibt es dann für sie irgendein wohltätigeres Studium als das des gegenwärtigen Vergnügens? Ich darf dieses Thema nicht weiter verfolgen, vielleicht habe ich schon zuviel gesagt, allein ich verlasse mich auf die richtige Kenntnis, die Sie von meinem Herzen haben. Von Ihnen erwarte ich die abgeschmackten Spöttereien nicht, die ich von anderen als Antwort auf diesen Brief erdulden müßte. Sie wissen die Idee des Vergnügens von der des Lasters zu trennen, nur in dem Kopf eines Narren sind sie vermischt. Doch ich erlaube Ihnen, über die genießerische Erklärung zu lachen, die ich hiermit abgebe: ich möchte lieber ein reicher Efendi mit all seiner Unwissenheit sein als Sir Isaac Newton mit all seiner Weisheit. Ich bin ...

Bild zu Seite 200: Das Tal von Göksu oder des himmlischen Wassers

DIE RÜCKFAHRT

An Abbé Conti

Tunis, den 31. Juli 1718

Ich verließ Konstantinopel am 6. des vergangenen Monats, und dies ist die erste Post, mit der ich einen Brief schicken kann, obschon ich mir oft die Gelegenheit gewünscht habe, um jemandem das Vergnügen mitzuteilen, das ich auf dieser Reise durch die angenehmsten Gegenden der Welt empfunden habe, wo jede Szenerie mir eine dichterische Idee einflößt.

Unsterbliche Inseln in der altvertrauten See
entzücken das Auge und beflügeln den Geist.
Hier aber ließ die Muse so oft die Harfe erklingen,
daß keines Berges Haupt sich noch unbesungen
erhebt.

Verzeihen Sie mir diese dichterische Anwandlung, ich will, wenn ich kann, das übrige meiner Erzählung in ungekünstelter Prosa fortsetzen. Am zweiten Tag nach unserer Abreise kamen wir an Gallipoli vorbei, einer schönen Stadt in der Bucht des Chersones, welche die Türken sehr hoch schätzen, weil es der erste Ort ist, den sie in Europa erobert haben. Am anderen Morgen ankerten wir um fünf Uhr im Hellespont, jetzt die Dardanellen genannt, zwischen den festen Schlössern Sestos und Abydos. Dies sind zwei kleine, veraltete Befestigungen, die man leicht von einer über ihnen liegenden Anhöhe aus be-

Bild zu Seite 210: Rumili Hihsar am Nordostufer des Bosporus

schießen kann. Ich würde dies nie bemerkt haben, wenn ich es nicht unseren Kapitän und die Offiziere hätte sagen hören. Meine Einbildung war ganz mit der traurigen Geschichte beschäftigt, die Ihnen so wohl bekannt ist:

> Der schwimmende Freier, die nächtliche Braut,
> Wie Hero liebte und wie Leander starb.

Schon wieder Verse! Ich bin gewiß von der Luft angesteckt, durch die ich gekommen bin. Diese Luft von Abydos muß ohne Zweifel sehr verliebt sein, weil ihre sanfte Leidenschaft das Schloß in die Hände der Türken verriet, die es unter der Regierung des Orchan belagerten. Die Tochter des Gouverneurs bildete sich nämlich ein, ihren künftigen Gemahl im Traum gesehen zu haben (obgleich ich nicht berichtet finde, ob sie auf Brautkuchen geschlafen oder St. Agnes Fasten gehalten hat), und glaubte, dies teure Bild in der Gestalt eines ihrer Belagerer zu erblicken. Bereit, ihrem Schicksal zu folgen, warf sie ihm einen Zettel über die Mauer, worin sie ihm ihre Person und die Auslieferung des Schlosses anbot. Er zeigte ihn seinem Feldherrn, der einwilligte, die Aufrichtigkeit ihrer Absichten zu prüfen. Er zog sein Heer zurück und befahl dem jungen Mann, um Mitternacht mit einer auserlesenen Truppe zurückzukehren. Sie ließ ihn zur vereinbarten Stunde ein, er machte die Besatzung nieder, den Vater zum Kriegsgefangenen und sie zu seiner Frau. Den Grundstein dieser asiatischen Stadt haben die Milesier gelegt. Sestos liegt schon in Europa und war einst die vornehmste Stadt im Chersones. Seitdem ich diese Meerenge gesehen habe, halte ich das kühne Unternehmen Leanders nicht für unwahrscheinlich und auch die berühmte Schiffsbrücke des Xerxes [481 v. Chr.] nicht mehr für so wunderbar. Das Meer ist hier so schmal, daß es gar nicht erstaunlich ist, wenn ein junger Liebender sich erkühnt, hinüber zu schwimmen, oder ein ehrsüchtiger König versucht, sein Heer darüber zu führen. Aber es ist so stürmisch, daß es kein Wunder ist, wenn der Liebhaber ertrank und die Brücke brach. Von hier aus sahen wir den Berg Ida:

Wo Juno den verliebten Zeus liebkoste,
Der Welten Herr der Liebe unterlag.

Nur wenige Meilen von hier sah ich die Landspitze, wo die arme alte Hekuba begraben ward, und eine Meile weiter ist das Kap Jenitscheri, das berühmte Vorgebirge Sigeion, wo wir ankerten. Meine Neugier gab mir die Kraft, den Gipfel zu erklettern, um den Ort zu sehen, wo Achilles begraben ward und Alexander ihm zu Ehren nackend um das Grab lief, was seinem Geiste ohne Zweifel zum großen Trost gereichte! Hier sah ich die Trümmer einer sehr großen Stadt und fand einen Stein, auf welchem Herr Wortley deutlich (in griechischen Buchstaben) Sigeion Polin wahrnahm. Wir ließen den Stein an Bord bringen; ein griechischer Pfaff zeigte uns noch weit merkwürdigere, allein er war ein sehr unwissender Geselle, der über nichts richtig Auskunft geben konnte. An jeder Seite der Tür seiner kleinen Kirche liegt ein großer Stein, jeder ungefähr zehn Fuß lang, fünf breit und drei hoch. Der auf der rechten Seite ist aus sehr schönem, weißem Marmor, dessen Seite in vortrefflicher Halbreliefarbeit eine Frau darstellt, die eine Gottheit zu bedeuten scheint. Sie sitzt auf einem Stuhl mit Fußschemel, vor ihr steht eine andere Frau, die weint und ihr ein Kind, das sie auf den Armen trägt, darreicht. In gleicher Art folgt ihr ein Zug von Weibern mit Kindern. Dies ist gewiß ein Stück von einem sehr alten Grabmal, doch ich unterfange mich nicht, die wahre Auslegung davon zu geben. Auf dem Stein an der linken Seite ist eine sehr schöne Inschrift, aber dies Griechisch ist für Herrn Wortley zu alt, um es zu verdolmetschen. Ich bedaure, daß ich das Original nicht besitze, man hätte es von den armen Einwohnern um ein geringes Geld kaufen können, allein der Kapitän versicherte uns, daß es ohne besonders dazu gemachte Maschinen nicht an die Seeküste zu bringen, und wenn es da wäre, seine Schaluppe nicht groß genug sein würde, es zu fassen.

Die Trümmer dieser großen Stadt werden jetzt von armen griechischen Bauern bewohnt, die chiotische Tracht tragen: die Frauen haben kurze, mit Riemen über den Schultern befestigte Röcke und weite Hemdärmel aus weißer Leinewand, nette Schuhe und Strümpfe, auf dem Kopf ein großes Stück Musselin, das in breiten Falten über die Schultern fällt. Einer meiner Landsleute, Herr Sandys[56] (dessen Buch Sie ohne Zweifel als eines der besten in seiner Art gelesen haben), vermutet, daß diese Trümmer die Grundlage einer Stadt gewesen, die Konstantin begonnen, ehe er Byzanzium erbaute. Allein, ich sehe keine Begründung für diese Vermutung und bin geneigt, die Stadt für weit älter zu halten.

Von diesem Vorgebirge aus sahen wir deutlich den Fluß Simois vom Berg Ida herab und ein geräumiges Tal durchfließen. Jetzt ist es ein ansehnlicher Fluß und wird Simores genannt. Im Tal vereinigt er sich mit dem Skamander, der mir wie ein kleines, halb von Schmutz und Schlamm verstopftes Gewässer erschien, vielleicht aber ist er im Winter größer. Ihn nannten die Götter Xanthus, wie Homer erzählt, und mit diesem himmlichen Namen ruft ihn die Nymphe Oenone in ihrem Brief an Paris an. Die trojanischen Jungfrauen hatten die Gewohnheit, ihm unter dem Namen Skamander ihre ersten Gunstbezeigungen anzubieten, bis die Begebenheit, die Monsieur Lafontaine so anmutig erzählt hat, diese heidnische Zeremonie abschaffte[57]. Nachdem dieser Strom sich mit dem Simois vereinigt hat, laufen sie zusammen in die See.

Alles, was jetzt von Troja übriggeblieben, ist der Boden, auf dem es stand, denn ich bin fest überzeugt, daß alle Altertümer, die in diesem Bezirk gefunden werden, weit jünger sind, und ich glaube, Strabo sagt das gleiche. Trotz alledem ist es doch ein Vergnügen, das Tal zu sehen, wo, wie ich mir vorstelle, der berühmte Zweikampf zwischen Menelaus und Paris vor sich ging und die größte Stadt stand. Es ist gewiß die herrlichste Lage, die für die Hauptstadt eines großen Reiches gefunden werden kann, und die der von Konstantinopel weit vorzuziehen ist, weil der Hafen hier allezeit für Schiffe aus allen Gegenden der Welt bequem ist, während der zu Konstantinopel fast sechs Monate im Jahr, solange die Nordwinde wehen, unzugänglich ist.

Nordwärts von dem Vorgebirge Sigeion sahen wir das von Rhoiteion, berühmt durch das Grab des Ajax. Als ich diese ehrwürdigen Felder und Flüsse überschaute, bewunderte ich die richtige Erdbeschreibung Homers, den ich in der Hand hatte. Jedes Beiwort, das er einem Berge oder einer Ebene gibt, ist fast immer bezeichnend. Ich brachte hier verschiedene Stunden in ebenso angenehmen Betrachtungen zu wie Don Quixote auf dem Berge Montesinas. Wir segelten am anderen Abend an die Küste, wo der allgemeinen Sage nach Troja gestanden haben soll.

Ich machte mir die Mühe, morgens früh um zwei Uhr aufzustehen, um in der Kühle die Trümmer zu besuchen, die man gewöhnlich den Fremden zeigt und welche die Türken Eski Stambul, das ist Alt-Konstantinopel, nennen. Aus diesen wie aus anderen Gründen mutmaße ich, daß dies die Überbleibsel der Stadt sind, die Konstantin angefangen hatte. Ich mietete einen Esel, das einzige Verkehrsmittel, was hier zu haben ist, um einige Meilen tief ins Land und rund um die alten Mauern zu reiten, die einen sehr großen Bezirk ausmachen. Wir fanden auf einem Hügel Überbleibsel einer Burg und im Tal die von einer zweiten, etliche zerbrochene Säulen und zwei Sockel, von welchen ich die lateinischen Inschriften abschrieb [58]. Ich zweifle nicht, daß die Ruinen nahe bei diesem Ort zu einem dem Augustus geweihten Tempel gehörten. Ich weiß nicht, warum Herr Sandys ihn einen christlichen Tempel nennt. Sicher haben die Römer hier herum gebaut. Es sind viele Gräber aus schönem Marmor und große Stücke Granit, die aber täglich weniger werden, weil die Türken ungeheure Kugeln für ihre Kanonen daraus machen.

An demselben Abend segelten wir an der Insel Tenedos vorbei, die einst unter dem Schutz Apollos stand, so wie er es selbst in das Verzeichnis seiner Güter setzte, als er um die Daphne buhlte. Sie hat nur zehn Meilen im Umkreis, war aber in jenen Zeiten sehr reich und bevölkert, ist auch noch heutzutage wegen ihres trefflichen Weins berühmt. Ich sage nichts von Tenes, nach dem es seinen Namen hat. Da ich aber die Insel Mytilene nenne, wo wir dann vorbeikamen, kann ich nicht umhin, Lesbos zu erwähnen, wo Sappho sang und Pittakos regierte, Alkaeos, Theophrastus und Arion geboren wurden, jene

Meister in der Dichtkunst, Weltweisheit und Tonkunst. Sie war eine von den letzten Inseln, die unter christlicher Botmäßigkeit blieben, nachdem die Türken Konstantinopel erobert hatten. Aber muß ich Ihnen noch etwas von den Fürsten Kantakuzene[59] sagen, die Sie so gut kennen wie ich? Mit Wehmut segelte ich von dieser Insel in das Ägäische Meer, jetzt Archipelagus genannt, indem wir Schio, das alte Chios, auf der Linken ließen. Es ist die reichste und bevölkertste von allen diesen Inseln, fruchtbar an Baumwolle, Korn und Seide, mit Hainen von Apfelsinen und Zitronen bepflanzt; auch ist der Arvisische Berg noch wegen seines Nektars berühmt, den Virgil erwähnt. Hier ist die beste Seidenmanufaktur der ganzen Türkei. Die Stadt ist gut gebaut, die Frauen ihrer Schönheit wegen berühmt, sie zeigen ihr Gesicht unverschleiert wie in der Christenheit. Es gibt hier viele reiche Familien, allein sie beschränken ihre Pracht auf den inneren Teil des Hauses, um die Eifersucht der Türken zu vermeiden, die hier einen Pascha haben, doch genießen sie eine vernünftige Freiheit und überlassen sich ganz dem wohltätigen Einfluß des Landes:

Mit Essen, Singen und Tanzen verbringen sie ihre Zeit,
Blühend wie ihre Haine und glücklich wie ihr Himmelsstrich.

Ihre Ketten drücken sie nicht, obschon sie diese noch nicht lange tragen; denn erst seit 1566 stehen sie unter den Türken. Doch es ist vielleicht nicht härter, dem Großherrn zu gehorchen als dem Staat Genua, an welchen sie die griechischen Kaiser verkauften. Allein, ich vergesse mich in diesen historischen Betrachtungen, die unverschämt werden, wenn ich sie an Sie schreibe. Als wir die Meerenge zwischen den Inseln Andros und Achaja, jetzt Libadia, durchschifften, sah ich das Vorgebirge Sunium, jetzt Kap Colonna, wo noch ungeheuer große Säulen von einem Tempel der Minerva stehen. Dieser ehrwürdige Anblick erinnerte mich mit doppelter Wehmut an einen sehr schönen Tempel des Theseus[60], der, wie mir versichert wurde, noch unbeschädigt zu Athen stand, bis im letzten Feldzug in Morea die Türken ihn mit Pulver füllten und er durch Zufall in die Luft flog. Glauben Sie mir, daß ich sehr große Lust hatte, an dem berühmten Peloponnes zu landen, wäre es auch nur gewesen, um die Flüsse des Aesop, Peneus, Inachos zu sehen, den Eurotas, die arkadischen Fluren und die anderen Gegenden der alten Götterlehre. Allein statt von Halbgöttern und Helden wird es nun, wie man mir glaubwürdig berichtete, von Räubern durchstrichen, und ich wäre große Gefahr gelaufen, in ihre Hände zu fallen, wenn ich eine Reise durch ein so wüstes Land unternommen hätte. Ich habe aber doch soviel Ehrfurcht davor, daß ich mich mit vieler Mühe davon zurückhalte, Sie mit der ganzen Geschichte von der Gründung Mykenes und Korinths an bis auf den letzten Feldzug hier zu beschweren. Allein ich unterdrücke diese Neigung ebenso wie die, zu landen. Wir segelten an dem Kap Angelo, einst Malea, ruhig vorbei, wo ich keine Überreste von dem berühmten Apollotempel sah. Noch an demselben Abend bekamen wir Kandia (Kreta) zu Gesicht. Es ist sehr bergig, der Ida war leicht zu unterscheiden. – Virgil bezeugt, daß hier hundert Städte waren. Die vornehmste, Knossos, ein Schauplatz ungeheurer Leidenschaften. – Metellus eroberte zuerst den Geburtsort seines Jupiter, hierauf fiel es in die Hände des – da verliere ich mich wieder –, bis zur letzten Belagerung von Kandia und bin darüber so böse auf mich selbst, daß ich alle anderen Inseln mit dieser allgemeinen Bemerkung übergehen will, daß es unmöglich ist, sich etwas Angenehmeres vorzustellen als so eine Reise vor zwei- oder dreitausend Jahren: ich hätte mit Sappho eine Schale Tee getrunken, noch an demselben Abend Homers Tempel in Chios besucht und meine Seereise damit zugebracht, Pläne von prächtigen Tempeln, Wunder der Bildhauerkunst, abzuzeichnen, und mich mit den feinsten und fröhlichsten Menschenkindern zu unterhalten. Leider ist die Kunst hier erloschen, nur die Wunder der Natur bleiben. Mit Vergnügen sehe ich den Ätna, dessen Flammen zur Nacht sehr hell viele Meilen über das Meer leuchten und den Kopf mit tausend Mutmaßungen füllen. Doch ich ehre die Philosophie zu sehr, um zu glauben, der Ätna habe dem Empedokles den Kopf verwirrt. Lukian wird mir nie ein solches Ärgernis von einem Manne glaubhaft machen, von dem Lucretius sagt: er scheint kaum aus menschlichem Geschlecht geschaffen. Wir kamen an Trinacria[61] vorbei, ohne Homers Sirenen singen zu hören und ohne weder auf Scylla noch Charybdis geworfen zu werden, erreichten wir glücklich Malta, das zuerst nach dem Überfluß an Honig Melita hieß. Es ist ein einziger Felsen, der mit sehr wenig Erde bedeckt ist. Der Großmeister [des Johanniterordens] lebt hier wie ein souveräner Fürst, seine Seemacht ist jetzt aber sehr unbeträchtlich. Die Festungswerke hält man für die besten der Welt, sie sind alle mit unsäglicher Arbeit und großen Kosten in den Felsen gehauen. Ein heftiger Sturm trieb uns von dieser Insel weg, und wir waren froh, nach acht Tagen Porta Farina an der afrikanischen Küste zu erreichen, wo unser Schiff jetzt vor Anker liegt. Zu Tunis empfing uns der englische Konsul. Ich nahm mit Vergnügen das Anerbieten seines Hauses auf etliche Tage an, weil ich sehr neugierig bin, diesen Teil der Welt und besonders die Trümmer von Karthago zu sehen. Ich fuhr abends um neun Uhr bei vollem Mondschein in seinem Wagen ab. Die Gegend war beinahe so hell wie am Tage. Die jetzt unerträgliche Hitze macht es unmöglich, zu irgendeiner anderen Tageszeit zu reisen. Der Boden ist meistenteils sandig, aber allenthalben sehr fruchtbar an Datteln, Öl- und Feigenbäumen, die ohne Pflege wachsen und doch die köstlichsten Früchte der Welt geben. Die Weinberge und Melonenfelder sind mit Pflanzen eingefaßt, die wir indische Feigen (Feigenkaktus) nennen, was vortrefflich aussieht und jedem wilden Tier den Durchgang verwehrt. Sie wachsen sehr hoch und dick, die Spitzen oder Dorne sind sehr scharf und lang wie eine Haarnadel. Die Früchte werden von den Bauern häufig gegessen und haben keinen üblen Geschmack.

Da jetzt die Türken ihren Ramadan oder Fastenmonat haben und man sich hier zur mohammedanischen Religion bekennt, so fasten sie bis Sonnenuntergang und schmausen die ganze Nacht hindurch. Wir sahen unter den Bäumen Gesellschaften von Landvolk, die aßen, tranken und nach ihrer wilden Musik tanzten. Sie sind nicht ganz schwarz, doch lauter Mulatten und die abscheulichsten Geschöpfe, die in menschlicher Gestalt erscheinen können. Sie gehen fast nackend, wickeln sich nur in ein Stück sehr groben Tuches. Die Weiber haben die Arme bis zu den Schultern wie auch den Hals und das Gesicht mit Blumen, Sternen und verschiedenen Figuren geziert, die mit

Schießpulver eingerieben werden, ein beträchtlicher Beitrag zu ihrer natürlichen Häßlichkeit! Sie aber halten es für eine große Zierde. Es bereitet, wie ich glaube, viele Schmerzen, wenn es gemacht wird.

Ungefähr sechs Meilen von Tunis sahen wir die Trümmer jener herrlichen Wasserleitung, die das Wasser vierzig Meilen über verschiedene hohe Berge nach Karthago führte. Noch viele Bogen stehen ganz da. Wir betrachteten sie zwei Stunden lang mit aller Aufmerksamkeit, und Herr Wortley versicherte mir, daß die [Aquädukte] zu Rom dieser bei weitem nicht gleich kämen. Die Steine sind von ungeheurer Größe, alle geglättet und passen so genau aneinander, daß es sehr wenig Mörtel brauchte, sie zusammenzufügen. Und doch können sie aller Wahrscheinlichkeit nach noch tausend Jahre länger stehen, wenn sie nicht gewaltsam niedergerissen werden. Gleich nach Tagesanbruch erreichten wir Tunis, eine schöne, aus sehr weißen Steinen gebaute Stadt, aber ganz ohne Gärten, die, wie man sagt, bei der ersten Eroberung alle durch die Türken zerstört und nie wieder gepflanzt worden sind. Der trockene Sand ist ein sehr unerfreulicher Anblick für das Auge, und der Mangel an Schatten vermehrt die natürliche Hitze der Gegend zu einem solchen Grad, daß es mir beinahe unerträglich war. Es ist wahr, man genießt jeden Mittag die Erfrischung der Seeluft, ohne die hier gar nicht zu leben wäre, zumal da kein frisches Wasser zu haben ist, nur das, was von den Septemberregen in Wasserbehältern aufgefangen worden ist. Die Stadtfrauen sind von Kopf bis Fuß in einen schwarzen Kreppschleier gehüllt, und viele werden, weil sie mit einer Brut von Renegaten vermischt sind, für blond und schön gehalten. Die Stadt ward 1270 von König Ludwig von Frankreich belagert; er starb vor ihren Mauern an einem pestartigen Fieber. Nach seinem Tode hoben sein Sohn Philipp und unser Prinz Edward, Sohn Heinrichs III., die Belagerung unter rühmlichen Bedingungen auf. Es blieb unter seinen eingeborenen afrikanischen Königen, bis es dem (Chaireddin) Barbarossa, Admiral Suleimans des Prächtigen, verraten ward. König Karl V. trieb zwar (1535) den Barbarossa heraus, allein es ward von neuem durch die Türken unter Führung des Sinan Pascha unter der Regierung Selims II. (1566–1574) wieder erobert. Von der Zeit her bis jetzt ist es dem Großherrn zinspflichtig geblieben und wird von einem Bei regiert, der zwar den Namen Untertan des Türken trägt, aber aller Unterwürfigkeit entsagt hat, weil er uneingeschränkt regiert und selten Tribut zahlt. Die große Stadt Bagdad ist jetzt in derselben Lage, und der Großherr sieht bei dem Verlust dieser Herrschaftsgebiete durch die Finger aus Furcht, auch den Anspruch darauf zu verlieren.

Nach einer Nachtruhe ging ich gestern morgen sehr früh, die Reste von Karthago zu besehen. Allein ich ward halb von der Sonne gebraten und war froh, als man mich in eines der unterirdischen Gemächer führte, welche sie die Elefantenställe nennen. Ich glaube aber nicht, daß sie je zu einem solchen Zweck bestimmt gewesen sind. In manchen fand ich gebrochene Stücke von Säulen aus schönem Marmor und einige aus Porphyr. Ich kann nicht glauben, daß sich jemand die große Mühe gemacht haben sollte, die Säulen hierher zu bringen, und ebensowenig, daß solch schöne Säulen zum Gebrauch in Ställen gedient haben sollten. Ich halte die Räume vielmehr für Sommergemächer unter den Palästen, welche die Hitze der Himmelsgegend notwendig machte. Jetzt werden sie von dem Landvolk als Fruchtspeicher gebraucht. Während ich hier saß, kamen die Weiber von der nicht weit entfernten Stadt Tents haufenweise her, um mich zu sehen, und unser gegenseitiger Anblick belustigte uns beiderseits gleich sehr. Ihre Stellung, wenn sie sitzen, die Farbe ihrer Haut, ihre strähnigen, dünnen, schwarzen Haare, die ihnen auf beiden Seiten des Gesichts herunterfielen, ihre Züge, der Bau ihrer Glieder sind so wenig von ihren Landsleuten, den Pavianen, unterschieden, daß es schwer fällt, sie sich als verschiedene Arten vorzustellen, ich wenigstens mußte denken, daß vor Alters einige Verwandtschaft unter ihnen gewesen wäre.

Als ich mich durch Ruhe, etwas Milch und auserlesene Früchte, die man mir brachte, ein wenig erholt hatte, bestieg ich den Hügel, wo einst die Burg Byrsa stand. Von hier hatte ich einen vollen Überblick über die Lage der berühmten Stadt Karthago, die auf einer Landenge stand, auf beiden Seiten vom Meer bespült. Auf der einen Seite ist die Gegend jetzt Morast mit Salzpfützen. Strabo gibt Karthago vierzig Meilen im Umfang. Es ist nun weiter nichts davon übrig, als was ich beschrieben habe. Seine Geschichte ist zu bekannt, als daß sie einer gekürzten Darstellung von mir bedürfte. Sie sehen, mein Herr, daß ich von Ihnen denke, Sie schätzen Gehorsam höher als Komplimente. Ich habe Ihren Brief beantwortet, indem ich Ihnen die verlangten Nachrichten gegeben und meinen Dank bis zum Schluß gespart habe. Morgen gedenke ich diesen Ort zu verlassen und meine Reise durch Italien und Frankreich fortzusetzen. In einem von diesen beiden Ländern hoffe ich Ihnen mündlich zu sagen, daß ich bin Ihre untertänige Dienerin . . .

An Gräfin Mar

Genua, den 28. August 1718

Verzeihen Sie, liebste Schwester, daß ich Ihnen nicht von Tunis schrieb, bei der einzigen Gelegenheit, die ich seit meiner Abreise von Konstantinopel gehabt habe. Allein die Hitze war dort so außerordentlich und das Licht den Augen so schädlich, daß ich durch das Schreiben eines einzigen Briefes an den Abbé Conti halb blind war, und viele andere Briefe, die ich mir vorgenommen hatte, nicht schreiben durfte. Auch hätte ich Sie aus diesem barbarischen Lande nicht sehr angenehm unterhalten können. Jetzt umringt mich lauter Vergnügliches, und ich bin von den Schönheiten Italiens so sehr eingenommen, daß ich es für eine Art Undankbarkeit halten würde, die Belustigungen, die ich hier gehabt, nicht zum Dank mit einem kleinen Lobe zu erwidern. Ich wohne im Hause der Madame d'Avenant zu San Pietro d'Arena und würde sehr ungerecht sein, wenn ich sie nicht Teil an diesem Lobe nehmen ließe, weil ihr munteres Wesen und ihre gute Gesellschaft sehr viel beigetragen haben, mir diesen Ort angenehm zu machen.

Genua liegt in einem sehr schönen Meerbusen und bietet, da es auf den Hang eines Hügels gebaut, mit Gärten untermischt und mit der vortrefflichsten Baukunst geziert ist, einen herrlichen Anblick von der See her, obwohl es in meinen Augen, da ich an Konstantinopel gewöhnt war, vieles verlor. Die Genueser waren vormals Herren von verschiedenen Inseln im Archipelagus und dem ganzen Teil von Konstantinopel, welcher jetzt Galata genannt wird. Ihr Abfall von der christlichen Seite, durch den sie den Türken die Eroberung von Konstantinopel erleichterten, verdiente mit Recht, was sich in der Folge zutrug, nämlich den Verlust aller ihrer dortigen Eroberungen an die Ungläubigen. Jetzt sind sie nichts weniger als reich und von den Franzosen verachtet, weil der verstorbene König [Ludwig XIV., 1685] ihren Dogen zwang, persönlich nach Paris zu kommen, um hier eine Kleinigkeit abzubitten, die in nichts weiter bestand, als daß das Wappen Frankreichs über dem Hause des Gesandten nächtlicher Weile mit Kot bespritzt worden war. Ich vermute, daß dies von einigen aus der spanischen Partei verübt ward, die hier noch immer die stärkste ist, obschon sie sich nicht öffentlich erklären dürfen.

Die Damen ahmen die französische Tracht nach und sind anmutiger als die, welche sie nachahmen. Ohne Zweifel hat die Gewohnheit der Cicisbei ihren Anstand sehr verbessert. Ich weiß nicht, ob Sie von dieser Form des Frauendienstes jemals gehört haben. Auf mein Wort, nichts als meine eigenen Augen hätten mich überzeugen können, daß es dergleichen auf dem Erdboden gäbe. Die Mode nahm hier ihren Anfang und ist jetzt in ganz Italien angenommen, wo die Ehemänner keineswegs solch fürchterliche Geschöpfe sind, als die man sie uns schildert. Es ist keiner unter ihnen so roh, eine Gewohnheit zu tadeln, die so gut eingeführt und mit so vieler Staatsklugheit begründet ist, denn man versichert mir, daß es zuerst ein vom Senat erdachtes Mittel war, dem Familienhaß, der den Staat zerrüttete, ein Ende zu machen und die jungen Leute zu beschäftigen, die zum Zeitvertreib sich genötigt sahen, einander die Hälse zu brechen. Wirklich hat die Maßnahme einen so guten Erfolg gehabt, daß seit der Einsetzung der Cicisbei nur Friede und muntere Laune unter ihnen herrscht, unter den jungen Edelleuten nämlich, die sich dem Dienst einer bestimmten Dame widmen (ich meine einer verheirateten, denn die Mädchen sind alle unsichtbar und in Klöster eingesperrt). Diese Cicisbei sind verpflichtet, ihre Damen zu allen öffentlichen Veranstaltungen, also zu Schauspielen, Opern, Zusammenkünften (die man Conversationes nennt) zu begleiten. Sie stehen hinter ihrem Stuhl, bewahren ihre Fächer und Handschuhe, und wenn die Dame spielt, haben die Cicisbei die Freiheit, mit ihr zu flüstern usw. Geht sie aus, so dienen sie ihr als Lakaien und traben ernsthaft neben ihrer Sänfte her. Dazu gehört, daß sie für jeden Tag, an dem ihre Dame in der Öffentlichkeit erscheint, ein Geschenk bereithalten und ja nicht ihren Namenstag vergessen. Kurz, sie müssen all' ihre Zeit und all' ihr Geld im Dienste ihrer Schönen verschwenden. Sie werden freilich auch dementsprechend belohnt (denn an Gelegenheit mangelt es nicht). Die Ehemänner aber sind nicht so unverschämt, dies alles für etwas anderes als reine platonische Freundschaft zu halten. Sie bemühen sich freilich, ihren Weibern selbst einen Cicisbeo zu wählen, wenn dieser aber nicht nach dem Geschmack der Dame ist, wie es sich oft begibt, dann weiß sie es immer so zu wenden, daß sie einen nach ihrem Sinn bekommt. Vorzeiten hatte eine Schönheit gewöhnlich acht oder zehn demütige Bewunderer, aber diese Tage des Überflusses und der Untertänigkeit sind vorbei. Es herrscht Mangel an Mannspersonen, und sie werden unbescheiden, folglich muß sich die Dame zur Zeit mit einem begnügen.

Hier sehen Sie die glorreiche Freiheit einer Republik oder eigentlich einer Aristokratie, weil das Volk hier ebenso offenbar Sklave ist wie das der Franzosen. Allein der alte Adel zollt dem Dogen wenig Ehrfurcht, weil er nur zwei Jahre im Amt ist, und selbst während dieser Zeit maßt sich seine Frau keinen Vortritt vor einer anderen Edelfrau an. Es ist wahr, die Familie von Andrea Doria (der große Mann, der ihnen die Freiheit, die sie jetzt genießen, wiederhergestellt) hat einige besondere Vorrechte. Als es der Senat für nötig befand, der Üppigkeit in der Kleidung Einhalt zu tun und das Tragen von Juwelen und Brokaten verbot, ließ er dieser Familie die Freiheit, soviel Aufwand zu treiben, wie es ihr beliebte. Mit großem Vergnügen sah ich die Bildsäule dieses Helden im Hof des Palastes von Herzog Doria. Dies erinnert mich an die Paläste, die ich Ihnen nie beschreiben kann, wie ich wohl sollte. Ist es nicht genug, wenn ich sage, daß die meisten nach den Zeichnungen des Palladio gebaut sind? Die Straße, Strada Nova genannt, zeigt vielleicht die schönste Reihe von Gebäuden in der Welt. Besonders muß ich der sehr großen Paläste der Durazzo gedenken und der der zwei Balbi, die durch eine prächtige Säulenreihe vereinigt sind, und des Palastes der Imperiali in diesem Dorf San Pietro d'Arena und noch eines anderen der Doria. Hier sieht man vollkommene Baukunst und äußerste Verschwendung in der inneren Einrichtung mit dem zierlichsten Geschmack und der üppigsten Pracht vereint. Doch nichts entzückte mich so sehr wie die Sammlung von Gemälden von der Hand eines Raphael, Paolo Veronese, Tizian, Caracci, Michelangelo, Guido [Reni] und Corregio, welche zwei ich als meine Lieblinge zuletzt erwähne. Ich bekenne, daß ich kein Vergnügen am Schrecklichen finde, und je natürlicher ein Kruzifix abgebildet ist, desto unangenehmer ist es auch, wenigstens meiner Meinung nach. Diese meine Lieblingsmaler zeigen die Natur und zeigen sie im reizendsten Lichte. Besonders wohl gefiel mir eine

Lucrezia im Hause des Balbi. Die ausdrucksvolle Schönheit dieses Gesichtes und Busens flößt soviel Mitleid und Bewunderung ein, wie nur immer das schönste Gedicht über diesen Gegenstand in der Seele erregen kann. Eine Kleopatra von der gleichen Hand verdient erwähnt zu werden, und ich würde mehr von ihr sagen, hätte nicht Lucrezia zuerst meine Augen auf sich gezogen. Hier sind auch einige unschätzbare antike Büsten. Des heiligen Laurentius Kirche ist aus schwarzem und weißem Marmor, hier bewahrt man die berühmte Schale aus einem einzigen Smaragd[62], die man von Fremden jetzt nicht mehr berühren läßt, seitdem, wie sie sagen, ein Anschlag entdeckt worden ist, sie auf den Boden fallen zu lassen und zu zerbrechen, eine Art kindische Bosheit, sie schreiben sie dem König von Sizilien zu, der sich wegen der Weigerung, sie ihm zu verkaufen, rächen wollte. Die Kirche der Verkündigung ist schön mit Marmor belegt, die Säulen sind aus rotem und weißem Marmor; die des heiligen Ambrosius ist von den Jesuiten sehr ausgeschmückt worden. Doch ich muß gestehen, alle Kirchen scheinen mir nach der Hagia Sophia so mittelmäßig, daß ich sie kaum der Ehre würdigen kann, ihre Namen niederzuschreiben. Gestehen Sie aber auch Ihrerseits, daß ich guten Gebrauch von meiner Zeit gemacht habe, indem ich soviel betrachtete, obwohl die Quarantäne erst seit einigen Tagen vorüber ist, wovon niemand ausgenommen ist, der aus der Levante kommt. Unsere wurde wirklich sehr verkürzt, und wir verbrachten sie sehr angenehm in Madame d'Avenants Gesellschaft im Dorfe San Pietro d'Arena, ungefähr eine englische Meile von Genua, in einem Haus, das Palladio erbaut, so vortrefflich in Symmetrie und Bauart, daß ich mit Vergnügen darin herumging. Hier besuchten uns einige meiner Landsleute, die ein Genuese von Adel begleitete, der den Auftrag hatte zu verhüten, daß wir einander berührten. Noch einige Tage werde ich hierbleiben, wünschen möchte ich fast, es wäre auf Lebenszeit, doch mir ist, fürchte ich, nicht so viel Ruhe bestimmt. Ich bin ...

An Gräfin Bristol

Turin, den 12. September 1718.

Ich kam in zwei Tagen auf schönen Landstraßen von Genua hierher. Ich habe bereits gesehen, was man Fremden in der Stadt zu zeigen pflegt. Dies bedarf in der Tat keiner besonderen Beschreibung, und ich habe nicht Ehrfurcht genug für das heilige Schweißtuch[63], um lange davon zu reden. Die Kirchen sind hübsch, und so ist auch der Palast des Königs, allein ich habe erst kürzlich so vollkommene Werke der Baukunst gesehen, daß ich all diesem wenig Aufmerksamkeit gönnte. Die Stadt selbst ist regelmäßig gebaut, in einer schönen Ebene an den Ufern des Po. In einer kleinen Entfernung davon sahen wir die Paläste La Venerie und La Valentin, beides sehr angenehme Lustschlösser. Wir wohnten auf der Piazza Reale, einem der vortrefflichsten Plätze, die ich je gesehen, mit einem schönen bedeckten Gang rund herum. Gleich nach unserer Ankunft besuchte uns der Chevalier ..., den Sie in England kannten, und erbat sich mit großer Höflichkeit, uns bei Hofe einzuführen, der jetzt zu Rivoli, ungefähr eine Meile von Turin, sich aufhält. Gestern begab ich mich dorthin und hatte die Ehre, der Königin[64] aufzuwarten, der ich durch ihre erste Hofdame vorgestellt ward. Ich fand ihre Majestät in einem prächtigen Gemach mit einem Gefolge von hübschen Damen, alle in Schleppröcken, die schöne Prinzessin von Carignan war leicht zu erkennen. Die Königin unterhielt mich mit der höchsten Anmut und Leutseligkeit und scheint viel Verstand zu besitzen. Sie vergaß nicht, mich an ihre englische Abkunft zu erinnern, und fügte hinzu, daß sie allezeit einen besonderen Hang fühle, die Engländer zu lieben. Ich erwiderte ihre Höflichkeit, indem ich ihr den Titel Majestät so oft gab, als ich konnte, einen Trost, den sie vielleicht nicht mehr viele Monate hören wird. Der König hat viel Lebhaftigkeit in seinen Augen, und der Prinz von Piemont ist ein sehr schöner junger Mann, allein die große Frömmigkeit, in die der Hof jetzt verfallen ist, erlaubt ihm keine von den Belustigungen, die sich für sein Alter schicken. Prozessionen und Messen sind die einzige Pracht, die hier Mode ist, und Galanterie ist hier so ein Verbrechen, daß der arme Graf ... in völlige Ungnade gefallen ist, weil er sich unterfangen, einem Hoffräulein etwas Schmeichelhaftes zu sagen. Morgen gedenke ich abzureisen und über die schrecklichen Alpen zu gehen, komme ich an den Fuß des Gebirges, dann sollen Sie ferner von mir hören. Ich bin ...

An Mrs. Thistlethwayte

Lyon, den 25. September 1718

Bei meiner Ankunft hier erhielt ich Ihre beiden freundlichen Briefe wie auch andere von vielen meiner Freunde, die nach Konstantinopel gerichtet waren und mir von Marseille durch unseren Kaufmann hierher geschickt wurden, welcher von unserer Rückreise benachrichtigt war. Ich staune zu hören, daß meine Schwester Mar England verlassen hat. Vermutlich ist das, was ich aus Turin an sie geschrieben habe, verlorengegangen, und jetzt weiß ich nicht, wohin ich meine Briefe an sie richten soll, weil sie selbst mir von ihren Absichten nichts gemeldet hat. Seit meiner Ankunft hier, nämlich seit dem 17., überfiel mich ein so schreckliches Fieber, daß ich glaubte, nun wären alle meine Reisen zu Ende. Bis gestern hütete ich das Bett, und noch darf ich mich nicht aus dem Zimmer wagen. Ich wundere mich gar nicht, daß die Beschwerlichkeiten, die ich ausgestanden, solche Folgen haben. Die erste Tagreise von Turin nach Novalese geht durch sehr anmutige Gegenden, die schön bebaut und von Kunst und Natur reich gemacht sind. Am folgenden Tag fingen wir an, den Mont Cenis zu besteigen. Wir wurden auf kleinen Sesseln aus geflochtenen Weiden, die auf Stäben befestigt waren, von Männern auf den Schultern getragen. Unsere Wagen aber wurden auseinandergenommen und auf Maulesel gepackt.

Die gewaltige Aussicht auf ewig mit Schnee bedeckte Berge, Wolken, die unter unseren Füßen hängen, Wasserfälle, die sich von Felsen mit betäubendem Brüllen herabstürzen, würden für mich sehr unterhaltend gewesen sein, wenn ich weniger unter der heftigen Kälte, die hier herrscht, gelitten hätte, aber der neblige Regen, der beständig andauerte, durchdrang auch den dicksten Pelz, in den ich gewickelt war. Ich war halb tot, ehe wir den Fuß des Berges erreichten, und dies geschah erst zwei Stunden nach Einbruch der Dunkelheit. Dieser Berg hat oben eine Ebene mit einem schönen See, aber der Abstieg ist steil und schlüpfrig, so daß es erstaunlich ist, wie sicher diese Sänftenträger gehen. Doch war mir nicht halb so bange, den Hals zu brechen als krank zu werden, und der Ausgang hat gezeigt, daß ich mich mit Recht gefürchtet.

Alle anderen Berge können jetzt mit den Wagen befahren werden und sind sehr fruchtbar an Weinreben und Viehweiden. Hier ist eine Zucht der schönsten Ziegen von der Welt. Acquebellet ist der letzte Ort vor der Grenze, und bald hernach kamen wir nach Pont Beauvoisin, einer französischen Stadt, deren Brücke Frankreich von Savoyen trennt. Noch am gleichen Abend langten wir spät hier an, wo ich keine andere Beschäftigung gehabt habe, als für meine Gesundheit zu sorgen. Ich glaube mich außer Gefahr und bin entschlossen, mich von dem bösen Hals, der noch immer bleibt, nicht lange mehr einsperren zu lassen. Ich bin ungeduldig, die Sehenswürdigkeiten dieser berühmten Stadt zu betrachten, und noch ungeduldiger, meine Reise nach Paris fortzusetzen. Von dort hoffe ich Ihnen einen unterhaltenderen Brief zu schreiben, als es mir jetzt möglich ist mit einem von Krankheit abgematteten Gemüt, einem vom Spleen verfinsterten Kopf, aus einem jämmerlichen Wirtshause und einem Zimmer, das mit betrüblichen Gegenständen wie Apothekergläsern und Phiolen vollgestopft ist. Ich bin . . .

An Mr. Pope

Lyon, den 28. September 1718

Ihren Brief empfing ich hier, und ich sollte Ihnen für das Vergnügen danken, das Sie bei meiner Rückkunft zu empfinden scheinen; allein, ich kann mich kaum erwehren, böse auf Sie zu sein, da Sie sich über das freuen, was mir so viel Mißvergnügen macht. Sie werden dies von meiner Seite für ein seltsames Kompliment halten, und ich versichere Ihnen, daß es nicht geschieht, weil ich für die Freude, meine Freunde wiederzusehen, unempfindlich bin, sondern wenn ich bedenke, daß ich einerseits tausend unangenehme Unverschämtheiten hören und sehen, Besuche machen und empfangen, Verneigungen machen und an Teetischen sitzen muß, wo man mich halb zu Tode fragen wird, und daß ich andererseits ein Geschöpf bin, das niemandem mit etwas anderem als unbedeutenden guten Wünschen dienen kann, daß meine Gegenwart kein notwendiges Gut für irgend jemanden in meinem Vaterlande ist, so deucht mich, ich hätte besser daran getan, da zu bleiben, wo Gemächlichkeit und Ruhe die Glückseligkeit meines untätigen Lebens ausmachten.

Ich würde gewiß schwermütig, wenn ich dieses Thema eine Zeile weiter verfolgte, ich will also lieber mein übriges Papier mit den Inschriften der ehernen Tafeln anfüllen, die hier an jeder Seite des Rathauses stehen[65] ... Man wies mir vor dem Tor St. Augustin einige Reste einer römischen Wasserleitung und hinter dem Kloster St. Maria die Trümmer eines kaiserlichen Palastes, wo Claudius geboren ward und Severus wohnte. Die große Kathedrale des heiligen Johannes ist ein schöner gotischer Bau, dessen Uhr von den Deutschen sehr bewundert wird. In dem ansehnlichsten Teile der Stadt steht des verstorbenen Königs [Ludwigs XIV.] Bildsäule, wie er Menschen unter die Füße tritt. Ich kann mich nicht enthalten, hier ein Wort über die französischen Bildsäulen mit ihren vollgelockten Staatsperücken zu sagen (denn ich bin nicht willens, sie je wieder zu erwähnen). Hätte ihr König Unwissenheit, schlechten Geschmack und Eitelkeit in einem Bilde ausdrücken wollen, dann hätten seine Bildhauer keine dem Endzweck besser entsprechende Figur machen können als eben diese Bildsäule, welche die abgeschmackte Vermischung eines alten Stutzers vorstellt, der gern ein Held sein wollte, mit einem Busch gelockten Haares auf dem Kopf und einem vergoldeten Kommandostab in der Hand. Die Franzosen haben so vielbändige Beschreibungen von dieser Stadt, daß ich nichts mehr davon zu sagen brauche. Die Häuser sind ziemlich gut gebaut und der Platz Belle Court wohl bepflanzt, von dem aus man die berühmte Vereinigung der Saône und Rhône sieht:

> Wo die ungeheure Rhône mit reißender
> Strömung fließt,
> Und der Arar [Saône] zögert, wohin er seine
> Fluten treiben soll.

Ich hatte Zeit genug, alles mit Muße zu betrachten, weil mich ein geschwollener Hals, Überbleibsel eines Fiebers, das ich mir in den feuchten Dünsten der Alpen zugezogen hatte, hier verschiedene Tage aufgehalten hat. Die Ärzte hier drohen mir mit allen Arten von Krankheiten, wenn ich mich unterstehe, sie zu verlassen. Ich aber, die ich die Hartnäckigkeit meines geschwollenen Halses kenne, halte es für ebensogut möglich, meine Reise nach Paris fortzusetzen wie in den Straßen von Lyon herumzugehen, und bin entschlossen, morgen abzureisen trotz Ärzten, Apothekern und schlimmen Hälsen.

Wenn Sie Lady Rich sehen, so lassen Sie sie wissen, daß ich ihren Brief empfangen habe und ihn von Paris aus beantworten will, weil ich es für den Ort halte, von dem sie am liebsten hören mag. Ich bin ...

An Lady Rich

Paris, den 10. Oktober 1718

Ich kann meiner lieben Lady Rich keinen besseren Beweis von dem Vergnügen geben, das mir ein Brief an Sie macht, als daß ich ihn von diesem Ort mannigfaltiger Lustbarkeiten aus schreibe. Ich werde mit Besuchen überhäuft, und zwar mit Besuchen so voller Komplimente und Lebhaftigkeit, daß es schon Beschäftigung genug ist, zuzuhören, ob man nun antwortet oder nicht. Die französische Gesandtin zu Konstantinopel hat hier eine sehr ansehnliche und zahlreiche Familie, deren Mitglieder mich alle besuchen und des Fragens in Ewigkeit nicht müde werden. Die Pariser Luft hat bereits gute Wirkung auf mich, denn ich befand mich nie besser, obschon ich den ganzen Weg von Lyon hierher sehr schlecht daran gewesen bin. Sie mögen urteilen, wie angenehm mir diese Reise gewesen ist, und dabei hätte es gar keiner Krankheit bedurft, um mir zu mißfallen. Ich kann mir nichts Schrecklicheres denken als den Anblick des Elends, wenn man nicht das göttliche Vorrecht hat, allen zu helfen, und alle Dörfer Frankreichs haben nichts als Elend aufzuweisen. Während man die Postpferde wechselt, kommt die ganze Bevölkerung heraus zum Betteln, mit so elenden, verhungerten Gesichtern, daß sie keine andere Beredsamkeit nötig hat, einen von dem Jammer ihres Zustandes zu überzeugen. Dies ist die ganze französische Herrlichkeit, bis man nach Fontainebleau kommt, wo man einem in des Königs Jagdschloß tausendfünfhundert Zimmer zeigt. Die Gemächer der königlichen Familie sind sehr groß und stark vergoldet, in der Bauart und den Gemälden aber sah ich nichts Bemerkenswertes. Die lange Galerie von Heinrich IV. hat Ansichten von allen königlichen Lustschlössern. Die Wände sind in dem Geschmack der damaligen Zeiten bemalt, sehen jetzt aber schlecht aus. Der Park ist wirklich gut mit Wald und Wasser versehen, die Bäume sind schön gewachsen, und in den Fischteichen sind zahme Karpfen, wovon einige, wie man erzählt, achtzig Jahre alt sein sollen. Der verstorbene König brachte hier einige Monate im Jahr zu, und alle Felsen rund herum zeigen durch die darauf geschriebenen frommen Sprüche die Andacht, die damals an diesem Hofe Mode war und, wie ich glaube, auch mit ihm starb, zum wenigsten sehe ich kein äußerliches Merkmal davon in Paris, wo jeder an nichts als an die nächste Belustigung zu denken scheint.

Jetzt ist die St. Lorenzmesse. Sie können sich denken, daß man mich dorthin führte; ich halte sie für besser angeordnet als unsere Bartholomäusmesse. Da die Läden alle in regelmäßigen Reihen stehen und gut beleuchtet sind, bieten sie einen sehr angenehmen Anblick. Allein die Grobheit ihres Harlekins gefiel mir durchaus nicht, und ebensowenig die Musik in ihrer Oper, die mir abscheulich kratzend vorkam, weil ich an die italienische gewöhnt bin. Das Opernhaus ist eine Hütte im Vergleich mit dem Haymarket Theatre, und das Schauspielhaus nicht so hübsch wie das von Lincolns Inn-Fields, doch muß man zu ihrem Lobe gestehen, daß ihre Trauerspieler weit über den unsrigen sind. Der Madame Oldfield würde ich schwerlich eine bessere Rolle zugestehen, als die Vertraute der La ... zu sein. Ich habe eine so schöne Vorstellung des Trauerspiels Bajazet [von Racine] gesehen, daß man meiner Meinung nach von unseren besten Schauspielern nur sagen kann, daß sie reden, von diesen aber, daß sie fühlen. Es ist gewiß unendlich rührender, einen Mann, wenn auch nur scheinbar, unglücklich zu sehen, als einen mit munterem Gesicht und läppischem Lachen sagen zu hören, er sei unglücklich.

Da ich vom Aussehen rede, muß ich Ihnen etwas von den französischen Damen sagen: ich habe alle Schönheiten gesehen und solche (ich kann nicht umhin, mich des rauhen Wortes zu bedienen) ekelhafte Dinger! So verschroben und abgeschmackt in ihrem Putz, so ungeheuer unnatürlich mit ihrer Schminke! Mit kurz abgeschnittenen, rund um das Gesicht gelockten Haaren, so mit Puder beladen, daß sie weißer Wolle ähnlich sehen! Und die Bakken bis ans Kinn ganz unbarmherzig mit glänzend rotem Porzellan belegt, das einem wie Flammen entgegenschimmert, daß sie keine Ähnlichkeit mit Menschengesichtern mehr zu haben scheinen. Ich bin geneigt zu glauben, daß sie die erste Anregung zu ihrem Putz von einem schönen, frisch geschorenen und mit Rötel gezeichneten Schaf hernahmen. Ich erinnere mich mit Vergnügen meiner lieben, hübschen Landsmännin, und wenn ich an jemand andern schriebe, so würde ich sagen, daß diese grotesken Schmiererinen mich die natürlichen Reize meiner lieben Lady Rich, ihre kastanienbraunen Haare und die lebhafte Blüte ihrer unverfälschten Gesichtsfarbe nur noch höher schätzen lehren. Ich bin ...

Nachschrift: Ich habe hier den Abbé Conti getroffen, der mich bittet, Ihnen seine Komplimente zu sagen.

An Mrs. Thistlethwayte

Paris, den 16. Oktober 1718

Sie sehen, ich halte mein Wort und schreibe Ihnen von Paris, wo ich sehr erstaunt war, meine Schwester anzutreffen, ich brauche nicht erst hinzusetzen, daß es mir auch ebenso großes Vergnügen machte. Sie erwartete mich ebensowenig wie ich sie, denn sie hatte meine letzten Briefe nicht erhalten. Die Feder einer Scudéry[66] würde dieser Zusammenkunft einen Glanz zu geben wissen, allein ich will ihren Stil nicht so weit nachahmen, daß ich Ihnen sage, wie wir einander umarmten, wie sie fragte, durch welchen wunderbaren Zufall ich von Konstantinopel zurückgekommen wäre, und wie ich ihr mit Fragen geantwortet, welches Abenteuer sie nach Paris geführt hätte. Um die Geschichte abzukürzen, nach allen Fragen, Antworten, Ausrufen und Komplimenten kamen wir überein, miteinander herumzulaufen. Wir haben Versailles, Trianon, Marly und St. Cloud gesehen. Wir waren mit Befehlen versehen, die Brunnen zu unserer Belustigung springen zu lassen, und alle Engländer in Paris waren mit uns gekommen. Ich gestehe, Versailles kam mir mehr weitläufig als schön vor, und nachdem ich das genaue Ebenmaß der italienischen Gebäude gesehen hatte, schien mir die Unregelmäßigkeit von Versailles sehr unangenehm.

Des Königs Kabinett mit Antiken und Medaillen ist in der Tat reich besetzt. Unter der ganzen Sammlung gefiel mir nichts so sehr wie eine Apotheose des Germanicus auf einem Achat, eines der feinsten Stücke seiner Art, das ich je gesehen habe. Auch bemerkte ich einige alte Bildsäulen von großem Wert. Allein die ekelhafte Schmeichelei und der buntscheckige Pinsel Lebruns[67] mißfallen in der Gemäldegalerie. Ich unterstehe mich nicht, Ihnen die großen Gemächer, die Mannigfaltigkeit der Springbrunnen, die Schaubühne, den Hain der äsopischen Fabeln usw. zu beschreiben. Alles das können Sie in mehreren französischen Schriftstellern finden, die dafür bezahlt worden sind. Trianon, so klein es ist, gefällt mir besser als Versailles,

Marly besser als beide und St. Cloud am besten von allen, weil es den Vorteil hat, daß die Seine am Ende der Gärten vorbeifließt, auch wegen des großen Wasserfalls usw. In den vorerwähnten Büchern können Sie Nachrichten finden, wenn Sie neugierig sind, genau zu wissen, wie viele Bildsäulen hier sind und wieviel Fuß hoch das Wasser geworfen wird.

Wir sahen des Königs Gemälde in dem prächtigen Palais des Herzogs von Antin, der für ihre Erhaltung sorgt, bis seine Majestät mündig ist. Sie sind nicht zahlreich, aber von den besten Malern. Mit Entzücken sah ich den Erzengel von Raphael, in welchem die Empfindungen höherer Wesen ebensogut ausgedrückt sind wie in Milton. Sie würden es mir nicht verzeihen, wenn ich Ihnen nicht etwas von den Tuilerien sagte, die unsere Mall weit übertreffen, und den Cours la Reine, der angenehmer ist als unser Hydepark, weil die hohen Bäume im heißesten Sommer erfrischenden Schatten geben. Im Louvre hatte ich Gelegenheit, den König zu sehen, den der Herzog-Regent begleitete[68]. Er ist groß und wohlgebaut, sieht aber nicht so aus, als ob er die Krone so lange wie sein Urgroßvater tragen wird. Da ich gerade vom Hofe rede, muß ich sagen, daß mich in Paris nichts so sehr ergötzte, als einen Engländer (zum wenigsten einen Briten) unumschränkt herrschen zu sehen. Ich meine Herrn Law[69], der Herzöge und Pairs von Frankreich im höchsten Grade von oben herab behandelt und von ihnen die tiefste Unterwürfigkeit und Ehrerbietung erhält. Jämmerliche Seelen! Dieser Gedanke an ihre niedrige Sklaverei erinnert mich an die Place des Victoires, allein ich will mir und Ihnen die Zeit mit solchen Beschreibungen nicht rauben, die ohnedies zu zahlreich würden.

Überhaupt deucht mich, hat Paris darin den Vorteil vor London, daß seine Straßen schön gepflastert und zur Nacht regelmäßig beleuchtet, die Häuser alle von Stein und die der meisten Großen durch Gärten verschönert sind. Wir aber können gewiß damit großtun, daß unsere Stadt zweimal so groß ist, und nachdem ich dieses gesagt, weiß ich auch von keinem anderen Vorzug mehr. Mein Aufenthalt wird von sehr kurzer Dauer sein, schreiben Sie also bald, wenn Sie noch etwas zu befehlen haben, und ich werde Ihnen mit Vergnügen gehorchen. Ich bin . . .

An Mr. Pope

[ohne Datum]

Ich bin auf eine seltsame Art mit meiner Schwester in Paris herumgestreift, und wir haben seltsame Dinge gesehen. Zum wenigsten sind sie mir seltsam, denn nachdem ich den Ernst der Türken gewohnt gewesen bin, kann ich kaum gelassen und ohne Befremden die Leichtigkeit und Behendigkeit der luftigen Phantome ansehen, die hier um mich herumtanzen, und oft denke ich mitten in den Beschäftigungen des wirklichen Lebens, daß ich mich bei einem Puppenspiel befinde. Ich schaue gewaltig starr um mich, allein niemand bemerkt es, weil hier jedermann starrt. Starrsehen ist à la mode. Es gibt ein Starrsehen der Aufmerksamkeit und des Interesses, ein Starrsehen der Neugierde, ein Starrsehen der Erwartung, ein Starrsehen der Bestürzung. Es würde Sie sehr belustigen zu sehen, welche nichtigen Dinge dies Starrsehen verursachen. Dieses Starrsehen würde eine Art von feierlicher Miene an sich haben, wenn es nicht durch Grinsen gemildert würde, denn am Ende jeden Starrsehens folgt immer eine

Grimasse oder ein Grinsen. Gewöhnlich wird der Eintritt eines Herrn oder einer Dame in ein Zimmer mit einem Grinsen begleitet, das Wohlgefallen und gesellschaftliches Vergnügen ausdrücken soll, aber in Wirklichkeit weiter nichts zeigt als ein gewisses Zusammenziehen der Muskeln. Einen Fremden muß das ebenso zu natürlichem Lachen reizen, wie sie künstlich lächeln. Das französische Grinsen ist gleich weit entfernt von der munteren Heiterkeit eines Lächelns wie von der treuherzigen Fröhlichkeit eines wiehernden ehrlichen englischen Gelächters. Mein Aufenthalt wird hier vielleicht nicht lang genug sein, um mir einen richtigen Begriff von französischen Sitten und Charakteren machen zu können, obschon, wie ich denke, es nicht viel Nachsinnen erfordern würde, weil sich in beiden keine große Tiefe findet. Nach einem oberflächlichen Blick scheint es ein tändelhaftes, rastloses und angenehmes Volk zu sein. Abbé Conti ist mein Führer, und ich hätte schwerlich einen besseren finden können. Er sagte mir, daß hier die Frauen den Charakter der Männer bilden, und jede Gesellschaft, in die ich komme, überzeugt mich davon. Hier scheint es gar keine Zwischenzeit zwischen Kindheit und Mannheit zu geben, denn sobald der Knabe seine Gängelbänder abgelegt hat, schickt man ihn mit aufgeworfenem Kopf in die Welt. Damen sind seine Lehrmeister, sie formen die ersten Eindrücke, und diese bleiben gewöhnlich und machen die Männer durch Nachahmung der Launen und des Zierens der Frauen lächerlich, so daß eine gewisse Würde im Betragen hier vor dem sechzigsten Jahr etwas Seltenes ist. Sagt nicht König David irgendwo: Der Mann geht in eitlem Prunk einher; ich glaube es wenigstens, und dies gilt besonders von den Franzosen, allein er geht lustig einher und scheint sich an dem Truggesicht zu laben. Sollte man ihn deswegen nicht glücklicher schätzen als viele unserer gründlichen Denker, deren Stirne durch tiefe Betrachtung von Furchen gerunzelt und deren Weisheit so oft mit dem dunklen Mantel des Spleens und der Grillenhaftigkeit bekleidet ist?

Was mich hier am meisten ergötzt, ist der Anblick der Pracht, oft mit Geschmack vereint, in den königlichen Palästen und Gärten. Ich bewundere zwar die Baukunst nicht sehr, in der große Unregelmäßigkeit und Mangel an Ebenmaß herrscht, aber Bildsäulen, Malereien und andere Verzierungen machen mir großes Vergnügen. Besonders überraschte mich ein Stück aus dem Altertum in den Gärten zu Versailles, die berühmte kolossale Bildsäule des Jupiter, eine Arbeit Myrons, die Mark Anton von Samos wegführte und Augustus auf dem Kapitol aufstellen ließ. Sie ist aus parischem Marmor, hat freilich durch den Zahn der Zeit etwas gelitten, behält aber immer noch auffallende, ergreifende Züge von Majestät. Doch könnte Marmor fühlen, der Gott würde gewiß in edlem Unwillen zornige Blicke schießen, sich aus dem Kapitol in einen französischen Garten versetzt zu sehen und, nachdem er die Verehrung römischer Kaiser empfangen, die bei der Rückkehr von ihren Eroberungen ihre Lorbeeren zu seinen Füßen niederlegten, jetzt nichts als gekräuselte Stutzer an sich vorbeiziehen zu sehen.

Ich bin willens, diesen Ort bald zu verlassen, so daß Sie keine Briefe von diesseits der See weiter von mir erwarten müssen. Außerdem bin ich von allen Seiten zu Tode gehetzt, und mein Kopf schwindelt vor der ungeheuer großen Mannigfaltigkeit der Dinge, die ich hier mit solcher Geschwindigkeit sehen muß, weil meine Zeit mir nicht erlaubt, sie mit Muße zu betrachten. Hier gibt es eine ganz unmäßige Verschwendung an Zierraten, gerade das Gegenteil von unseren königlichen Gärten. Diese Verschwendung kommt von dem Leichtsinn und der Unbeständigkeit des französischen Geschmacks, der immer und ewig nach etwas Neuem schmachtet und also ohne Maß und Ziel Verzierung auf Verzierung häuft. Doch ist es Zeit, meinen Brief zu endigen. Ich wünsche Ihnen also eine gute Nacht und bin . . .

An Abbé Conti

Dover, den 31. Oktober 1718

Ich glaube Ihrer Versicherung, daß ich Sie durch die schleunigste Nachricht von meiner glücklichen Überfahrt erfreuen werde. Diesen Morgen erreichte ich Dover, nachdem ich die ganze vorige Nacht in dem Paketboot so heftig herumgeschüttelt worden war, daß der Schiffer in Anbetracht der Schwäche seines Bootes es für ratsam hielt, den Briefpack in Sicherheit zu bringen und uns die Gefahr bekanntzugeben. Wir riefen ein kleines Fischerboot an, das alle Mühe hatte, zu uns zu kommen, indes alles an Bord zum Himmel schrie. Man kann sich schwerlich eine schrecklichere Szene denken, und doch – soll ich es Ihnen bekennen? –, ich hatte zwar keine Lust zu ertrinken, aber ich konnte nicht umhin, mich an der doppelten Beängstigung einer Reisegefährtin zu belustigen. Es war eine Engländerin, die ich in Calais traf und die mich um einen Platz in meiner Kajüte bat. Sie hatte einen schönen, aus Brabanter Spitzen gemachten Kopfputz, den sie gerne vor den Zollbeamten verbergen wollte. Als es stürmisch wurde und unser kleines Fahrzeug krachte, fing sie herzlich an zu beten und war ganz mit ihrer Seele beschäftigt; sobald der Wind nachließ, kehrte sie auch wieder zu der weltlichen Sorge ihres Kopfputzes zurück und wandte sich an mich: »Liebste Madame, wollen Sie wohl für diesen Kopfputz sorgen. Ach, wenn er nur nicht verlorengeht! – Ach Gott, wir werden alle umkommen, Gott sei meiner armen Seele gnädig! – Ich bitte, Madame, sorgen Sie doch für diesen Kopfputz!« Der leichte Übergang von ihrer Seele zu ihrem Kopfputz und die abwechselnde Todesangst, die ihr beide verursachten, machte es schwer zu entscheiden, auf welches sie den höchsten Wert setzte. Doch, so lustig der Auftritt war, so froh war ich auch, davonzukommen und in das kleine Boot geworfen zu werden, obwohl mit halsbrecherischer Gefahr. Es brachte mich wohlbehalten hierher, und ich kann nicht anders, als mein Vaterland mit parteiischen Augen anzusehen. Gewiß gab uns die Natur diese Parteilichkeit, um dem Herumschwärmen vorzubeugen, das von dem ehrgeizigen Durst nach Kenntnissen, für deren Genuß wir nicht geschaffen sind, verursacht wird. Alles, was wir dabei gewinnen, ist der fruchtlose Wunsch, die mannigfaltigen Vergnügungen und Bequemlichkeiten zu vereinen, die verschiedenen Weltteilen zugefallen sind und in keinem einzigen zusammentreffen können. Nachdem ich alles gelesen, was in den Sprachen, die ich verstehe, zu lesen ist, nachdem ich meine Augen durch mitternächtliches Forschen geschwächt habe, beneide ich den ruhigen Seelenfrieden eines rotwangigen Milchmädchens, das, durch keinen Zweifel beunruhigt, jeden Sonntag in Demut die Predigt anhört und dessen Empfindungen der natürlichen Pflicht nicht durch eitle Schulgelehrsamkeit verwirrt sind, diese mag viel gelehrter sein, muß aber am Ende doch ebenso unwissend bleiben. Und nachdem ich einen Teil von Afrika und Asien gesehen und beinahe ganz Europa durchreist habe, halte ich doch den ehrlichen englischen Landedelmann für glücklicher, der wahrhaft glaubt, daß griechische Weine bei weitem nicht dem Märzenbier gleichkommen und daß afrikanisches Obst keinen so guten Geruch und Geschmack hat wie seine Goldrenetten, daß italienische Bekassinen nicht so köstlich sind wie ein Rinderrücken, und kurz, daß kein vollkommener Genuß des Lebens außerhalb Altenglands zu finden ist. Gebe Gott, daß ich so die übrige Zeit meines Lebens denke und, da ich nun einmal mit unserem stiefmütterlichen Anteil vom Tageslicht zufrieden sein muß, daß ich die erquickende Sonne von Konstantinopel vergessen möge! Ich bin ...

ANMERKUNGEN

Die Empfänger der Briefe

Gräfin Frances Mar war die jüngere Schwester der Lady Montagu, seit 1714 mit dem Grafen Mar verheiratet. Als in diesem Jahr nach dem Tode der Königin Anna Stuart das Haus Hannover mit Georg I. auf den Thron Englands kam, machte Annas Stiefbruder Jakob 1715 einen Versuch, die Krone für die Stuarts zu retten. Graf Mar war der Führer der schottischen Jakobiten, nach dem Scheitern des Aufstands mußte er aus England fliehen, wurde 1716 in Abwesenheit zum Tod verurteilt und lebte bis zu seinem Tod 1732 auf dem Festland. Seine Frau Frances blieb in London und machte nur gelegentlich Reisen zu ihrem Mann.

Mrs. Maria Skerritt, Tochter eines Londoner Kaufmanns, war die offen anerkannte Geliebte von Sir Robert Walpole, dem Staatsmann, der 1721–1742 Premierminister König Georgs I. und Georgs II. war. Nach dem Tod seiner ersten Frau machte Walpole 1738 Mrs. Skerritt zu seiner Frau, sie starb aber schon 1739.

Lady Elisabeth Rich gehörte zum Hofstaat der Prinzessin Caroline, der Frau des späteren Königs Georg II.

Gräfin Elisabeth Bristol war die zweite Frau von John Hervey Graf Bristol.

Alexander Pope (1688–1744) war Hauptvertreter des Klassizismus in England. Seine Freundschaft mit Lady Montagu fand ein sehr unerfreuliches Ende. Pope fühlte sich zurückgesetzt, dazu kam ein Streit um die Autorschaft von Gedichten, was Pope zur Veröffentlichung ziemlich gemeiner Schmähgedichte auf die alte Freundin veranlaßte.

Abbé Conti (1677–1749), italienischer Geistlicher; er verließ 1708 den Orden der Oratorianer und lebte meist in Paris und London. Lady Montagu lernte ihn am Hof Georgs I. kennen, der ihn als Verehrer des berühmten Naturforschers Sir Isaac Newton sehr begünstigte.

1 Die heilige Ursula war eine britische Königstochter, die der Legende nach auf der Rückfahrt von einer Pilgerfahrt nach Rom mitsamt ihren 11 000 Jungfrauen von Heiden niedergemetzelt wurde.

2 Diese »Torheit der Lutheraner« erklärt sich daraus, daß die heilige Lanze und ein Stück vom Kreuz Christi zu den seit 1424 in Nürnberg aufbewahrten Reichsinsignien gehörten. Offensichtlich hat Lady Montagu die Kaiserkrone, das Schwert Karls des Großen, den Reichsapfel und die Krönungsgewänder nicht zu sehen bekommen oder nicht beachtet.

3 Kaiser Leopold I. berief 1663 einen Reichstag nach Regensburg, der sich so in die Länge zog, daß er überhaupt nicht verabschiedet wurde, sondern als »immerwährender Reichstag« bis zum Untergang des alten Deutschen Reiches 1806 getagt hat. Der englische König Georg I. war als Kurfürst von Hannover dort durch seinen Gesandten vertreten.

4 Mrs. Blackacre war eine Person in der Komödie »The Plain Dealer« von William Wicherley (1640–1715).

5 Die Oper hieß »Angelica Vincitrice d'Alcina«, Text von Pietro Pariati, komponiert von dem Hofkapellmeister Fux (1660 bis 1741).

6 Der lateinische Dichter ist Plautus, der französische Molière und der englische Dryden.

7 Der Geistliche Jeremy Collier schrieb 1698 ein Buch gegen die Unmoral auf den englischen Bühnen.

8 Kaiserin Elisabeth Christine (1691–1750), Tochter Herzogs Ludwig Rudolf von Braunschweig-Wolfenbüttel, seit 1708 mit Kaiser Karl VI. vermählt, Mutter von Maria Theresia.

9 Kaiserin Amalie Wilhelmine (1673–1742), Tochter Herzogs Johann Friedrich von Hannover, 1699 mit Kaiser Josef I. vermählt, seit 1711 Witwe. Ihre eine Tochter Josefa heiratete 1719 August III. Kurfürst von Sachsen und König von Polen; die andere, Amalia, 1722 Kurfürst Karl Albrecht von Bayern, den späteren Kaiser Karl VII.

10 Die Kaiserinmutter Eleonore Magdalene, Tochter des Pfalzgrafen Wilhelm von Pfalz-Neuburg, 1676 zweite Gemahlin Kaiser Leopolds I., seit 1705 verwitwet, Mutter Josefs I. (1705–1711) und Karls VI. (1711–1740).

11 Dorothea Elisabeth Rabutin, geborene Prinzessin von Hol-

stein-Wiesenburg, in zweiter Ehe seit 1682 mit Graf Ludwig Rabutin verheiratet.

12 Anna Konstanze Gräfin Cosel (1680–1765), Tochter des Obersten von Brockdorff, 1699 mit dem sächsischen Minister Freiherrn von Hoym verheiratet, 1703 geschieden, als sie die Geliebte Augusts des Starken wurde. Kaiser Josef I. gab ihr den Titel einer Gräfin Cosel.

13 Als Urenkel Jakobs I. bestieg Kurfürst Georg von Hannover 1714 den englischen Thron, für die beiden Kaiserinnen vgl. Anm. 8 und 9.

14 Der Prinz ist Friedrich Ludwig (1707–1751), Sohn des späteren Königs Georg II. und Vater Georgs III. Die Prinzessin, seine Mutter, ist die Tochter des Markgrafen Johann Friedrich von Ansbach.

15 Mrs. Salmon hatte in London ein berühmtes Wachsfigurenkabinett.

16 Gräfin d'Aunois (1650–1705) schrieb 4 Bände »Contes de fées« (Märchen).

17 Fénelon (1651–1715), Erzbischof von Cambrai, verteidigte den von Jeanne Marie Bouvier de la Motte Guyon (1648 bis 1717) in Frankreich verbreiteten Quietismus, eine mystisch-religiöse Richtung.

18 Jean Baptiste Rousseau (1670–1741), berühmter Lyriker.

19 Claude Alexander Graf Bonneval (1675–1741) war erst französischer Offizier, trat dann in österreichische Dienste und dann in türkische, wurde Mohammedaner und Pascha mit drei Roßschweifen.

20 Charles Louis Graf Fouquet de Bellisle, Marschall von Frankreich (1684–1761). Die Porträtsammlung ist jetzt in der Wiener Nationalbibliothek.

21 Moneses ist eine Person aus der Tragödie »Tamerlane« von Nicholas Rowe (1673–1718).

22 William Congreve (1670–1729), englischer Lustspieldichter.

23 Das Streben des Wiener Hofes, die Selbständigkeit Ungarns zu beseitigen, und die Bedrückung der Protestanten führten zu einem Versuch der Magnatenpartei, Ungarn mit französischer und türkischer Hilfe von Österreich loszureißen. Der Aufstand wurde 1670 blutig niedergeschlagen, aber die

Bandenkämpfe der sogenannten Koruzzen gingen weiter. Ihr Führer, Graf Emmerich Thököly, schloß mit der Türkei ein Bündnis gegen den Kaiser, das zu dem Türkenkrieg von 1683 bis 1687 führte. Die Türken belagerten Wien, wurden am Kahlenberg geschlagen. Die kaiserliche Armee mit ihren Verbündeten nahmen 1686 Ofen und errangen 1687 bei Mohacs den entscheidenden Sieg. Ungarn behielt seine Selbständigkeit, erkannte aber die Erblichkeit des Hauses Habsburg im Mannesstamm an. Diese politischen Kriege haben zur Verwüstung Ungarns geführt, die konfessionelle Frage spielte eine geringe Rolle.

24 Raizen sind die zur griechisch-orthodoxen Kirche gehörigen Serben, die während der Türkenkriege in das damalige Südungarn einwanderten.

25 Thomas Hobbes (1588–1679) gründete seine Philosophie auf die mathematisch-mechanische Naturauffassung und wendete diese auf die Staats- und Gesellschaftslehre an. Die Stelle, auf die Lady Montagu anspielt, steht im 13. Kapitel des 1651 erschienenen »Leviathan«.

26 Vgl. Anm. 14.

27 John Milton (1608–1674) in seinem Epos »Paradise Lost«, Das verlorene Paradies.

28 Charles Jervas (1675–1739), beliebter Porträtmaler.

29 William Whiston (1667–1752), Mathematiker, Physiker, Philosoph und Theologe, verlor als Gegner der Dreieinigkeitslehre seine Stellung als Geistlicher, wurde später Baptist.

30 Sir Paul Rycaut (ca. 1630–1706) machte weite Reisen in Europa, Asien und Afrika, war mehrere Jahre Gesandtschaftssekretär in Konstantinopel, dann Konsul in Smyrna. Er schrieb verschiedene Bücher über die Türkei und ihre Geschichte.

31 Balduin von Flandern wurde 1204 nach der Eroberung Konstantinopels durch ein Kreuzfahrerheer zum Oberhaupt des lateinischen Kaisertums gewählt, wurde aber schon 1205 von dem Bulgarenkönig Johannes bei Adrianopel geschlagen und starb in der Gefangenschaft.

32 Aus Virgil, Georgica IV 523 ff., Übersetzung von R. A. Schröder (Sammlung Dieterich).

33 Joseph Addison (1672–1719), Dichter, besonders bekannt,

weil er zusammen mit Steele die ersten moralischen Wochenschriften »The Spectator« und »The Tatler« herausgab.

34 Theokrit, griechischer Dichter um 270 v. Chr., er schilderte in seinen Gedichten vor allem das Hirtenleben.

35 Nicolaus Boileau (1636–1711) schrieb Episteln und Satiren.

36 Hier folgen die Verse der Lady Montagu im Englisch ihrer Zeit: »Now Philomel renews her tender strain, / Indulging all the night her pleasing strain« usw.

37 Apelles war im 4. Jahrhundert v. Chr. der berühmteste griechische Maler.

38 Mohammed IV. 1648–1687, Mustapha II. 1695–1703, der damals regierende Sultan Achmed III. 1703–1730.

39 Das Schloß der Sieben Türme, von Mohammed II. 1455 auf den Trümmern einer alten griechischen Burg gebaut, diente lange Zeit als Staatsgefängnis. Hier wurden auch die von den Janitscharen entthronten Sultane, wenn sie nicht gleich getötet wurden, gefangengehalten.

40 Jean Baron Dumont de Carlscroon, kaiserlicher Hofhistoriograph in Wien, verfaßte »Beschreibung einer Reise in die Levante« (1694).

41 Addison (vgl. Anm. 33) hatte 1716 die verwitwete Gräfin Warwick geheiratet, die Ehe wurde sehr unglücklich. Die Stelle als Staatssekretär hatte er nur sehr kurz inne, er konnte nicht öffentlich reden und war auch sonst wenig geeignet.

42 Pope war Katholik, und nach dem Gesetz waren alle Katholiken und Protestanten, die das Abendmahl nicht nach dem Ritus der anglikanischen Kirche empfangen wollten, von allen Ämtern in Staat und Stadt ausgeschlossen.

43 Paktolos hieß ein Fluß im alten Lydien, der Goldsand geführt und dadurch den großen Reichtum des Krösus bewirkt haben soll. In Twickenham wohnte Pope seit 1717.

44 Thomas Pitt (1653–1726) kam als Gouverneur von Madras in den Besitz eines 136¾ Karat schweren Brillanten, der als der schönste und vollkommenste gilt. Pitt verkaufte ihn an den Regenten Herzog Philipp von Orleans.

45 Lady Montagu schreibt über jede Zeile den türkischen Text, der hier fortgelassen ist.

46 Unter dem Datum »Sonntag 23. März 1717/18« druckt Blumenthal (S. 163) das Bruchstück eines Briefes an Mr. Wort-

ley-Montagu ab, das die Ausgabe von 1784 nicht enthält. Des interessanten Inhalts wegen führe ich es hier an: »... Der Knabe wurde letzten Dienstag geimpft. Jetzt singt und spielt er und erwartet ungeduldig das Abendessen. Ich flehe zu Gott, daß mein nächster Bericht über ihn gleich gut möge lauten können ... Das Mädchen kann ich nicht impfen, ihre Amme hat die Pocken nicht gehabt.«

47 Bei der Umwandlung in eine Moschee wurden die Mosaikbilder überall, wo menschliche Figuren dargestellt waren, mit Kalk übertüncht. Vielleicht war zu Lady Montagus Zeit diese Tünche gerade großenteils abgefallen? Auch daß die Türken dem Grab eines christlichen Kaisers große Ehrfurcht bezeigen, ist nicht ganz glaubhaft. Jedenfalls zerstörten sie das Grab des bei der Eroberung von Konstantinopel 1453 gefallenen Kaisers Konstantin XI., als die Griechen an dem Grab Kerzen anzündeten.

48 Diese bronzene Schlangensäule war einst der Stützpfeiler für den goldenen Dreifuß, den die Griechen nach dem Sieg bei Platää (479 v. Chr.) als Weihegeschenk im Tempel des Apollo zu Delphi aufstellen ließen. Konstantin der Große (323–337) ließ ihn in seine neugegründete Hauptstadt übertragen. Auf den Schlangenleibern sind die Namen der griechischen Völker eingeritzt, die an den Schlachten von Platää und Salamis teilgenommen haben, allerdings kam die Inschrift erst zutage, als die Engländer 1856 den unteren Teil der Säule ausgruben, der völlig von Schutt bedeckt war.

49 Der Obelisk wurde von Kaiser Theodosius (379–395) aus Ägypten gebracht. Die Hieroglyphen sind inzwischen entziffert: der Pharao Thutmosis III. errichtete ihn um 1500 v. Chr. in Heliopolis. Die römischen Reliefs an den vier Seiten des Unterbaus verherrlichen Theodosius. Die Inschriften sind etwas tiefer, unterhalb der Reliefs. Die Übersetzung der von Lady Montagu unvollständig abgeschriebenen Inschrift nach Gerda Bruns »Der Obelisk und seine Basis auf dem Hippodrom zu Konstantinopel« Istanbul 1935, S. 30 ff.

50 Nach Blumenthal (S. 169) ist dieser Brief an die Gräfin Bristol gerichtet, die Ausgabe von 1784 schließt den Brief aber mit »liebe Schwester«, vermutlich ist er also an die Gräfin Mar gerichtet.

51 Konstantin der Große ließ, noch bevor er zum Christentum übergetreten war, einen Tempel der göttlichen Weisheit (Hagia Sophia) erbauen, daraus wurde eine christliche Basilika, sie brannte mehrmals ab, den prachtvollen Neubau ließ Justinian errichten. 532 wurde der Grundstein gelegt. Die Kirche wurde mehrmals durch Erdbeben und Brand beschädigt und bei der Umwandlung in eine Moschee durch An- und Umbauten verändert.

52 Richard Knolles schrieb verschiedene Werke über türkische Geschichte, der Gelehrte starb 1610.

53 Aaron Hill (1685–1749) schrieb Gedichte, Dramen und über seine Reisen im Orient. Die schwitzende Säule wird noch heute gezeigt: in der Bronzebekleidung des Marmors ist eine Öffnung, durch die man den stets feuchten Marmor fühlen kann.

54 König Karl II. (1660–1685) versuchte – allerdings vergeblich – den Katholizismus in England wieder durchzusetzen.

55 Giovanni Gemelli, Rechtsgelehrter, schrieb ein sechsbändiges Werk über seine Reisen in Kleinasien und der Türkei 1699/1700. Chalkedon wurde vor der Eroberung von Konstantinopel durch die Türken völlig zerstört, so daß von der antiken Stadt keine Überreste mehr da sind. Die Türken nennen die neue Stadt Kadikoi.

56 George Sandys (1577–1613) veröffentlichte »A Relation of a Journey begun Anno Domini 1610. Four Books, containing a Description of the Turkish Empire ...« Das Werk war so beliebt, daß es 1673 seine 7. Auflage erlebte.

57 Skamandros, ein Sohn des Zeus, wurde, um die Unsterblichkeit zu erlangen, in den Fluß verwandelt und durfte die jungen Trojanerinnen, die vor der Hochzeit im Flusse badeten, zuerst besitzen. Lafontaines Fabel »Le fleuve Scamandre« in »Contes« Livre V, II.

58 Hier folgen die Inschriften.

59 Die Kantakuzene waren Fürsten der Walachei, die mit Hilfe von Österreich ihre Unabhängigkeit von den Türken zu verteidigen suchten. 1716 wurden einige ihrer Mitglieder nach einer Niederlage in Konstantinopel hingerichtet.

60 Der Theseustempel auf dem Markthügel in Athen ist noch gut erhalten. Lady Montagu verwechselt ihn mit dem Parthe-

non auf der Akropolis, der 1687 bei der Beschießung durch die Venezianer, da er als Pulvermagazin diente, zerstört wurde.

61 Trinacria ist der älteste griechische Name von Sizilien. Das Schiff scheint von Kreta aus nicht direkt nach Malta gefahren zu sein, sondern sich erst der Küste von Sizilien genähert zu haben. Wo Lady Montagu die Insel der Sirenen und Scylla und Charybdis lokalisiert, ist nicht klar. Homer sagt über die Lage nichts. Jedenfalls kann das Schiff nicht durch die Meerenge von Messina gefahren sein, die im allgemeinen als der Ort der Scylla und Charybdis angesehen wird.

62 Napoleon ließ die Schale nach Paris bringen, als sich herausstellte, daß sie nur ein orientalischer Glasfluß war, wurde sie an Genua zurückgegeben.

63 Mit dem Schweißtuch ist wohl ein als Grabtuch Christi verehrtes Linnen gemeint, das die negativen Umrisse einer männlichen Gestalt zeigt. Das Grabtuch, das von Jerusalem über Byzanz nach Frankreich und dann an das Haus Savoyen kam, wird noch heute verehrt.

64 Königin Anna Maria, seit 1684 mit Viktor Amadeus II. von Savoyen vermählt, war die Tochter Herzog Philipps I. von Orléans und der Schwester König Karls II. von England. Der Herzog von Savoyen war seit dem Frieden zu Utrecht 1713 König von Sizilien, mußte dies aber 1720 an Österreich abtreten, er erhielt dafür Sardinien und nannte sich nun König von Sardinien. Der Titel Majestät blieb dem Haus Savoyen also erhalten.

65 Die lateinische Inschrift der Bronzetafeln, die Lady Montagu sorgfältig abschrieb, ist hier fortgelassen.

66 Madeleine de Scudéry (1607–1701), gefeierte französische Schriftstellerin, die zahlreiche Romane in dem preziösen, empfindsamen und schwülstigen Stil ihrer Zeit schrieb.

67 Charles Lebrun (1619–1690), erster Hofmaler Ludwigs XIV., Hauptschöpfer des alle Zweige der bildenden Kunst und der Wohnkultur umfassenden Stils jener Zeit.

68 König Ludwig XV., Urenkel von Ludwig XIV., war damals erst acht Jahre alt, er stand bis 1723 unter der Regentschaft des Herzogs Philipp II. von Orléans, dem Sohn der Liselotte von der Pfalz und Neffen Ludwigs XIV.

[69] John Law (1671–1729) war Schotte, löste in Paris nach Umwandlung seiner Privatbank in eine Staatsbank 1718 durch übermäßige Ausgabe von Banknoten und laufende Neuausgabe von Aktien eine ungeheure Spekulationswelle aus, die dann 1720 zu einer schweren Finanz- und Wirtschaftskrise in Frankreich führte.

PERSONEN- UND SACHVERZEICHNIS

A

B

H

I

J

K

L

M

X

Z

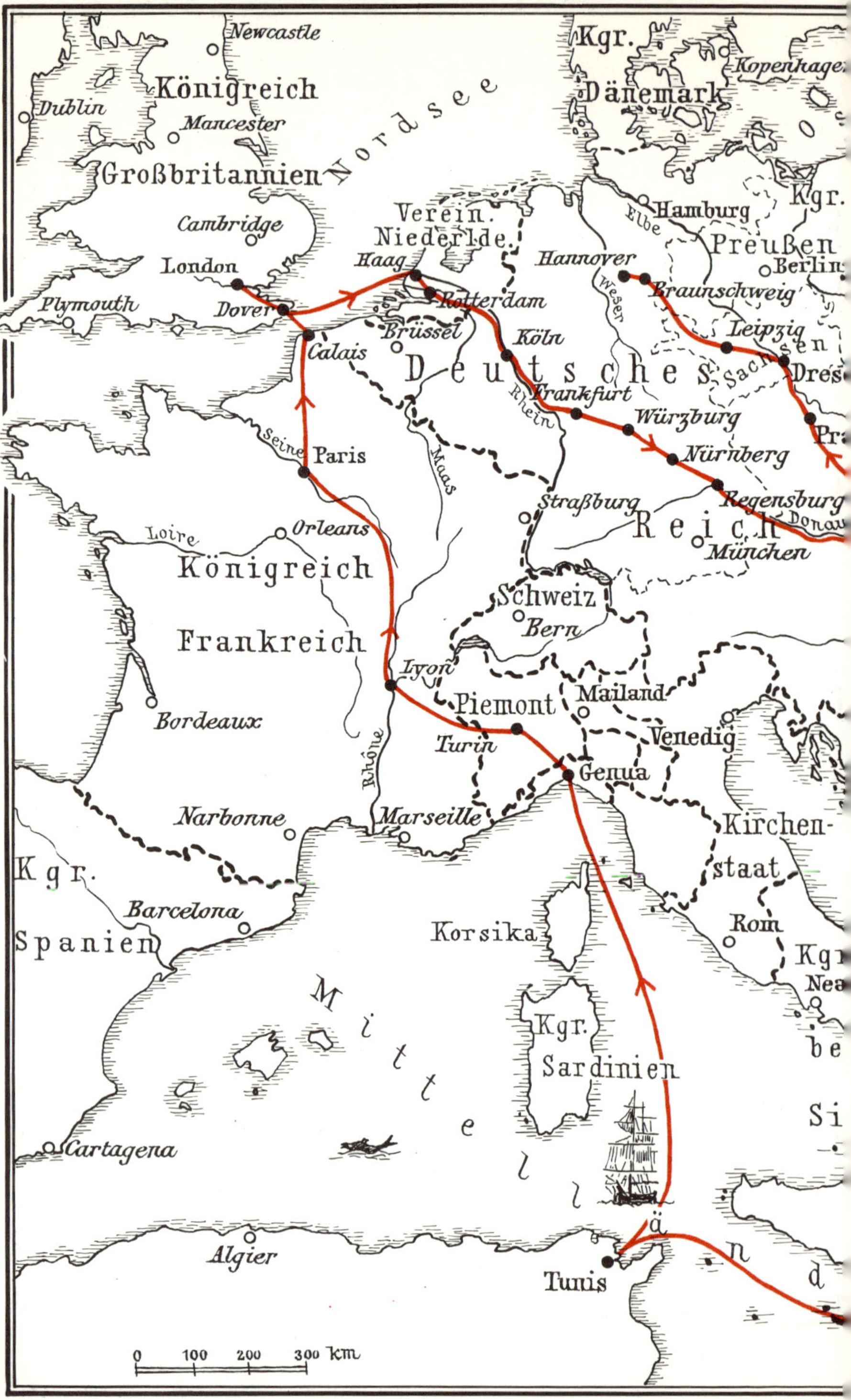

Newcastle
Königreich
Großbritannien
Dublin
Mancester
Cambridge
London
Dover
Plymouth
Nordsee
Kgr.
Dänemark
Kopenhagen
Verein.
Niederlde.
Haag
Rotterdam
Brüssel
Calais
Hamburg
Elbe
Hannover
Weser
Kgr.
Preußen
Berlin
Braunschweig
Leipzig
Sachsen
Dresden
Köln
Deutsches
Reich
Frankfurt
Rhein
Würzburg
Nürnberg
Regensburg
Donau
München
Straßburg
Maas
Seine
Paris
Loire
Orleans
Königreich
Frankreich
Schweiz
Bern
Lyon
Piemont
Turin
Mailand
Venedig
Genua
Bordeaux
Rhône
Narbonne
Marseille
Kirchen-
staat
Rom
Kgr.
Spanien
Barcelona
Korsika
Kgr.
Sardinien
Mittelländ
Cartagena
Algier
Tunis
0 100 200 300 km